KB206143

몸과 몸의 부활에 관한 바울의 가르침은, 바울이 '몸'과 '육신'을 구별했다는 사실을 인식하지 못한 탓에 곧 모호해졌다. 폴라 구더는 기독교 신학이 이 잘못을 어떻게 영속시켰는지를 밝히고 바울의 가르침을 참신하고 명료하게 재진술한다. 또한 개인적 몸, 신령한 몸, 교회라는 몸에 관한 바울의 가르침이 얼마나 풍성한지를 보여 준다. 독자들은 몸에 관한 바울의 가르침을 권위 있게 다루는 이 책에서 까다로운 질문들에 대한 설득력 있는 답변을 발견하는 것은 물론 몸에 관한 바울의 이상을 삶으로 구현하고 싶은 마음을 갖게 될 것이다.

제임스 D. G. 던 | 더럼대학교 라이트풋 명예교수

폴라 구더는 세심한 학문적 연구, 목회자 의식, 그리고 설득력 있는 명료한 분석을 한데 모아, 몸에 관한 바울의 신학을 파악하는 데 도움을 줄 책을 완성했다. 열렬하게 추천한다.

크리쉬 칸디아(Krish Kandiah) | 런던신학교 총장

이 책은 성경이 말하는 인간에 관한 쟁점을 종합적으로 다루는 명저이다. 저자는 『마침내 드러난 하늘나라』에서처럼 복잡하고 난해한 주제와 본문을 탁월하면서도 대단히 친절하게 설명한다. 누구나 궁금해할 인간론 관련 용어를 역사적-문학적-신학적 문맥을 고려해 분석함으로써 몸의 소중함과 몸으로 사는 의미를 명쾌하게 설명한다. 우리가 인간론의 용어와 개념('혼', '영', '영적', '육체', '몸', '생명', '내세', '몸의 부활')을 오해하는 원인을 고대 및 현대 철학과 관련해서 파악할 수 있게 한다. 주로 바울서신을 다루지만 구약 배경과 복음서 본문도 소중하게 안내하는 이 책은 성경적 인간론을 이해하거나 소개하기를 원했던 독자들에게 기쁜 소식이다. 몸에 대한 저자의 해설과 주장은 자신과 타인의 몸을 오해하기 쉬운 이 시대에 살아가는 그리스도인 개인과 공동체에 의미 있는 변화를 선사할 것이다.

강대훈 | 총신대학교 신학대학원 신약학 교수

"먹으면 똥 되고, 마시면 오줌 될 뿐이다!" 얼마 전 갑작스럽게 병으로 돌아가신 내 어머니께서 자주 하시던 말씀이다. 어머니는 평생 '영성'이라는 단어를 사랑하셨고 '영적인 사람'이 되고자 애쓰셨다. 그래서 어머니는 영적인 것, 바로 비물질적인 것에만 집중하셨고 반대로 영적이지 않은 것, 바로 육적인 것에는 소홀히 하셨다. 어머니만이 아니라 대다수 그리스도인이 성경적인 신앙을 지킨다면서 실제로는 극단적으로 분리되고 왜곡된 영성, 성경의 무지로 인한 양가감정의 혼란 속에서 하나님을 사랑하지도 자신을 사랑하지도 못하고 있다. 그것은 원래 같은 것인데 말이다. 바로 이런 오해와 혼란의 사막 같은 현실 한 가운데서 오아시스 같은 책 한 권이 출간되었다. 폴라 구더는 '진정으로 영적인 나와 우리'를 발견하기 위한 대장정을 세심하고 친절하게 독자와 함께 걸어간다. 고대의 철학에서 중세의 신학을 지나 히브리어와 그리스어의 본래 의미를 살피며 성경 말씀을 해석한 다음, 궁극적으로 부활을 소망하는 오늘의 공동체까지 나아간다. 하나씩 따로 분리되어 있었던 오해의 조각들을 모두 합쳐서 아름다운 자아와 영성, 그리고 몸과 교회를 완성하고 있다. "우리가 정말로 어떤 존재인지는 가장 작은 단위에서가 아니라, 가장 큰 단위에서만 깨우칠 수 있다"라는 구절에서 나는 눈물을 흘릴 뻔했다. 분량은 얼마 되지 않지만 정말 밀도 있는 책이다. 쉽게 썼지만 여러 번 읽어야 할 책이기도 하다. 책 제목이 '몸'에 관련된 것이지만, 단순히 육체만이 아니라 영, 혼, 지성, 부활, 그리고 그리스도의 몸인 교회까지 아우르는 참으로 귀한 책이다. 지난 세월 적지 않은 책을 읽어오면서 깨달은 것이 하나 있다. 적당히 좋은 책은 벽처럼 한 사람의 지성이나 감정을 든든하게 지켜주는 것으로 끝나지만, 정말 좋은 책은 벽에 있는 창문처럼 자신의 세계를 넘어 시나브로 더 위대한 세상을 바라보게 한다. 나는 이 책이 지금 몸을 입고 있으며 또 부활의 몸을 입게 될 모든 그리스도인에게 그런 창문의 역할을 할 것이라고 기대한다.

강산 | 십자가교회 담임목사

흔히 인간 존재의 영과 육, 몸과 마음의 통전성(統全性)을 설파한 작품으로는 볼프(Wolff)의 『구약성서의 인간학』이 최고의 걸작으로 꼽힌다. 그러나 볼프의 책은 신약성경은 거의 다루지 않은 아쉬움이 크다. 사실 신약에서는 구약에서보다 인간 존재를 가리키는 다양한 단어들이 더 복잡하게 혼재되어 나타난다. 예를 들어, '영'과 '혼,' '육/육체'와 '몸,' 또한 '마음'과 '정신' 등으로 번역될 수 있는 다양한 그리스어 단어들과 어구들, 그리고 개념들이다. 그럼에도 불구하고, 지금까지 이 복잡하고 난해한 그리스어 용어들과 그것들의 신학적 개념에 대한 광범위하고 체계적인 연구는 찾아보기 어려웠다. 반갑게도 이 책의 저자 폴라 구더는 구약성경의 인간 존재의 양상을 표현하는 다양한 히브리어 단어들에서 출발하여, 그것에 대한 신약성경의 그리스어 단어들까지 철저하게 연구한 작품, 그리하여 신구약을 관통하면서 인간 존재의 통전성을 정립한 탁월한 작품을 내놓았다. 이 책 『마침내 드러난 몸』은 그의 뛰어난 전작 『마침내 드러난 하늘나라』를 잘 보완한 후속 작품으로 매우 뛰어난 연구물이다. 전작에서 그가 하나님의 피조 세계인 하늘과 땅의 통전적 문제를 다루었다면, 이 책에서는 동일한 관점으로 인간의 구성 요소인 영(혼)과 몸의 통전적 문제를 다룬다. 특히 폴라 구더는 오랜 플라톤의 영향으로 '영(혼)'보다 열등하다고 간주되어온 인간의 '몸'에 대한 오해, 심지어 기독교인들마저 은연 중에 품어왔던 오해를 바로 잡으며 하나님이 기쁨으로 창조하신 '몸'의 성경적 개념을 정확히 정립한다. 그러나 현대에 들어 반대로 인간의 몸은 오히려 상품이 되고 우상이 되고 있다. 그야말로 현대는 '몸'의 전성시대다. 화장품과 성형 수술에 큰돈을 쓰기를 마다하지 않고 모두가 좋은 몸매와 근육질 몸을 가꾸고 만드는 데 열중한다. 폴라 구더는 이러한 몸의 우상화 또한 성경과 거리가 멀다는 사실을 설파한다. 그는 인간의 몸은 창조된 그 자체로 고귀하며 교회는 그리스도의 몸으로 비유되고 있음을 지적하면서, 몸의 소중한 가치를 재발견한다. 이것은 부활하신 그리스도의 새로운 부활의 몸과 신자들 또한 종말에 입게 될 전혀 새로운 부활의 몸에 대한 논의로 확장된다. 이 책이 반가운 추가적인 이유는 유독 한국 교회에서 널리 퍼져 있는 잘못된 인간론, 곧 인간이 영, 혼, 육의 삼중 요소로 존재한다는 소위 '삼분설'의 오류를 여태껏 나온 그 어떤 책보다 가장 분명한 논지와 근거로 바로 잡아 주고 있기 때문이다. 모쪼록 이 책이 널리 읽혀 우리 몸에 대한 오해와 우상적 남용, 인간의 존재성에 대한 잘못된 이해가 바로 잡히길 기원한다.

김경열 | 총신대학교 겸임 교수 및 토라 말씀의 집 대표

이 책은 단지 우리 '몸'에 대한 책이 아니고, 우리 '자신'에 대한 책이다. 동시에 이 책은 읽는 독자들을 '몸짱'으로 만드는 '퍼스널 트레이너'와 같다. 폴라 구더는 이 책에서 '몸'이야말로 우리의 정체성을 구성하는 본질적인 부분이라고 주장하면서, 현대의 몸에 대한 왜곡된 관점과 더불어, 기독교인들의 그릇된 이해를 교정한다. 그리고 육신, 영, 몸, 혼에 대한 균형 잡힌 이해를 바탕으로, 우리가 '몸'을 가지고 어떻게 영의 경건함을 추구하고 유지할 수 있는지, 몸의 부활을 믿는 자들로서 어떻게 이 세상에서 살아야 하는지에 대해서 설명한다. 이 책은 다음의 세 부류의 독자들에게 추천할 만하다. 첫째로, 이 책은 신학도들에게 성경 본문에 대한 세밀하고도 전문적인 분석을 제공한다. 이 책은 몸의 이해와 연관된 논의들에 대한 시대적인 고찰과 더불어, 다른 학자들의 입장들을 제시하면서 신학적으로 상당히 중요한 논의들을 펼쳐나간다. 둘째로, 이 책은 일반 성도들에게 성경의 교훈을 무척 쉽고 간결하게 정리해준다. 성경 본문에 대한 기존의 잘못된 해석이나 이해를 고쳐주고, 대신에 성경에 기반하여서 우리의 몸에 대한 이해의 원리를 친절하게 설명해준다. 마지막으로, 이 책은 목회자들에게 이 시대 가운데 몸에 대한 성경적 관점을 어떻게 실생활 가운데 적용할지를 분명하게 제시해준다. 이 책은 다양한 사람들을 향해서 곧 주위에서나 본인이 죽음을 가까이 경험한 사람들이나, 자신

의 몸에 대해 불만을 가진 사람들을 향해서 어떻게 죽음을 이해해야 하고, 어떻게 자신의 몸을 있는 그대로 사랑할 수 있는지를 알려준다.

김의창 | 횃불트리니티 신학대학원대학교 신약학 교수

몹시 반갑고 고마운 책이다. 진심이다. '몸'은 내가 고민하던 주제여서 반가웠고, '부활의 몸'은 자주 질문을 받았지만 흔쾌하게 대답하지 못해왔는데, 탁월한 선생님을 만난 듯하여 고마웠다. 끝으로 갈수록 유익함을 넘어서 흥미진진했고, 몸으로 풀어낸 구원과 공동체와 그리스도인의 존재 방식에 대한 설명을 읽고 너무 벅차고 뭉클해서 결국 기도로 마치게 되었다. 선교 초기부터 영지주의적 인간관, 구원관, 세계관이 복음인양 전해져서 이제는 성도들의 무의식 속에 너무 깊이 각인되어 있는 것이 뼈아픈 현실이다. 따라서 천시되고 간과된 '몸'의 중요성을 재인식할 때 복음의 원음은 회복되고, '그리스도의 몸'으로서의 자기 정체성을 이해할 때 성도와 교회의 존재 목적도 선명해질 것이다. 또한 부활의 몸의 약속이 뜻하는 바를 알 때, 오늘 몸으로 살아가는 성도의 구체적인 일상과 장래의 소망이 떼려야 뗄 수 없이 연결되어 있는 것도 깨닫게 될 것이다. 이를 도와줄 귀하고 드문 책이다. N. T. 라이트의 『마침내 드러난 하나님 나라』의 군더더기 없는 심화편이라고 부르고 싶다. 가히 청출어람이다!

박대영 | 광주소명교회 책임목사 및 「묵상과 설교」 책임편집

마침내 드러난 몸

폴라 구더

Body

Paula Gooder

톰(Tom)에게 이 책을 바칩니다
이유는 아시겠지요
사랑과 찬탄을 담아.

| 목 차 |

· 일러두기

1. 인용된 성경구절은 주로 새번역성경을 사용했고, 다른 역본을 사용했거나 저자가 사역했을 경우에는 따로 표시했습니다.

예) (롬 8:1 개역개정)

2. 주요 용어들 사이에 혼동을 막기 위해, 예외없이 soul은 "혼", spirit은 "영", flesh는 "육신", body는 "몸"으로 옮겼습니다. spiritual은 문맥에 따라 "영적인" 혹은 "신령한" 으로, physical은 "물질적" 혹은 "육체적"으로 옮겼습니다.

3. spirit/Spirit의 경우 모두 "영"으로 옮겼습니다. 다만 후자를 가리키는데 문맥상 알 기 어려운 경우에는 "영" 옆에 영어 단어를 괄호 안에 병기했습니다.

예) 영(Spirit)

감사의 말

　모든 책은 시간의 흐름에 따라 착상이 형태를 갖추고 발전하면서, 버려질 것은 버려지고, 다시 발전하여 마침내 글로 구체화되는 과정을 거치며 천천히 영글어 나갑니다. 이 책은 지금까지 제가 쓴 다른 어떤 책보다도 천천히 완성되었습니다. 또한 이 책을 쓴다는 소식을 듣고 다양한 형태로 반응을 보여 준 사람들의 지혜와 인내와 창의성으로부터 많은 도움을 받았습니다.

　처음에는 2013년 새럼 강좌(Sarum lectures)를 위한 연구에서 시작했습니다. 그 이후 버밍엄에서 브리즈번, 우스터에서 뉴질랜드 와이아푸에 이르기까지 여러 지역의 그룹들과 함께 이 책의 주제를 놓고 대화했습니다. 그 이름을 다 열거할 수 없지만, 언제든 인쇄에 들어갈 수 있을 만큼 원고가 준비되기까지 저와 함께 주제 연구를 하고, 제 생각의 폭을 넓혀 주며, 많은 도전을 준 모든 분들에게 감사드립니다. 그 여정은 풍요롭고 창의적이었습니다. 바라기는 이 책의

출판 이후에도 이전의 대화 못지않게 많은 대화가 이루어져 우리에게 자극을 주고 활기를 북돋아 주었으면 합니다.

이 책을 톰(Tom)에게 헌정합니다. 우리에게 몸이 있다는 사실과 그 사실이 주는 도전에 관한 톰의 성찰 덕분에 몸과 몸의 의미에 관해 실제적인 측면에서 생각하는 것이 얼마나 중요한지 돌아볼 수 있었습니다. 또한 감정적인 측면에서도 몸에 관해 이야기하고 신학적으로 생각하도록 계속해서 도전받을 수 있었습니다.

몸(body)의 문제

몸(bodies). 우리 모두에게 몸이 있지만, 대개 우리가 몸과 맺고 있는 관계는 복잡합니다. 어떤 이들은 몸에 관해서 아무런 생각도 하지 않고, 정말로 필요한 경우에만 몸의 욕구를 돌보는 편을 택합니다. 또 어떤 이들은 거의 언제나 몸에 대해 생각하고, 어떻게 하면 외모를 개선시킬 수 있을지 고민합니다. 여러 연구 조사에 따르면, 많은 사람들이 최선의 경우 자기 몸에 대해 양가감정을 느끼고, 최악의 경우 자기 몸을 혐오한다고 합니다.

대중매체의 세계로 잠시 들어가 보면, 수많은 기사들이 여성들 대다수가(그리고 점점 더 많은 남성들이) 보잘 것 없는 몸의 이미지를 갖고 있음을 보여줍니다. 그런 빈약한 이미지는 자기 몸의 어느 한 부분에 조금 실망하는 것에서부터(뱃살이 좀 출렁거린다고 생각한다든지 혹은 머리숱이 너무 많거나 적다고 생각한다든지), 자기 몸 전체를 완전히 혐오하는 것에 이르기까지 그 범위가 다양합니다. 라디오의 청취자가 전화로 참여하는 프로그램, 신문의 고민 상담 코너, 그리고 각종 인터뷰들을 보면 우울하면서도 획일적인 그림이 드러납니다. 성별과 나이도 다르고, 인종과 교육 배경도 다른 다양한 사람들이 여러 가지 측면에서 자신들의 몸에 대해 불만을 느낍니다.

매체들이 보여 주는 몸의 모습이 이렇듯 자기 몸에 불만을 느끼게 만드는 한 가지 이유입니다. 어떤 잡지든 집어 들어 펼쳐 보면 몸에 관한 기사들을 볼 수 있습니다. 어떻게 체중을 줄일 수 있는지, 어떻게 좀 더 건강하게 먹고 마실 수 있는지, 어떤 화장품을 구매해서 어떻게 바를 것인지, 수술이든 약이든 유용한 최신 미용 의학은 무엇인지 등 그 목록은 계속 이어집니다. 이런 잡지들의 전제는, 우리 몸을 더 매력적이고 더 건강한 몸으로 변화시킬 필요가 있다는 것입니다. 이 책을 읽는 남성 독자들의 경우 이런 이야기들은 자신들과는 상관없는 일이라고 생각할지 모르지만, 이전부터 남성 잡지에서도 이러한 추세가 커져가고 있었습니다. 특히 젊은 남성들은 유행하는 몸의 이미지를 따라야 한다는 부담감을 점점 더 크게 느끼고 있습니다. 완벽한 '식스팩'을 추구해야 한다고 말입니다.

화장품 산업은 전 세계적으로 연 매출액이 4,000억 달러가 넘는 대규모의 수익성 높은 산업입니다. 더 흥미로운 것은, 미용 시술의 폭발적 성장세입니다. 수술과 비수술 방식을 합쳐 미용 시술을 받는 사람들이 매년 늘어나고 있으며, 대중의 시선을 받는 사람들의 경우 자신들의 몸을 개조해야 한다는 부담감을 자주 느낍니다. 2014년 10월, 영화배우 줄리아 로버츠(Julia Roberts)는 「유 매거진」(*You Magazine*)과의 인터뷰에서, 얼굴 주름을 펴는 수술을 해야 한다는 부담감을 느낀다고, 만약 수술을 하지 않을 경우 배우로서의 커리어를 망칠 위험이 있다고 이야기했습니다. 우리처럼 평범한 사람들은 수술을 해야 한다는 이런 종류의 부담감을 느낄 일이 거의 없지만, 그럼에도 사회 전반이 어떤 특별한 이미지를 따르는 게 중요하다고 강하게 역설하는 분위기가 있는 것은 확실합니다. 그리고 그 이미지는 특정한 체형을 갖추고 온갖 화장품을 사용하기를 요구합니다.

지난 55년 동안 서구 사회에 성공적으로 투사되어 온 미인 이미지 중 하나는 바비 인형입니다. 이 인형이 투사하는 이미지에 대한 비판이 점점 커져감에도 불구하고, 여자 아이들 사이에서 바비는 여전히 인기가 높습니다.[1] 여러 연구들이 지적하다시피, 문제는 바비가 만약 실물 크기의 여성이라면 생명을 유지하기가 어려울 정도라는 사실입니다. 바비의 목은 대다수 여성들의 목보다 두 배는 길고 두께는 15센티미터나 더 가는데, 사실 이 상태에서는 고개가 들어지지 않습니다. 40센티미터 허리 내부 공간에는 간(肝) 반쪽과 장(腸) 몇 센티미터밖에 못 들어갈 것이고요. 손목도 너무 가늘어서 그

---

[1] 바비 인형이 판매되는 150개국 안에서, 약 3초마다 하나씩 인형이 팔리는 것으로 추산됩니다.

무엇도 들어 올릴 수 없을 것이며, 발은 너무 작고 몸체나 머리가 너무 커서 몸을 움직이려면 아마 사족 보행을 해야 할 것입니다.[2] 물론 이는 비교적 사소한 사례입니다. 나이가 몇 살이든 바비를 닮고 싶어 하는 여자는 사실 거의 없으니까요. 하지만 바비의 사례는 도달할 수 없는 신체 이미지를 고수하는 것이 얼마나 위험한지를 깨닫게 해줍니다. 그 이미지를 복제하려면 건강에 좋지 않은 방식으로 살아야 하기 때문입니다(더욱이 피부와 머리 색깔, 그리고 하나의 인종 집단을 미인의 전형으로 고수하는 데 따르는 부정적 효과 문제는 아직 이야기조차 꺼내지 않았습니다).

현대인들이 아름다움을 추구하는 행위가 그 자체로 모든 문화적 행태의 근원에 해당하는 것은 아니지만, 미용 산업의 경우 우리 몸이 지금 그대로는 멋지지 않아서 변화를 주어야 한다는 것을 전제로 하기에 그 영향력이 누적되어 해를 끼쳐 왔습니다. 한 가지 흥미로운 상상은, 만약 미용 산업이 자기 몸에 만족스러워 하도록 권장하는 것을 토대로 삼는다면, 과연 어떻게 달라질까 하는 것입니다. 만약 자기 몸에 변화를 주려고 하되 몸에 불만이 있어서가 아니라, 자신에 대해 긍정적으로 생각하는 가운데 최대한의 행복과 온전함을 추구하도록 만들기 위해 미용 산업이 존재한다면, 현재의 상황과 얼마나 달라질까요. 하지만 안타깝게도 대다수의 미용 산업은 이런 원칙에서 시작되는 것 같지 않습니다. 미용 산업이 몸을 향해 보이는 부정적인 태도는 유해한 결과를 낳고 있습니다.

---

2   <http://www.rehabs.com/explore/dying-to-be-barbie/#.VHMkqjSsWSo> (2014년 11월 24일에 검색)를 보십시오.

일련의 조사 결과를 보면, 상당수 사람들이 자기 몸에 불만을 느끼고 있을 뿐만 아니라, 또한 그 불만이 점점 더 커져가고 있음을 알 수 있습니다. 예를 들어, 미국 「글래머」(Glamour)지의 조사에 따르면, 1984년에는 조사 대상 여성의 41%가 자기 몸에 '불만'이었는데, 2014년에는 이 수치가 54%로 증가했습니다.[3] 2014년 조사 응답자 중 80%가 거울을 보기만 해도 슬프다고 대답했습니다. 이런 태도는 사춘기 직전 여성 및 십대 여성들 사이에서 두드러졌는데, 이 시기에는 뚱뚱해지거나 외모로 조롱받는 일에 대한 두려움이 우려스러울 만큼 큽니다.

자기 몸이 '그런 대로 괜찮다'고 여겨지기 위해 매우 열심히 노력해야 한다는 괴로운 인식과 더불어, 의사들이 비만 유행병이라고 부르는 현상이 있습니다. 이는 사람들이 건강에 해롭고 영양소가 부족한 음식으로 영양실조에 이를 만큼 자기 몸을 학대하는 현상을 말합니다. 몸을 아름답게 만들려는 노력을 비만 유행병과 연결시키는 많은 이론들이 제시되어 왔는데, 이 책은 거기에 이론 한 가지를 더 추가하려는 책이 아닙니다. 이 책에서는 우리가 '몸의 위기'를 하나의 문화로서 직면하고 있다고 말하는 것으로 충분합니다.

이 책에서 탐구할 진짜 문제는, 이런 위기 상황에 그리스도인은 어떻게 대응하고 있느냐는 것입니다. 종종 오늘날 그리스도인들은

---

3   Shaun Driesbach, 'How Do You Feel about Your Body?' *Glamour Magazine*, <http://www.glamour.com/health-fitness/2014/10/body-imagehow-do-you-feel-about-your-body> (2014년 11월 24일에 검색)를 보십시오.

너무 침묵으로만 대응하고 있는 것 아닌가 하는 생각이 듭니다. 실제로 다양한 그리스도인들과 대화를 나눠 보니, 그들은 이 시대에 만연한 '아름다운 몸'의 문화를 향해 그리스도인으로서 목소리를 내기가 어렵다고 느끼고 있었습니다. 또한 현재 상황에서는 결국 자신들이 정말로 말하고 싶은 것에 반대되는 말을 하게 될지도 모른다는 두려움을 갖고 있었습니다. 어떤 사람들은 기독교가 몸에 관해서 그다지 좋게 할 말이 없기에, 차라리 아무런 말도 하지 않는 것이 그리스도인으로서 할 수 있는 최선이 아닐까 생각합니다. 그러나 이제 기독교 전통 안에서 풍성하고 사려 깊고 유쾌하게 몸을 찬미할 때가 무르익었습니다. 물론 이 책만으로 그런 대화를 완벽히 시작하거나 지속하기는 어렵겠지만, 그럼에도 중요한 생각의 실마리를 제시하고자 합니다. 바울의 글에서 뽑아 올린 이 실마리를 부디 흥미로워할 분들이 있기를 바랍니다.

먼저 신학으로 몸과 몸의 의미를 다룬 탁월하고 중요한 책들이 상당수 있음을 아는 것이 중요합니다. 특히 성과 섹슈얼리티, 페미니즘과 장애 연구의 맥락에서 몸의 신학에 관해 논하는 주목할 만한 책들이 있습니다.[4] 그러나 여기서 흥미로운 점은 이 연구들이 아

4　교황 요한 바오로 II세가 수요 회견에서 행한 몸의 신학이라는 담화 <https://www.ewtn.com/library/PAPALDOC/JP2TBIND.HTM>; Sarah Coakley, *Religion and the Body* (Cambridge: Cambridge University Press, 2000); James B. Nelson, *Body Theology* (Louisville, KY: Westminster John Knox Press, 1992). 또는 Marcella Althaus-Reid, *Controversies in Body Theology*, Controversies in Contextual Theology (London: SCM Press, 2008); Elisabeth

직은 대중의 생각에 큰 영향을 끼치지 못했다는 것입니다. 본래 기독교 전통은 대체로 물질적인 것과, 특히 몸과 대립한다는 것이 여전히 그리스도인들 사이의 일반적인 견해입니다.

영(spirit)의 문제

사람들이 그리스도인의 삶과 믿음이라는 맥락에서 몸에 관해 말하기를 주저하는 이유들 중 상당 부분은 '영'(spirit)과 '영적인'(spiritual) 것에 대한 일반적인 인식과 관련이 있습니다. '영적'이라고 하면 '물질적'(physical)인 것과 대조된다고 생각하는 사람들이 많은데요. 이들은 '영적'이라 하면 하나님을, '물질적'이라 하면 땅을 떠올립니다. '영적'인 것은 온갖 선한 것들과 연관시키고 '물질적'인

Moltmann-Wendel, *I Am My Body: A Theology of Embodiment* (New York: Continuum, 1995); Elizabeth Stuart and Lisa Isherwood, *Introducing Body Theology* (Sheffield: Continuum, 1998)를 보십시오. Nancy L. Eisland, *The Disabled God: Toward a Liberatory Theology of Disability* (Nashville, TN: Abingdon Press, 1994); Amos Yong, *The Bible, Disability, and the Church: A New Vision of the People of God* (Grand Rapids, MI: Eerdmans, 2011)도 보십시오. Equinox에서 펴내는 새 저널도 있는데(2016년에 발간 시작), 이 영역에서 상당한 기여를 할 듯합니다. 좀 더 대중적이고 흥미로운 최근의 책으로는 Tara M. Owens, *Embracing the Body: Finding God in Our Flesh and Bone* (Downers Grove, IL: InterVarsity Press, 2015)이 있습니다. 이 책은 저와 비슷한 출발점에서 몸의 문제를 다루지만 본문 자체에 깊이 있게 집중하지 않고 개인적인 이야기와 성찰을 위한 질문을 더 많이 엮어 넣었습니다.

것은 온갖 나쁜 것과 연관시키는 것입니다. 이런 견해가 극단적으로 나타난 사례가 바로 영지주의(Gnosticism)와 같은 운동입니다. 영지주의의 일부 형태들은 악한 물질 세계와 관련된 것은 모두 배격하고, 대신 순전히 영적이라 여겨지는 것만을 포용하려고 했습니다. 이는 곧 성적 절제, 극도의 빈곤, 극단적으로 몸을 예속시키는 금욕 관습으로 이어졌습니다. 물질적인 것을 향유하게 될지도 모른다는 조금의 암시만 있어도 등을 돌렸습니다. 그러나 꼭 영지주의의 영향을 받았기에 그런 관습에 매인 것은 아니었습니다. 금욕 관습은 정통, 주류 기독교라고 할 만한 곳에서도 찾아볼 수 있습니다.

오늘날에는 극단적 수준의 금욕주의에 집착하는 사람들이 그다지 많지 않지만, 비교적 온건한 형태의 금욕주의는 여전히 기독교 안에 굳건히 자리 잡고 있습니다. 이런 태도는 '물질적' 범주에 들어가는 것들을 향해 그리스도인으로서 어떤 자세를 가져야 하는지에 관한 불명확한 태도로 그 모습을 드러냅니다. 환경에 대한 태도가 한 가지 흥미로운 예일 것입니다. 창조 세계 및 점점 빠른 속도로 다가오는 환경 재앙에 대해, (전부는 아니더라도) 다수의 그리스도인들이 오랜 세월 동안 양면성을 보여 왔습니다. 이 양면적 태도는 적어도 일부분은 물질적인 것을 배제할 만큼, 영적인 것의 '선함'을 강조한 데서 발생했습니다. 만일 우리가 계속해서 우리의 궁극적인 운명은 천국에서 하나님과 함께 영적으로 존재하는 것이고 물질세계는 곧 종식될 것이라고 믿는다면, 이 행성의 유익을 위해 행동해야겠다는 결심을 하기란 훨씬 더 어려운 일이 될 것입니다.

비슷한 맥락에서, 만일 우리가 하나님과 함께 하기 위해 결국 몸을 두고 떠난다고 생각한다면, 몸을 향해 양면적인 태도를 보이기가 쉽습니다. 더 나아가, 영성(spirituality)에 관해 가르치는 일부 유파는 덕망 있고 거룩한 삶을 살도록 정신을 훈련시키기 위해 몸을 복속시키고 몸을 죽여야 한다고 주장하는데, 이는 몸을 향해 긍정적이지 못한 태도를 고무시킵니다. 이런 가르침에는 사순절 기간에 많은 이들이 그러는 것처럼, 단순히 초콜릿이나 술을 삼가는 것에서부터 거친 모직 옷을 입거나 피가 배어나올 만큼 거친 채찍질을 견뎌 내거나 하는 여러 관행들이 포함될 수 있습니다. 채찍질을 견디는 것 같은 관행이 몸에 대한 적의(敵意)에서 비롯되는지의 여부는 논쟁의 여지가 있고,[5] 사순절 기간에 무언가를 삼가는 행위가 반드시 몸을 향한 부정적 태도에서 나오는 것은 아닙니다. 하지만 몸의 중요성에 관해 전반적으로 침묵하는 자세가 이런 관행들과 짝을 이루어, 몸은 사랑하지 않도록 통제되어야 할 대상, 소중히 여기기보다는 무시하고 극복해야 할 대상이라는 암시를 주기 쉽습니다.

사실 쟁점은 우리가 쓰는 '영적' 혹은 '영성'이라는 말에서 발생합니다. 축 쳐진 느낌에 의미가 불분명하다는 이유로 '영성'이라는 표현을 싫어하는 그리스도인들이 많은데요. 저는 그와 다른 이유로 그 단어를 싫어합니다. 제가 '영성'이라는 단어를 싫어하는 이유는

---

5   이런 견해를 반박하는 흥미로운 주장을 Dyan Elliot, *Spiritual Marriage: Sexual Abstinence in Medieval Wedlock*, new edn (Princeton, NJ: Princeton University Press, 1995)에서 찾아볼 수 있습니다.

그 단어가 몸에 관해 함축하는 의미(혹은 그런 의미의 부재[不在])때문입니다. 몸을 중심으로 하는 '영적' 관행들이 소수 남아있기는 하지만, 흔히 '영적'이라는 말은 신체와 상관없는, 혹은 비물질적인 어떤 것으로 정의됩니다. 예를 들어, 『옥스퍼드 영어사전』(Oxford English Dictionary)은 '영적'이라는 말을 "물질적인 혹은 신체적인 것과 대립하며, 인간의 영(靈) 또는 혼(魂)"과 관계되는 어떤 것이라고 정의합니다. 다시 말해, 개념이 재정의되지 않는 한, 영적이라는 말 자체가 우리 몸과는 상관없음을 의미합니다. 몸을 가지고 사는 일상의 삶과 대립되는 '영적인 삶'을 가리킬 때도 종종 이런 식의 정의가 사용되곤 합니다.

몸을 비롯해 물질적인 모든 것은 죽을 때 남겨 두고 떠난다고 강조하고, 금식을 비롯해 몸을 쳐서 복종시키기를 가르치며 '영적'인 것을 강조하는 다수의 대중 기독교 전통은, 몸에 대해 노골적으로 적의를 나타내지는 않더라도 자연스레 몸과 몸의 중요성에 관해 확신없는 태도를 보입니다. 그러한 태도가 앞선 전통을 가르치는 사람들이 의도한 것이든 아니든, 하나님을 섬기는 데 헌신하는 삶을 살고자 하는 신실한 그리스도인들은 가르침을 듣고 그와 같이 받아들입니다. 기독교가 금욕과 성에 관해 가르치는 내용, 정확히 말하면 금욕과 성에 관해 전반적으로 침묵하는 것을 보고, 많은 그리스도인들이 몸으로 무언가를 구현하는 일은 꺼리거나 적대시해야 한다고 생각합니다.

바울 문제

어떤 이들은 몸을 보는 우리의 부정적 시선의 기원으로 바울의 글을 가리킬 것입니다. '몸 죽이기'와 같은 표현도 금욕주의를 권장하는 일에 자주 사용되는데, 이 표현도 바울의 글에서 비롯된 것 같습니다. KJV 로마서 8:13에서 "몸의 행실을 죽여야 너희가 살 수 있다"고 말하고 있으니 말입니다.[6] 이런 표현은 몸에 관하여 뚜렷하게 부정적인 견해를 가리키는 것처럼 보이는데요, 참으로 그리스도인다운 삶은 몸의 물질성을 영이나 혼에 복속시키는 데서만 찾을 수 있다는 믿음의 기원이 바로 이런 표현인 듯합니다.

하지만 이 특정 구절에서 한 걸음 뒤로 물러나 바울의 글을 좀 더 전반적으로 살펴보면 또 다른 그림이 등장합니다. '육신'(flesh)이라는 말은 때로 부정적으로 사용되지만, '몸'(body)이라는 말은 대개 좀 더 긍정적인 무언가를 연상시킵니다. 실제로 몸은 바울신학 중 가장 중요한 몇 가지 핵심에 자리 잡고 있는데, 특히 고린도서의 경우가 그렇습니다. 바울은 우리가 떼는 빵이 어떻게 해서 그리스도의 몸에 참여하는 일인지를 이야기합니다(고전 10:16). 또한 바울은 그리스도의 몸이라는 장중한 은유를 그리스도인 공동체에 관해 이야기하는 방식으로 꾸준히 사용합니다(롬 12:4-5; 고전 12:12-27). 그리고 바울은 하나님의 자비에 대한 최고의 화답은 하나님께 우리 몸을 드

---

6   더 자세한 내용은 242-248쪽을 보십시오.

리는 것이라고 주장하기도 하고(롬 12:1-2), 고린도전서 15장에서는 미래에 우리가 얻게 될 부활의 몸에 대해 고찰하기도 합니다.

몸을 대하는 자세와 관련해 바울이 그토록 악명을 갖게 된 이유는, 우리가 자주 한 단어를 다른 단어와 겹쳐서 읽기 때문입니다. '육신'(flesh)이라는 단어를 보면서 '몸'(body)으로 읽고, '영'(spirit)이라는 단어를 보면서 '혼'(soul)으로 읽는 것입니다. 바울의 글에 등장하는 핵심 용어들에 대한 이러한 혼동은, 바울이 하지 않은 말을 한 것처럼 해석하게 만드는 문을 열어 줍니다. 하지만 바울은 세심하고 용의주도하게 용어를 사용했습니다. 육신을 의미할 때는 육신이라고 말했고, 몸을 의미할 때는 몸이라고 말했습니다. 영을 뜻할 때는 영이라고 말했고 혼을 뜻할 때는 혼이라고 말했습니다. 사실 '혼'이라는 말은 아주 드물게만 사용했으며, 이 책의 2장에서 살펴보겠지만 이는 의미심장한 현상입니다. 몸에 관한 한 어떤 이들은 바울을 원흉으로 여기기도 하지만, 사실 원흉이기는커녕 그는 몸에 관한 용어 사용에 상당히 세심하고 또 정교합니다. 심지어 몸을 긍정적으로 여기는 것처럼 보이기까지 합니다. 그래서 바울은 하나님께서 우리를 위해 행하신 모든 일에 대한 화답으로 그분에게 몸을 바치라고 권면할 수 있었던 것입니다(롬 12:1-2). 이 모든 사실은 바울과 바울의 글 연구가 몸·자기 정체성·자기 가치에 관한 우리의 성찰에, 가치 있고 설득력 있는 무언가를 제시해줄 수 있음을 시사합니다.

이 책의 목표

이는 새로운 연구 영역이 아니라는 점을 강조해야겠습니다. 몸에 대한 바울의 태도가 어떠한지, 바울이 혼(soul)·영(spirit)·생각(mind)이라는 말을 어떻게 사용하는지에 관해서 다년간 광범위하게 연구가 진행되어 왔습니다.[7] 하지만 신약학자들 사이의 논쟁과 논의는, 흔히 바울 연구의 경우가 그렇듯 그 논제의 중요성에도 불구하고 바울 전문가가 아닌 일반 사람들에게는 잘 전해지지 않았습니다.

어떤 면에서 이 책은 저의 전작 『마침내 드러난 하늘나라』(도서출판 학영, 2021 역간)의 후속편으로 생각하고 쓴 책인데요, (두 책 모두 따로따로 읽을 수 있기는 하지만) 물질성(physicality) 문제, 특히 몸과 관련된 물질성 이야기를 다시 시작한다는 점에서 그렇습니다. 『마침내 드러난 하늘나라』는 죽음 이후의 삶에 관한 신약성경의 이해가 몸의 부활에 초점을 맞추고 있다는 의견으로 끝을 맺었습니다. 그 의견을 진지

---

7   가장 영향력 있는 연구로는 Rudolf Bultmann, *Theology of the New Testament*, new edn, 2 vols (London: SCM Press, 1951) [=『신약성서신학』(성광문화사, 1997)]; Joel B. Green, *Body, Soul, and Human Life: The Nature of Humanity in the Bible* (Grand Rapids, MI: Baker Academic, 2008); Robert H. Gundry, *Sōma in Biblical Theology: With Emphasis on Pauline Anthropology* (Cambridge: Cambridge University Press, 1976); Robert Jewett, *Paul's Anthropological Terms: A Study of their Use in Conflict Settings* (Leiden: Brill, 1971); G. W. Kummel, *Man in the New Testament* (London: Epworth Press, 1963); John A. T. Robinson, *The Body: A Study in Pauline Theology* (London: SCM Press, 1952)가 있습니다.

하게 받아들인다면, 그 사실이 현재는 물론 부활 후의 몸의 중요성에 관해 무엇을 말해 주는지 세심히 살펴 볼 필요가 있습니다. 이 책에서는 바울이 몸의 부활을 믿는다는 진술로 이야기의 맥락을 다시 이어가되, 몸의 부활을 믿게 되면 지금 우리가 몸을 입고 사는 방식이 어떻게 달라지는지를 살펴보고자 합니다.

이러한 내용을 바울의 글을 통해 추적할 때, 바울이 몸에 대해 세심하게 이야기했고 몸에 관해 대부분 긍정적인 견해를 갖고 있었다는 점, 그리고 몸을 가리켜 그리스도인의 삶과 믿음의 본질적 부분으로 여기는 성숙한 태도를 보였다는 점이 보다 명확해지기를 기대합니다. 몸에 대한 바울의 태도는 우리가 "그리스도 안에" 있는 사람들, 즉 그리스도의 몸의 지체로서 어떠한 존재들인가에 대한 바울의 사고에서 근본적이고도 중요한 부분을 차지합니다. 몸에 관해 바울이 하는 말이 바울의 사상에서 차지하는 중요성을 알지 못하면 사실상 바울의 신학을 이해할 수 없습니다. 바울은 몸에 관해 많은 것을 가르치고 있으며, 이 점을 간과하면 바울신학의 소중한 측면들을 잃게 됩니다.

그래서 이 책에서는 바울의 글에 나타난 몸의 개념을 (때때로 복음서에서 볼 수 있는 기이한 언급들과 더불어) 구체적으로 살펴보려고 합니다. 그러려면 불가피하게 바울의 시선 밖으로 이따금씩 걸어 나와, 히브리서를 들여다보아야 하고 또 그리스 철학도 살펴보아야 합니다. 그래야 바울이 쓰는 용어와 바울이 탐구하는 개념들을 정확히 이해할 수 있습니다. 이 책에는 서구 세계가 의식적으로든 아니든, 플라톤과 아리스토텔레스, 그리고 그들의 뒤를 잇는 철학자들의 사상에 큰 영향을 받았다는 논의도 담겨 있습니다. 하지만 바울이 이들의 사상에 의존하는 것처럼 보이지는 않습니다. 물론 그가 그러한 사상을 알고 있었던 것은 거의 확실해 보입니다.

제가 무엇은 말하고 있고 또 무엇은 말하고 있지 않은지 분명히 구분하는 것이 중요합니다. 저는 몸과 혼에 관해 플라톤과 아리스토텔레스, 데카르트가 갖고 있는 견해에 반드시 어떤 문제가 있다고 말하려는 것이 아닙니다. 다만 몸과 혼에 관한 그들의 견해가 전부까지는 아니더라도 그 일부는 몸을 대하는 보통 사람들의 태도에 부정적인 결과를 낳았습니다. 다시 말해, 그들의 견해가 몸에 관한 우리의 대화를 지배해 왔습니다. 여기서 바울의 목소리는 현대인들에게 엄청난 중요성을 가진 한 주제와 관련되어 대안적인(그리고 내가 보기에 크게 필요한) 관점을 제공합니다. 제 목표는, 이 주제에 관한 바울의 목소리를 지금 우리가 살펴보고자 하는 문제에 도입하고, 그것이 우리 논의의 본질에 어떤 차이를 만들어내는지 살피는 것입니다.

단어 연구와 그 문제점

이런 연구의 한 가지 과제는 단어 연구를 해야 한다는 것, 아니 적어도 단어 연구로 시작해야 한다는 것입니다. 이는 설교자들뿐만 아니라 학자들 사이에서도 성경을 연구할 때의 일반적인 방식입니다. 단어 연구는 신약성경의 주제들을 이해하는 아주 대중적인 방법입니다. 탐구하고자 하는 주제에 대해 생각해 본 다음, 성구 사전 (또는 이에 준하는 현대식 전자 프로그램)을 뒤져 성경에서 그 단어가 등장하는 구절들을 모두 찾고, 거기서부터 시작해 성경이 그에 대해 뭐라고 말하는지 구체적으로 살펴보는 것입니다.

실제로 모든 신약 신학 연구를 위한 가장 방대하고 가장 영향력 있는 사전으로 손꼽히는 것은 G. 키텔(Kittel)의 열 권짜리 『신약신학사전』(Theological Dictionary of the New Testament)입니다.[8] 이 영향력 있는 저작은 신약성경에서 중요하다고 생각되는 각 단어들을 (그리스어) 알파벳 순서로 나열한 뒤, 탁월한 신약성경 전문가들이 집필한 논문들을 통해 신약성경에서 해당 단어가 어떤 의미로 사용되었는지를 구약성경을 배경으로 고찰하고 탐구합니다.

수많은 사람들이 이러한 방식으로 글을 쓰고 설교를 했지만, 여기에는 몇 가지 문제점이 있습니다.[9] 일단 영어로 성경 본문을 연구할 때 명백히 드러나는 문제는, 하나의 영어 단어가 계속해서 동일한 원어를 가리키는 데 쓰이는지 혹은 그 영어 단어 뒤에 다른 원어가 있는지 여부를 매번 알 수 없다는 것입니다. 이 문제와 관련해 가

---

8   G. Kittel and Gerhard Friedrich (eds), *Theological Dictionary of the New Testament* (Grand Rapids, MI: Eerdmans, 1964) [=『신약성서 신학사전』(요단출판사, 1986)].

9   이 문제점들은 James Barr, *The Semantics of Biblical Language* (Oxford: Oxford University Press, 1961)에서, 그리고 다시 Moises Silva, *Biblical Words and their Meaning: An Introduction to Lexical Semantics*, 2nd edn (Grand Rapids, MI: Zondervan, 1983) [=『성경어휘와 그 의미』(성광문화사, 1990)]에서 가장 명쾌한 형태로 제시되었습니다.

장 잘 알려진 사례는 아마 '사랑'(love)이라는 단어일 것입니다. 영역 신약성경에서 '사랑'이라고 번역되는 그리스어는 아가페(*agapē*)와 필리아(*philia*) 두 가지인데, 영어 단어 '사랑'을 그냥 검색하면 아가페와 필리아가 각각 쓰인 예들이 모두 함께 등장할 것이며, 다른 특별한 도움이 없이는 그 둘의 차이점을 알아내기란 불가능합니다. 이와 관련해, 하나의 그리스어 단어가 신약성경 영역본 안에서 종종 다른 표현들로 번역되기도 합니다. 그 결과 영어 단어 검색은 동일하게 번역된 단어를 찾는 데만 도움이 됩니다. 이에 대한 좋은 예가 영어 단어 soul입니다. 앞으로 살펴보겠지만 번역자들이 바울의 글에서 soul이라는 단어 쓰기를 주저할 때가 종종 있습니다.

이보다 더 중요한 것은 개념과 단어 사이의 연관성 문제입니다. 개별 단어들은 개념 전달의 유일한 수단이 아닙니다. '사랑'에 관해 계속 생각해 보면 이것을 쉽게 알 수 있습니다. 사랑(love)이라는 단어를 검색하면 신약성경 저자들이 '사랑'이라는 단어를 쓴 경우들이 모두 나오겠지만, 사랑이 드러나기는 하는데 명확히 언급되지 않는 구절들은 검색되지 않을 것입니다. 이런 경우의 가장 상징적인 예는 예수님께서 십자가에 달리신 일일 것입니다. 예수님의 죽음에 관해 말하는 그 어떤 이야기에도 '사랑'이라는 단어는 등장하지 않지만, 이 사건은 신약성경 전체에서 사랑의 가장 두드러진 실례임에 틀림없습니다.

마찬가지로 C. S. 루이스는 『네 가지 사랑』(*The Four Love*)이라는 책에서 네 가지의 서로 다른 그리스어 단어들을 바탕으로, 네 가지 종류의 사랑에 관해 말했습니다. **아가페**, 즉 무조건적인 사랑은 상황이 어떠하든 애정을 보이는 것이고, **필리아**, 즉 우정은 친구 사이의 유대를 보여 주며, **에로스**(*erōs*)는 낭만적 사랑, **스토르게**(*storgē*)는 가족애를 가리킵니다. 신약성경의 관점에서 볼 때 문제점은 **에로스**라는 단어나 **스토르게**라는 단어가 신약성경의 그 어디에도 나오지 않는다는 것입니다. 하지만 루이스의 책을 읽어본 사람이라면 누구나 낭만적 사랑과 가족애 개념이 그 신학의 중심이라는 것을 명확히 알 수 있습니다.

이 책의 주제와 관련해 단어 연구가 갖는 또 하나의 어려움은, 각 단어가 문맥에 따라 그 의미가 달라진다는 것입니다. 인간인 우리는 개별 단어뿐만 아니라 문맥에서도 의미를 읽어내는 데 능숙합니다. 예를 들어 아래 영어 문장 세 가지를 봅시다.

> 그 새는 두루미다
>
> (That bird is a crane).
>
> 이들은 크레인을 써서 물건을 들어 올려야 했다
>
> (They had to use a crane to lift the object).
>
> 여자는 영화를 보려고 목을 길게 빼야 했다
>
> (She had to crane her neck to see the movie).

이는 극단적인 예지만 영어에는 동음이의어(homonym), 즉 철자는 똑같은데 의미는 전혀 다른 단어들이 아주 많습니다. 영어가 모국

어인 사람들은 특정 의미가 어떤 시점에서 어떤 의도로 쓰였는지 문맥에서 능숙하게 읽어냅니다. 신약성경에서는 동일한 단어의 의미 변화가 비교적 덜 극단적이지만, 그 양상은 동일합니다. 한 문맥에서 한 단어의 의미가 자동적으로 다른 문맥에서 동일한 의미로 나타나지는 않습니다. 그러므로 먼저 한 단어가 각 문맥에서 어떤 의미인지 점검해 보지 않은 채, 한 문맥에서의 의미를 다른 문맥에서도 동일하게 읽어내지 않도록 주의해야 합니다.

단어 연구를 활용할 때 나타나는 이런 문제점들 때문에 어떤 이들은 아예 그 연구를 하지 않으려고 합니다. 반면에 또 어떤 이들은 단어 연구 고유의 문제점들을 완전히 무시해 버립니다. 어느 쪽도 합리적인 태도는 아닙니다.

이보다 훨씬 더 좋은 해법은 단어 연구를 분별 있게 활용하는 것입니다. 함정과 한계를 잘 인식하기만 한다면 단어 연구는 여전히 신약성경 연구의 소중한 도구가 될 수 있습니다. 특정 단어를 쓰지는 않지만 비슷한 개념을 가리키는 듯한 구절들에 적절히 주의를 기울이고, 핵심 구절을 꼼꼼히 조사하면서 한 단어가 그 특정 구절에서 어떻게 사용되고 있는지 이해하는 것이 핵심입니다. 이 책에서 저는 가능한 이런 방식에 따라, 단어 연구를 도약점으로 삼되 핵심 구절도 자세히 살펴볼 것입니다. 또한 '방아쇠' 역할을 하는 단어가 없다고 하더라도 바울이 몸에 관해 하는 말의 더 넓은 문맥을 이해하는 데 도움이 되는 구절이라면 개략적으로라도 살펴볼 것입니다.

이 책은 어떤 책이며, 어떤 책이 아닌가

이 책이 어떤 책이며 또 어떤 책이 아닌지 아는 것이 중요합니다. 철학이 혼과 정체성 논의에 끼친 오랜 영향력은 이미 살펴보았습니다. 최근에는 혼의 존재가 신경과학자들의 많은 논의의 주제가 되고 있습니다. 철학적 혹은 신경과학적인 측면에서의 논의가 흥미롭기는 하지만, 저는 철학자도 아니고 신경과학자도 아닙니다. 그래서 이 책이 때로 그런 논의를 다루기는 해도 그것은 제 전문 분야가 아니기 때문에 이 책의 주된 내용은 될 수 없습니다.[10]

철학이나 신경과학의 영역으로 너무 깊이 들어가지 않는 또 다른 이유는, 그 복잡함 때문에 비전문가 독자들이 몸의 문제에 아예 접근하지 않는 경우가 많기 때문입니다. 철학이나 신경과학 논의는 비전문가에게는 지나치게 까다롭고 복잡한 방식으로 구성되어 있어서 감히 참여할 엄두를 내지 못합니다. 그러는 동안 주요한 쟁점들이 그리스도인들 사이에서 논의되지 못할 때가 많습니다. 앞에서 제가 설명하려고 한 것처럼, 몸의 문제는 아주 중요한 주제이고 해가 갈수록 더 중요해지고 있습니다. 몸 전반에 관해 기독교 전통은 무엇을 말해야 하는지에 관한 이야기, 특히 아름다운 몸을 구성하는 것은 무엇인지에 관한 이야기에 가능한 많은 사람들이 참여하는

---

10 철학적, 신경과학적 관점을 더 상세히 탐구하고자 한다면 다음의 책들을 추천합니다. Stewart Goetz and Charles Taliaferro, *A Brief History of the Soul* (Malden, MA: Wiley-Blackwell, 2011) [=『서양 영혼 담론사』(공동체, 2012)]; Samuel M. Powell, *What about the Soul?: Neuroscience and Christian Anthropology*, ed. Joel B. Green (Nashville, TN: Abingdon Press, 2004).

것이 중요합니다. 물론 이 책조차도 어떤 이들에게는 당혹스러울 만큼 복잡할 수 있다는 사실을 잘 알고 있습니다. 그래서 매우 복잡한 영역에서는 가능한 이해하기 쉽게 쓰려고 노력했습니다.

이 책의 요지

이 책에서 하고자 하는 작업은, 몸·죽음 이후의 삶·정체성·관계·영 안에서의 삶에 대해 바울이 무엇을 말했는지를 살펴보는 것입니다. 몸에 관한 바울의 견해가 좀 더 일반적 논의들, 이를테면 영성에 있어서 몸이 하는 역할에 대하여 어떤 기여를 할 수 있는지 생각해 보려는 것입니다.[11]

이 특별한 과제를 수행할 때 어려운 점은, 몸에 관한 바울의 언급이 역사 속에서 일정한 철학 전통, 구체적으로 말하면 플라톤 철학의 렌즈를 통해 해석되어 왔다는 것입니다. 그 결과 바울은 몸에 관해 매우 부정적인 말을 하는 것으로 받아들여져 왔는데, 제가 생각하기에 바울의 의도는 그게 아니었습니다. 물론 제 생각이 틀릴 수도 있으므로, 여러분은 이 책의 논증을 통해 자기 생각을 스스로

---

11 바울이 쓴 것으로 여겨진 일부 서신들의 저자 문제에 대해 신약학자들이 여러 해 동안 의문을 표시했다는 점에 주목해야 합니다. 그 서신들(에베소서, 디모데전후서, 디도서, 때로는 골로새서까지)은 흔히 제2바울서신(deutero-Pauline)으로 불리며, 나머지 바울서신들보다 후대에 생겨난 것으로 여겨졌습니다. 우리가 다룰 주제가 따로 있기에, 그 논쟁을 다루다가는 이야기가 산만해질 수 있습니다. 따라서 이 책에서 저는 그러한 논쟁에 참여하지 않겠습니다. 바울이 썼다고 여겨지는 모든 서신들이 다 바울 전승(예를 들어, 누가 전승이나 요한 전승과 대비되는)에서 온 것으로 간주하겠습니다.

결정할 수 있기를 바랍니다. 이 책의 전제에 동의하든 동의하지 않든, 몸이라는 주제에 관한 여러분의 입장을 다시 한 번 점검해 볼 수 있도록 이 책의 내용들이 충분한 자극을 줄 수 있기를 바랍니다.

이 책은 두 개의 장들(chapters)이 네 쌍을 이루어, 구체적인 주제들을 다루고 있습니다. 1-2장은 혼의 본질, 3-4장은 몸의 부활, 5-6장은 영과 정체성, 7-8장은 몸에 관해 바울이 하는 말을 다룹니다.

이 책은 무엇보다도 몸을 대하는 바울의 태도에 관한 책이지만, 그럼에도 저는 이따금씩 핵심 복음서 구절들을 언급하지 않으면 안 될 것 같다는 생각이 들었습니다. 그래서 도움이 될 것 같은 부분에서는 복음서를(한 번은 히브리서를) 인용한 주(註)를 추가해서 관련 논의에 신약성경의 가르침을 더했습니다. 이 책을 읽어 나가다 보면, 일정한 간격으로 특정 개념의 중요성을 먼저 고찰하고 그 개념이 우리의 믿음과 삶의 방식에 어떤 차이를 만드는지 고찰하는 부분이 있음을 알게 될 것입니다. 에필로그에서는 여러 구절과 개념을 연구한 결과 알게 된 내용들과, 앞으로 달리 생각하게 될 내용들을 고찰하며 몇 가지 개념들을 종합합니다.

'바울이 보는 몸'에 관한 논의는 대단히 흥미롭지만 그렇다고 단순하진 않습니다. 이 작은 책은 그 주제에 관한 결정판이 되는 것을 목표로 하지 않습니다. 그보다는 그 주제에 더욱 관심을 불러일으키고 관련 쟁점들을 바라보는 새로운 방식을 창출하는 데 목표를 두고 있습니다. 무엇보다도 우리 사회가 아름다운 몸에 좀 더 폭넓게 감응하도록 하려면 우리가 무엇을 해야 할지 논의하게 만들고자 합니다. 저는 바울이 개인적인 몸이든 공동체적인 몸이든, 몸을 중요하게 생각한다고 믿습니다. 이에 동의한다면, 우리의 언어와 생각, 우리의 관행과 태도, 우리의 영성과 예배를 어떻게 변화시켜야 몸을 가지고 사는 삶의 중요성이 자아와 자존감, 그리고 그리스도 안에서 사는 삶에 반영될 수 있는지, 고민하는 것이 곧 우리의 과제일 것입니다.

이 책에 쓰인 그리스어와 히브리어 단어 목록

기본적으로 사용한 영역 성경은 NRSV(New Revised Standard Version)입니다. 간혹 NRSV의 번역이 본문의 깊이를 제대로 전달하지 못한다고 여겨질 때는 제가 그 부분을 직접 번역하기도 했습니다.

저는 원칙적으로 그리스어와 히브리어 단어를 남용하지 않으려고 최대한 노력합니다. 그 언어를 모르는 사람들에게 자칫 불쾌감을 줄 수 있다는 것을 알기 때문입니다. 하지만 정말 불가피하게 그리스어와 히브리어를 써야 하는 경우가 있는데, 이 책이 바로 그런 경우입니다. 여러분이 이 책을 읽어나가다 보면 알겠지만, 성경에서 각 단어들이 어떻게 사용되었는지를 적절히 포착할 수 있게 영어로 옮기는 작업을 매우 어렵게 만드는 단어들이 있습니다. 저는 그런 단어들은 그냥 원어 그대로 놔두어야 이해하기가 더 수월하다는 것을 깨닫게 되었습니다. 아래는 다양한 의미를 가진 그러한 단어들의 목록입니다. 이 책을 읽어 나가면서 특별히 그 의미를 기억할 필요가 있을 경우를 대비해서 따로 정리해 보았습니다.

카르디아(*kardia*) 마음(heart)을 뜻하는 그리스어지만, 바울은 생각(thought)을 가리키는 말로도 썼습니다.

코이노니아(*koinōnia*) 교제·참여·나눔·교통을 뜻하며, 그리스도와의 수직적 관계 및 서로 간의 수평적 관계를 가리키는 단어입니다.

레브(*leb*) 마음을 뜻하는 히브리어.

네페쉬(*nephesh*) '혼'(soul)이라고 번역될 수 있는 히브리어 단어가 있다면 바로 이 단어인데, 생명(life) 혹은 생명력(life force)이라고 옮기는 것이 아마도 더 좋을 것 같습니다. 욕망이나 욕구, '나'(me) 혹은 '너'(you), 좀 더 일반적으로 전인(全人) 같은 개념을 포괄합니다.

네샤마(*nəshamah*) 호흡을 뜻하는 히브리어. 창세기 2:7에서 하나님은 인간의 코에 생명의 호흡(네샤마)을 불어넣으셨고, 이에 인간은 '네페쉬 존재'(*nephesh* being, 위 항목 참조)가 되었습니다.

누스(*nous*) 바울이 '정신'(mind)을 가리키는 말로 쓰는 그리스어 단어 중 하나로, 바울서신에 21회 등장합니다.

프뉴마(*pneuma*) 영(spirit)을 가리키는 그리스어. 바울은 하나님의 영, 우리의 영, 그리고 영의 영역을 가리키는 말로 이 단어를 썼습니다.

프뉴마티코스(*pneumatikos*) 명사 프뉴마의 형용사형으로, 영의 일에 속한다는 의미입니다.

프쉬케(*psuchē*) 그리스 철학에서 '혼'(soul)을 뜻하는 말로 쓰인 단어이며, 바울도 이따금씩 이 단어를 쓰기는 했지만 그리스 철학에서 말하는 혼 개념보다는 네페쉬에 훨씬 더 가까운 의미로 썼습니다.

프쉬키코스(*psuchikos*) 명사 프쉬케의 형용사형으로, 바울은 형용사 프뉴마티코스(위 항목 참조)와 대조적인 의미로 이 단어를 썼습니다. 프뉴마 혹은 영(Spirit)의 생명과 반대되는 프쉬케의 생명에 속한다는 의미입니다. 자연적인(natural)이라고 번역하는 게 가장 좋을 듯합니다.

루아흐(*ruaḥ*) 영(spirit)을 뜻하는 히브리어. 구약성경에서 하나님의 영(Spirit)과 인간의 영(spirit)을 가리키는 말로 쓰였으며, 바람이나 호흡을 뜻하는 말로도 쓰였습니다.

사르크스(*sarx*) 육신(flesh)을 뜻하는 그리스어.

소마(*sōma*) 몸(body)을 뜻하는 그리스어.

제1장

감금된 영혼?

"당신은 어떤 사람입니까?" 살아가면서 여기저기 다니다보면 사람들이 종종 이 질문을 던지곤 합니다. 만약 누군가가 여러분에게 이 질문을 던진다면 여러분은 어떻게 대답하겠습니까? 예측 가능한 대답은, 먼저 이름을 알려 주고, 어쩌면 직업까지 알려 주는 것입니다. 하지만 사실 이런 대답은 "당신이 어떤 사람이냐?"라는 질문에 대한 제대로 된 답변은 아닐 것입니다. 이름도 직업도 내가 한 인격체로서 어떤 사람인지에 관해서는 아무것도 말해 주지 않기 때문입니다. 만일 우리가 진짜 나 자신을 드러낼 수 있을 만큼 편안함을 느낀다면, 자기소개에 과연 무엇을 포함시키게 될까요? 어떤 이들은 자기 성격에 대해 말할 것입니다. 또한 자신의 지적 능력에 대해 이야기하는 이들도 있을 것이고, 자신의 가치관이나 자신의 소망에 대해 이야기하는 이들도 있을 것입니다. 이 모든 것들이 대략 '혼'(soul)의 범위에 들어갑니다. 하지만 갖가지 관계(딸/아들, 어머니/아버지, 자매/형제, 아내/남편 등)와 자기 외모에 대한 이야기까지 나가는 이들도 많을 것입니다. 이는 대략 '몸'의 범위에 들어가는 특징들입니다.

몸과 정체성

몸은 자기가 정말 어떤 사람인지를 구성하는 부수적 요소일 뿐이라고 말하는 이들도 있고, 자기 정체성에는 자신의 몸과 떼어 놓을 수 없는 측면이 있다고 말하는 이들도 있습니다. 또 어떤 이들은 지금의 자기 몸이 아닌 다른 어떤 몸을 입는다면 그 사람을 정말 자기 자신으로 여길 수 없을 거라고 생각합니다. 반면에 지금 자신에게는 완전히 엉뚱한 몸이 주어졌으며 그 몸이 바뀌지 않는 한 자기 몸을 편안히 여길 수 없을 거라고 생각하는 이들도 있습니다. 우리 몸과 우리가 생각하는 자기 자신 사이에는 분명 연관성이 있습니다. 이것이 바로 우리 몸의 극적인 변화가 정신적 외상을 남길 수도 있는 이유입니다. 항암치료를 받다가 머리카락이 다 빠진다든지, 사고나 중병 때문에 얼굴 생김새가 달라진다든지, 혹은 갑작스레 손발을 잃는다든지 하는 일이 일어나면 진짜 자기 자신이 아니라 마치 다른 사람이 된 듯한 느낌을 가질 수 있습니다. 그렇다면 몸은 사람으로서 우리 존재의 전부는 아닐지라도 분명 우리의 자기 인식에는 기여합니다.

이 모든 것은 혼(soul) 및 혼과 몸의 관계, 그리고 우리가 생각하는 혼과 몸의 연결 방식을 재고하게 만듭니다. 몸에 관한 책이라면서 혼에 관한 이야기로 시작하는 것이 이상해 보일 수도 있습니다. 몸을 희생시키고 혼에 초점을 맞추는 경향은 기독교 전통이 역사속에서 몸과 그토록 양가적(兩價的) 관계를 맺게 된 한 가지 이유입니다. 그와 같이 혼을 지나치게 강조한 탓에 지금처럼 몸을 덜 긍정적으로 생각하게 되었는지도 모르겠습니다. 우리가 가진 몸에 관한 관점에 담긴 가정들을 이해하기 위해서 바로 여기서부터 이야기를 시작해야 할 것 같습니다.

'혼'이라는 표현의 한 가지 문제점은, 어떤 (철학적) 맥락에서는 이 단어가 아주 엄밀한 의미를 지닌다는 것입니다. 반면 보다 대중적인 맥락에서 이 단어는 좀 더 폭넓고 좀 더 주의를 환기시키는 의미를 지닙니다. 그러므로, 이야기를 더 진행하기 전에, 먼저 '혼'이라는 말이 우리에게 무엇을 환기시키는지 따져 보는 것이 중요합니다. 혼이라는 말은 우리가 일반적인 대화에서 자주 쓰는 단어입니다. 우리는 무엇이 혼을 위해 유익한지에 대해 이야기하기도 하고, 또 그 단어를 써서 누구에게도 말하지 않겠다고(won't tell a soul) 약속하기도 합니다. 또한 몸과 혼을 함께 지키려고 애쓰거나 혼을 쏟아붓기도 하고, 속을 털어놓거나(bare our soul) 혼을 팔기도 합니다. 그리스도인들 사이에서 이따금씩 '자기 형성'(soul-making)에 대해 이야기하기도 하고요. 이처럼 '혼'이라는 단어는 우리가 어떤 존재인지 설명할 때 유용하며 또한 많은 것을 암시합니다. 문제는 우리가 그 단어를 어떤 의미로 사용하느냐는 것입니다.

혼 정의하기

혼(soul)은 흔히 몸(bod)에 반대되는 것으로 여겨집니다. 이를테면 『옥스퍼드 영어사전』(Oxford English Dictionary)에서는 혼을 가리켜 "인간이나 동물의 영적(spiritual), 혹은 비물질적 부분으로서 불멸한다고 여겨진다"고 정의합니다. 이러한 정의는 일반적으로 혼을 정의할 때 나타나는 네 가지 핵심에 관심을 기울이게 만듭니다.

첫째, 우리가 혼에 관해 이야기할 때면 '영적'이라는 단어가 아주 신속히 등장한다는 것입니다. 별다른 어색함 없이 자연스럽게 그렇게 됩니다. 사실 사람들은 '혼'이라는 말과 '영적'이라는 말을 마치 동일한 단어인 양 자주 혼동합니다. 둘째, 사전은 동물에게도 혼이 있을 가능성을 받아들인다는 것입니다. 이는 수 세기에 걸쳐 혼에 관한 논의의 아주 중요한 부분이었으며, "반려동물이 죽으면 천국에 가느냐?"고 묻는 어린아이의 질문에 가장 잘 요약되어 있습니다. 셋째, 여기에서처럼 혼이 흔히 '비물질적', 혹은 '무형적'(無形的)이라고 설명된다는 점에 주목해야 합니다. 특히 혼이 무형적이라고 할 때는 어쨌든 혼이라는 것이 몸의 반대 의미, 몸의 물질성(physical)에 반대되는 비물질적인 것이라는 의미가 함축되어 있습니다. 넷째, 앞선 정의에서 우리가 주목해야 할 결정적인 측면은 혼이 불멸한다고 여겨진다는 점입니다. 즉, 우리 존재를 구성하는 한 부분이 무덤 너머로까지 존속한다는 것입니다.

『옥스퍼드 영어사전』의 정의는 혼에 관해 생각할 때 우리가 곰곰이 따져보아야 할 몇 가지 요소를 제시하지만, 그 전에 먼저 탐구해 보아야 할 몇 가지 측면들이 빠져 있습니다. 이 책을 쓰려고 자료 조사를 할 때 "혼이 당신에게 무슨 의미냐?"고 소셜 미디어를 통해 몇몇 사람들에게 물어 보았는데요, 그들의 대답이 상당히 흥미로웠습니다. 그 대답은 크게 네 가지 유형으로 나뉘었는데, 『옥스퍼드 영어사전』의 정의에 담긴 네 가지 핵심과 정확히 일치하지는 않았습니다. 어떤 사람은 네 가지 유형 중 하나의 유형으로만 대답하기도 했고, 또 어떤 사람은 두세 가지 유형으로 대답하기도 했습니다. 그 누구도 네 가지 유형이 모두 들어간 대답을 하진 않았습니다.

네 가지 유형 중 둘은 『옥스퍼드 영어사전』의 정의에 담긴 두 가지 핵심과 중첩되었습니다. 사람들은 혼에 대해 말할 때 하나님(God)이라는 단어와 신(divine)이라는 단어를 사용하곤 했습니다. 이를테면, "혼은 '하나님의 생명의 선물'이다," "혼은 우리 안에 있는 것으로서 하나님의 본질의 어떤 측면을 갖고 있다," "혼은 우리를 구성하는 작은 조각으로서 하나님께서 손에 쥐고 있다," "혼은 우리를 구성하는 작은 조각으로서 삼위일체가 추는 춤에 참여할 수 있다"고 말했습니다. 이를 보면 혼이라는 말이 '영적'이라는 말과 적어도 부분적으로 중첩되어 사용되는 것이 분명합니다. 중첩되는 또 하나의 유형은, 무덤 너머로까지 존속하는 작은 조각에 대한 언급입니다. 하나님의 손 안에 있다는 언급이 바로 이를 암시한다고 할 수 있겠습니다. 하지만 흥미롭게도 이를 직접 언급한 사람은 거의 없었습니다.

그 외 대답들은 혼이 사실상 우리의 존재 자체라고 하는 개념을 중심으로 하고 있었습니다. 혼이란 '나를 나로 만드는 특성'(the me-ness of me)이라는 것입니다. 사람들은 혼이 나의 참 본질이라고, 나를 '나'로 만들고 너를 '너'로 만드는 유일무이한 핵심이라고, 거룩해진 나의 전체요, 나를 참으로 인간답게 만들어 주는 것이라고 말했습니다.

마지막 유형의 대답은 다소 일반적이지 않아서 일부 응답자들이 직접적으로 반대를 표했는데, 혼은 우리 존재의 지휘 센터로서 마음(heart)과 생각(mind)과 뜻(will)이 결합된 것이라는 대답이었습니다. 즉, 혼은 이성적이고, 이성적인 생각을 수반한다는 것입니다.[1]

이 개념은 혼에 관한 고찰에 대단히 흥미로운 차원을 더해 줍니다. 특히 이들은 혼이라는 말을 쓸 때 우리가 저마다 무슨 의미로 그 말을 쓰는지, 우리 모두가 정말 동일한 의미로 혼이라는 말을 쓰는지에 대해 의문을 제기합니다. 이 책을 여기까지 읽었으면, 이제 우리가 '혼'이라는 말을 무슨 의미로 사용하는지 생각해 보는 게 좋을 것입니다. 그래야 이 논의에서 자신이 어떤 입장에 서 있는지 판단할 수 있을 테니까요. 특별히 깊이 생각해 보아야 할 중요한 문제는, 혼이 자신의 정체성 인식에 얼마나 중요하다고 생각하느냐는 것입니다. 만일 없어서는 안 될 만큼 중요하다고 생각한다면, 혼이 왜 그

---

1 질문에 답해 준 아래 트위터 사용자들에게 특별히 감사드립니다. 혹시 빠진 분이 있다면 사과드립니다. @Boaz2; @colemanitter; @DocBrush; @Drewinleeds; @jaynemanfredi; @marklaverick; @PortsmouthCath; @RevdNirvana; @tweet_too_woo.

렇게 중요한지 따져 보는 것이 중요합니다. 어떤 이들은 혼 개념이 내가 지금 나 자신을 어떻게 생각하는지를 표현하기 때문에 혼이 중요하다고 생각합니다. 어떤 이들은 내가 어떤 존재가 될 수 있을지를 혼이 암시하기에 중요하다고 생각합니다. 또 어떤 이들은 혼이 우리를 구성하는 부분 중 무덤 너머로까지 존속될 부분을 가리키기에 중요하다고 생각합니다. 그리고 어떤 이들은 혼이 우리 안에 하나님과 깊은 관계를 맺을 수 있게 하는 부분, 혹은 우리의 정신을 구성하는 부분을 가리키기 때문에 중요하다고 생각합니다. 물론 여러분이 이 중 단 한 가지 관점만 취할 가능성은 그다지 높지 않지만, 어찌되었든 자신의 생각을 명확히 정리해 두면 앞으로 이 책에서 전개될 내용들을 훨씬 더 쉽게 이해할 수 있을 것입니다.

플라톤의 영향

우리가 마주하는 난제는, 우리가 의식하든 못하든 '내면에 플라톤'(inner Plato)을 지닌 이들이 많다는 것입니다. 다시 말해, '혼'이라는 단어를 보면 우리는 플라톤에서 비롯된 그리스 철학에 (조금이라도) 영향을 받은 방식으로 생각하지 않을 수 없습니다. 서구 기독교 전통으로 사고 세계가 형성된 사람들은 대부분 플라톤이 보는 혼 개념에도 어느 정도 영향을 받게 됩니다. 서구 기독교 사상이 형성한 세상에 큰 영향을 받지 않은 사람은 세상·몸·혼을 볼 때, 그 세상에 영향을 받은 사람들과는 현저하게 다른 방식으로 바라볼 것입니다.

사실 플라톤의 영향을 받은 세계관을 지닌 사람들은 대개 그 영향을 무의식적인 수준에서 가지고 있으며, 또한 완전히 플라톤적인 혼 개념을 지닌 사람도 그다지 많지 않음을 기억해야 합니다. 흔히 그렇듯 어떤 견해가 대중에게 계승될 때면 언제나 어떤 점은 강조되고 어떤 점은 무시되는 등 두루뭉술하게 전달됩니다. 그럼에도 대중적인 혼 개념이 형성되는 과정에서 대개 플라톤의 영향을 어느 정도 받게 되는 것은 사실입니다. 이 점을 분명히 하기 위해서 플라톤과 그 계승자들에게 특별히 초점을 맞춰서, 그리스 사상 속에서의 혼 개념을 간략히 살펴보는 게 도움이 될 것입니다.[2]

플라톤 전 시대의 혼

사람들은 혼 개념이 이 사람에게서 기원했다 혹은 저 사람에게서 기원했다고 추정하기를 좋아합니다. 제가 보니 좀 앞뒤가 안 맞게도 혼 개념이 플라톤과 데카르트 두 사람 모두에게서 기원했다고 하는 경우도 있더군요. 하지만 두 사람이 모두 혼 개념의 창안자일 수는 없는 것이 확실합니다. 실제로 두 사람 중 누구도 혼 개념을 생각해내지 못했다는 확실한 증거가 있습니다. 혼을 믿는 믿음은 플

---

2   흔히 위대한 사상가들이 그렇듯이, 플라톤의 견해들도 시간이 흐르면서 달라졌고 또 평생에 걸쳐 발전했습니다. 여기서 우리가 탐구해야 할 것은 학자들이 무엇을 플라톤의 '핵심' 견해들로 보느냐이지만, 플라톤의 견해들이 그의 글에서 각기 다르게 표현되거나 심지어 상충되는 경우도 있다는 점에 주의를 기울여야 합니다.

라톤보다 훨씬 전으로 거슬러 올라가며, 그 믿음은 플라톤보다 많은 세월 앞서서 기록된 호메로스(Homer)의 글에서도 찾아볼 수 있습니다. 이처럼 플라톤은 혼 개념을 만들어낸 사람이 아닙니다. 물론 플라톤은 자신이 생각하는 혼에 관한 체계적 이해를 처음으로 글로 기록한 사람들 중 하나임에는 분명합니다.

(주전 6세기 무렵에 쓰였다고 추정되는) 호메로스의 작품 『일리아스』와 『오디세이아』는 몸에 생명을 주는 혼에 대해 이야기합니다. 흥미롭게도 보통 호메로스는 인간이 죽기 직전의 순간에만 혼에 대해 언급합니다. 그래서 혼은 삶은 물론 죽음과 연관됩니다. 혼은 인간의 몸에 생명을 안겨 주는 것, 몸이 죽을 때 그 몸을 떠나는 그 무엇입니다.[3] 이런 강조점에도 불구하고 호메로스의 작품에는 '내세'에 대한 믿음이라고 할 만한 내용이 많지 않습니다. 죽음 이후에 일어나는 일에 대한 호메로스의 관점은 다소 음울하고 쓸쓸한 실존의 관점입니다. 호메로스는 죽은 자는 삶이 어떠했는지 기억할 순 있지만, 정말로 자기 삶을 '살지'는 않는다고 봅니다.[4]

단지 죽음 이후에 "존재하는" 것이 아니라 그 이상의 혼 개념을

---

3   그리스의 혼 개념 발전에 관한 유용한 논의로 Hendrik Lorenz, 'Ancient Theories of Soul', *The Stanford Encyclopaedia of Philosophy* (2009년 여름), <http://plato.stanford.edu/archives/sum2009/entries/ancient-soul/>를 보십시오.

4   Radcliffe G. Edmonds, 'Afterlife', in *The Homer Encyclopaedia* (Oxford: Blackwell, 2012),<http://onlinelibrary.wiley.com/doi/10.1002/9781444350302. wbhe0021/abstract> (2014년 12월 12일에 검색)를 보십시오.

비로소 찾아볼 수 있는 것은 피타고라스(Pythagoras)의 글에서입니다. 피타고라스에 관해 가장 자주 인용되는 이야기는 크세노파네스(Xenophanes)가 전하는 이야기입니다. 어느 날 피타고라스가 강아지를 때리고 있는 한 남자 곁을 지나다가 "그만 때리시오. 강아지가 우는 소리를 들어보니 친구의 혼인 걸 알겠구려"라고 말했다고 합니다.[5] 이 일화를 보면 혼은 단순히 생명을 안겨 주는 게 아니라, 원래의 몸에서 분리되어 다른 몸에 다시 자리 잡을 수 있습니다. 오늘날이라면 이를 '윤회'라고 하겠지만, 그리스 문헌에서는 보통 '혼의 이동' 혹은 '전생'(轉生)이라고 합니다. 안타깝게도 피타고라스가 생과 생 사이의 혼에게 어떤 일이 일어난다고 생각했는지는 그다지 알려진 게 없습니다. 그렇지만 혼이 어떤 특정한 몸에서의 '생' 전에도 존재하고 그 후에도 존재한다고 본 개념을 추적해 볼 수는 있습니다.

소크라테스와 플라톤이 말하는 혼

이 견해는 소크라테스와 플라톤에 이르러 더욱 발전하게 되었습니다. 소크라테스는 그리스 철학 전통의 터를 닦았다고 널리 신망을 얻은 사람으로서, 플라톤이나 크세노폰 같은 다른 철학자들의 글을 통해서만 알려져 있습니다. 소크라테스의 혼 개념에 대해 우리가 아는 내용은 거의 독점적으로 플라톤을 통해서만 전해지기 때문에 두 사람의 견해를 구별하기가 사실상 매우 어렵습니다. 특히

---

5 Xenophanes, *Xenophanes of Colophon: Fragments: A Text and Translation with a Commentary* (Toronto: University of Toronto Press, 2001), 78.

소크라테스가 죽은 지 얼마 안 되어 기록되었고, 소크라테스의 견해보다 플라톤의 입장이 더 많이 담긴 『파이돈』(Phaedo) 같은 문헌에서는 더욱 그렇습니다. 『파이돈』은 소크라테스가 독배를 마시고 처형되기 직전 옥에 갇혀 있을 때 이루어진 마지막 대화를 담고 있습니다. 대부분의 대화는 죽은 후 소크라테스에게 일어날 일에 관한 내용인데요, 플라톤의 글 중 혼과 혼의 중요성에 초점을 맞춘 주요 저작으로 손꼽힙니다.

『파이돈』에서 혼은 몸에 생명을 나눠 주는 것으로 묘사됩니다. 또한 생명을 주는 것이 바로 혼의 본질이기 때문에 절대로 소멸될 수 없는 것으로 설명됩니다. 그래서 어떤 사람이 죽으면 그 사람의 몸은 소멸해도 혼은 계속해서 존속한다는 것입니다. 피타고라스와 마찬가지로 플라톤도 혼이 다른 여러 몸에 존재할 수 있다고 하는 '혼의 이동'을 믿었습니다. 이는 플라톤과 플라톤 신봉자들에게 혼이 다양한 몸에 존재할 수 있으므로 한 특정한 몸은 인간의 정체성을 형성할 수 없다는 뜻입니다. 또한 혼이 죽음 후에도 계속해서 존재할 뿐만 아니라 몸보다 더 선재(先在)한다는 뜻이기도 합니다.

혼은 몸에 생명만 주는 게 아니라 지식도 주었습니다. 플라톤은 혼을 지식의 보고(寶庫)로 보았으며, 이 지식은 혼이 몸에 들어오기 전부터 지녔던 지식이었습니다. 그래서 플라톤에게 지식이란 단순히 혼이 태어나기 전에 알던 것을 기억하는 것이고,[6] 몸은 혼의 잠재

---

6 "그래서 혼은, 불멸이고 여러 번 태어나며 이생 및 다른 생에서 모든 것을 보았기에, 존재하는 모든 것을 다 겪어 알게 되었다. 그러므로 덕에 관한 지식

력을 제한하는 것이었습니다. 몸은 몸의 필요와 욕구 속에 혼을 가둬 놓았고, 그래서 혼은 많은 지식을 잃어버렸으며, 이 지식을 되찾기 위해서는 몸의 지배를 떨쳐버려야 했습니다. 플라톤에게 혼은 불변하되 몸에 속박되는 것이었는데, 몸은 계속 변화하므로 결국 악으로 여겨졌습니다.[7] 플라톤은 혼의 선재하는 지식을 강조했고, 이는 이성(reason)을 혼의 본질로 여기게 되는 결과를 낳았습니다. 그래서 플라톤은 지혜와 아름다움을 추구함으로써 이성에 자양분을 공급하는 것이 삶의 목표라고 보았습니다. 그는 지혜와 아름다움을 추구하지 않고 비겁함과 불의 같은 특성을 보이는 자들은 저급한 형상으로, 이를 테면 여자의 형상으로 환생한다고 믿었습니다![8]

『파이돈』이 아닌 다른 책, 특히 『국가』(Republic)에서 플라톤은 혼에 세 부분이 있다고 주장하는데 바로 이성(reason)과 영(spirit)과 욕망(appetite)입니다. 이러한 이해에 따르면 혼의 가장 고귀한 부분은 이성이었으며, 플라톤은 이성이 신(神)과 아주 비슷하다고 믿었습니다. 이성은 특히 지식 및 진리와 연결되었고, 또한 (이성은) 형상의 완전함(The perfection of the Forms)을 볼 수 있다고 여겨졌습니다.[9] 플라톤은

이나 … 한때 혼이 소유했던 다른 어떤 것을 기억할 수 있다 해도 우리는 놀랄 필요가 없다." Plato, *Meno* 81D [=『메논』(아카넷, 2019)].

7 Plato, *Phaedrus* 250c [=『파이드로스』(아카넷, 2020)]를 보십시오.

8 "세상에 온 남자들 중, 겁쟁이나 불의한 삶을 영위한 자들은 두 번째 세대에 여자의 본성으로 바뀌게 된다고 합리적으로 추정할 수 있다." Plato, *Timaeus* 90e-91a [=『티마이오스』(아카넷, 2019)].

9 '형상의 완전함'이라는 표현은, 만물에는 완전한 형상이 있고 우리 세상의 물질적인 것들은 (그 물질적인 것들이 표상하는) 완전한 본질이나 개념의 이

혼의 이 부분을 수위(首位)에 두었습니다. 이 스펙트럼의 반대편 끝, 세 번째이자 가장 하등한 부분은 욕망 혹은 욕구였습니다. 그는 혼의 이 부분은 비이성적이며, 쾌락과 고통의 지배를 받는다고 말했습니다. 이 부분은 욕구의 추동을 받기 때문에 때로 '내면의 짐승'(the beast within)이라고도 불립니다. 플라톤은 혼의 이 부분이 복부에 위치한다고 말했습니다.

혼의 두 번째 혹은 중간 부분은 머리와 복부 사이, 이성과 욕구 사이에 위치합니다. 플라톤은 이 두 번째 부분을 혼의 영적인 부분으로 보았으며, 이성과 욕망이 충돌할 때마다 이성을 지지하는 역할을 하는, 비교적 고귀한 열정이 존재하는 부분이라고 말했습니다. 플라톤은 전차를 모는 전사(이성)의 예를 들어 설명합니다. 이 전사는 전차를 끄는 두 마리 말을 제어하는데, 그 중 한 마리는 착하고(영적인 요소) 한 마리는 불량합니다(욕망의 요소). 착한 말은 전사가 명령하는 대로 행동하지만 불량한 말은 채찍을 휘둘러야 말을 듣습니다.[10]

한 가지 주목해 볼 만한 점은, 플라톤을 포함해 그리스 철학자들의 경우 신체적 혹은 물질적인 것으로서의 몸과, 영적인(spritual) 혹은 비물질적인 것으로서의 혼을 구별하지 않았다는 것입니다. 이러한 구별이 뚜렷해진 것은 후대 철학자들, 특히 데카르트에 이르러서였습니다. 플라톤 같은 철학자들은 혼을 '물질적인' 것 혹은 '재료'로

미지나 그림자일 뿐이라는, 플라톤의 견해를 묘사하는 말로 쓰입니다. 예를 들어, 탁자의 완전한 본질을 발견할 수 있는 "천국 너머의 장소"가 있고, 이 땅의 모든 탁자들은 그것의 창백한 그림자일 뿐이라는 것입니다.

10 Plato, *Phaedrus* 246a-254e.

보았습니다. 물론 몸을 구성하는 것과는 다른 종류의 '재료'였지만 말입니다. 우리는 플라톤이라는 렌즈를 통해 바울을 읽을 뿐만 아니라 데카르트라는 렌즈를 통해 플라톤을 읽는 것 같습니다.[11]

필론과 아우구스티누스

플라톤의 영향은 그의 사후에도 오랫동안 지속되어 다양한 후대 철학자들의 사상을 형성했습니다. 플라톤 사상의 핵심 신봉자들 중 하나가 필론(Philo)이었습니다. 필론은 주전 25년 무렵에 태어나 주후 45-50년경에 사망했으며, 이집트의 알렉산드리아에 살면서 활동했습니다. 신심 깊은 유대인이었던 필론은 그리스 철학, 특히 플라톤의 저작에 비추어 유대인의 신앙을 이해하려 노력했습니다. 이제부터 보게 되겠지만,[12] 히브리 사상에서는 '혼'을 그리스 철학과는 아주 다른 방식으로 보았으며, 필론은 이 둘을 완전히 종합하려고 했던 상당히 드문 인물입니다. 필론은 이 점에서 바울과 두드러진 대조를 보입니다. 필론처럼 바울도 그리스 철학에 정통했지만, 필론과 달리 바울은 히브리 사상과 그리스 사상을 체계적으로 조화시키려 하지 않았습니다. 바울의 경우 예수 그리스도의 좋은 소식

---

11   이 점에 대한 특별히 유용한 논의로는 Dale Martin, *The Corinthian Body*, new edn (New Haven, CT: Yale University Press, 1999), 3-37, 115-117, 127-129을 보십시오. 이 주장의 한 가지 중요한 특징은, 인간의 몸은 '물질' 스펙트럼에서 아주 낮은 위치를 차지하는 데 비해, 혼은 훨씬 더 높은 위치에 있다는 것입니다.

12   88-91쪽 참조.

을 전하기 위해서라면 손에 넣을 수 있는 어떤 도구든 주저하지 않고 사용했습니다. 때로 그 도구들은 히브리 사상에 기원을 두기도 했고, 또 때로는 그리스 사상에 기원을 두기도 했습니다. 하지만 목표는 언제나 예수 그리스도를 전하는 것이었지 서로 다른 두 사고방식을 조화시키려는 것이 아니었습니다. 바울을 히브리 사상과 그리스 사상 사이의 중간점으로 보고자 하는 사람이라면, 히브리 사상과 그리스 사상을 조화시키려는 시도가 사실상 어떤 모습일지를 보여 주는 필론을 참고해야 합니다.

필론은 몸(body)과 혼(soul)을 철저히 분리된 것으로 보았습니다. 몸은 혼에게 재난의 근원이라고 보았고, 몸을 가리켜 송장, 무덤, 혹은 감옥이라고 묘사했습니다.[13] 필론에게 몸은 악의 근원으로서, 혼을 온갖 정념으로 이끌고 결국 파멸에 이르게 하는 것이었습니다.[14] 필론은 죽음을 몸의 감옥에서 행복하게 풀려나는 것으로 보아야 한다고 했으며, 더 나아가 그때가 되면 영혼은 이를 가두었던 몸에서 자유롭게 되어 날아갈 수 있게 된다고 말했습니다.[15] 필론이 플라톤

---

13 Philo, *On the Confusion of Tongues* 177, *Allegorical Interpretation* 1.108과 *On the Migration of Abraham* 2.9.를 보십시오.

14 예를 들어 다음 문장을 보세요. "우리가 살아 있을 때 우리 혼은 죽어서 우리 몸에 매장되어 있다. 마치 무덤에 묻힌 양. 하지만 몸이 죽으면 우리 혼은 매여 있던 악하고 죽은 몸에서 풀려나 그 고유의 생명을 좇아 살 것이다." Philo, *Allegorical Interpretation* 1.108. 이는 언어 유희로서(소마는 '몸'이라는 뜻이고 세마[sēma]는 무덤입니다) Plato, *Phaedo* 62b에서 인용한 글이지만, Philo는 단순히 몸을 감옥으로 본 Plato보다 훨씬 더 멀리 나갑니다.

15 Philo을 소개하는 유용한 글로는 Torrey Seland의 평론집 *Reading Philo: A*

에게 의존한 것은 분명해 보이지만, 몸을 부정적으로 보는 플라톤의 관점에서 한 걸음 더 나아가, 몸은 혼의 무덤이 되어 혼을 악으로 끌어당긴다고 강조했습니다.

유대 사상과 플라톤주의를 조화시키려 했던 필론의 시도는 극도로 이례적인 경우였습니다. 하지만 기독교 사상 안에서는 플라톤주의가 기독교 세계관과 별 다른 문제없이 어울리는 견해로 신속히 자리 잡았습니다. 사실 플라톤 사상이 오늘날 여전히 영향력을 가질 수 있는 이유 중 하나가 바로, 초기 기독교 교부들 다수가 플라톤주의와 신플라톤주의에 큰 영향을 받았기 때문입니다. 신플라톤주의는 플라톤 사상에서 한 걸음 더 나아간 신비주의적 철학 동향으로서, 하나님은 모든 면에서 선하고 빛의 근원이시며, 물질은 어둠이요, 모든 악의 근원이라고 주장했습니다. 또한 하나님만이 물질에서 자유로운 완전한 실재이며, 인간의 경우 일부는 혼이고(그래서 하나님과 닮았고) 일부는 물질이어서 악의 영향을 받는다고 주장했습니다. 그리고 물질적인 것, 그래서 인간을 하나님에게서 분리시키는 모든 것을 자기 혼에서 제거하는 것이 인간의 목표라고 주장했습니다.[16]

Handbook to Philo of Alexandria (Grand Rapids, MI: Eerdmans, 2014)을 보십시오. Plato이 Philo에게 끼친 영향을 연구한 유용한 글로는 John Myles Dillon, 'Philo of Alexandria and Platonist Psychology', in Maha Elkaisy-Friemuth and John Myles Dillon, *The Afterlife of the Platonic Soul: Reflections of Platonic Psychology in the Monotheistic Religions* (Leiden: Brill, 2009), 17-24을 보십시오.

16 신플라톤주의를 소개하는 유익한 입문서로는 Pauliina Remes, *Neoplatonism* (Stocksfield: Routledge, 2008)을 보십시오.

플라톤주의와 신플라톤주의의 영향을 모두 받은 가장 중요한 교부로 손꼽히는 이가 바로 아우구스티누스입니다.[17] 플라톤처럼 아우구스티누스도 살아 있는 모든 것에는 혼(soul)이 있고 혼이란 식물과 동물, 인간과 같은 만물에 생명을 주는 것이라고 생각했습니다. 아우구스티누스에게도 동물과 인간의 차이점은 이성의 힘이었고, 그 힘이 몸을 지배한다고 보았습니다. 이성을 부여받은 혼과 인체(人體)가 하나로 연합한 것이 인간이었지만, 혼은 몸을 지배하기 때문에 혼이 더 우월하다고 말했습니다. 아우구스티누스의 사상에서 또 한 가지 중요한 요소는 혼의 기능 즉, 기억과 이해력과 의지를 삼위일체의 반영으로 보았다는 것입니다.[18] 우리는 다소 흐릿하게 하나님을 반영하지만 종종 그릇된 것, 즉 우리를 하나님 쪽으로 데려가기보다 하나님에게서 멀어지게 만드는 것들을 좇습니다.[19] 회심은 하나님 쪽으로 다시 돌아오기를, 하나님 아닌 다른 것에서 발견하는 쾌락보다는 하나님의 아름다움을 갈망하기를, 그리고 하나님에게서 안식을 찾기를 요구하는 행위입니다.

아우구스티누스의 저술을 통해, 그리고 다른 여러 초기 교부들의 저술을 통해 플라톤의 철학은 세계와 몸과 혼에 대한 기독교의

---

17 실제로 신플라톤주의는 아우구스티누스가 영지주의식 신앙(마니교)을 버리고 그리스도인이 되는 데 도움을 주었다고 인정됩니다. 하지만 신플라톤주의가 이른바 이단 집단 다수에게 점점 인기가 높아지자 아우구스티누스는 말년에 신플라톤주의에서 벗어났고 그 대신 플라톤에게 곧장 다가갔습니다.

18 Augustine, *On the Trinity* 10.9.18. [=『삼위일체론』(분도출판사, 2015)]

19 Augustine, *Confessions* 10.27.38. [=『고백록』(CH북스, 2016)]

이해와 철저히 엮이게 되었습니다. 서구 사상에서 혼 개념이 어떻게 전개되었는지 자세히 살펴볼 만한 지면이 부족하고, 그런 연구는 다른 책들이 어떤 식으로든 잘 해 왔기 때문에,[20] 이제 성경으로 다시 관심을 돌리려 합니다. 하지만 그전에 간략하게나마 르네 데카르트의 사상과 현대 신경과학자들의 견해를 살펴보고 현대의 혼 개념을 이해할 수 있는 배경을 파악하겠습니다.

그런데 여기서 플라톤의 생각과는 조금 다르게 혼을 봤던 또 하나의 주요한 사상의 흐름이 있다는 것을 기억해야 합니다. 이 흐름은 아리스토텔레스(플라톤의 제자)에게서 비롯되었으며, 중세 시대에는 토마스 아퀴나스가 가장 탁월하게 발전시켰습니다. 어떤 면에서 이 견해는 훨씬 덜 이원론적입니다. 아리스토텔레스는 몸과 혼이 함께 하나의 실체를 구성한다고 보았고, 아퀴나스는 몸이 없으면 아무것도 체험할 수 없으므로 인간에게는 지성(mind)뿐만 아니라 몸도 필요하다고 주장했는데요.[21] 이 견해는 플라톤주의에 비해 몸과 혼의 나눔을 그다지 분명하게 전제하지 않습니다. 하지만 플라톤의 견해는 명백히 이원론적이며 그러한 견해가 여전히 현대인의 사상에 가장 큰 영향을 끼치고 있습니다.

---

20 특히 도움이 되는 책으로는 Stewart Goetz and Charles Taliaferro, *A Brief History of the Soul* (Malden, MA: Wiley-Blackwell, 2011)이 있습니다.

21 Aquinas를 명쾌히 소개하는 내용은 Ralph McInerny, *Aquinas* (Cambridge, UK and Malden, MA: Polity Press, 2003)에서 볼 수 있습니다.

현대의 혼 개념

데카르트

데카르트의 혼 개념의 핵심에는 "나는 생각한다, 그러므로 나는 존재한다"라는 그의 유명한 금언이 자리 잡고 있습니다. 데카르트는 이성을 혼의 가장 고결한 부분으로 보는 플라톤의 견해에서 한 걸음 더 나아가, 정신(mind)과 혼의 역할은 서로 대체될 수 있다고 주장했습니다. 따라서 데카르트에게 '나'(I)란 곧 혼이며 혼이 있기에 내가 나로 있을 수 있습니다.[22] 데카르트는 두뇌 한가운데 있는 자그마한 기관인 송과선(pineal gland)을 가리켜 혼이 자리한 곳이라 주장했고, 거기서 모든 생각들이 발생하고 또한 두뇌를 지배하는 것이라 주장했습니다.

하지만 플라톤이나 아리스토텔레스와 달리 데카르트는 혼이 몸에 생명을 준다고 생각하지 않았습니다. 데카르트는 몸을 별개의 구조로 보았습니다. 데카르트에게 몸은 플라톤 사상에서처럼 생명을 주는 혼이 떠났기 때문에 죽는 것이 아니었습니다. 데카르트가 생각하기에 혼이 몸을 떠나는 것은 몸 상태가 돌이킬 수 없을 만큼 나빠져서 더는 혼을 지탱할 수 없기 때문이었습니다. 쉽게 말해 데카르트 사상에서 몸과 혼은 플라톤 사상에서만큼 밀접하게 연관되어 있지 않았습니다. 또 하나 주목할 것은, 플라톤에게 혼은 모종의

22　이 논의는 Goetz and Taliaferro, *A Brief History of the Soul*, 65-98에서 살펴보십시오.

'물질'이었던 반면, 데카르트에게 혼은 전적으로 '비물질적'이었고 어떤 일정한 공간에서 어떤 일정한 형태도 갖지 않는다는 것입니다. 데카르트는 혼이 그 어떤 공간에도 위치하지 않는다고 생각했습니다.

이처럼 핵심적인 철학 사상가들이 혼을 어떻게 생각했는지에 대한 간략한 설명이 우리에게 보여 주는 게 있다면, 혼의 기능에 관한 견해가 사상들마다 상당히 달랐다는 점입니다. 혼에 관한 다수의 대중적 견해에는 플라톤과 아리스토텔레스와 데카르트의 영향이 드문드문(어쩌면 필론의 영향까지도 약간) 산재해 있지만, 우리가 쓰는 '혼'이라는 말의 의미는 전혀 확정되어 있지 않습니다. 상대방과 내가 똑같이 혼이라는 말을 쓰지만 그 말을 동일한 의미로 쓰고 있다고 짐작해서는 안 됩니다. 실제로 우리가 주목해야 할 한 가지 핵심적인 차이는 대중이 생각하는 혼과 철학자들이 말하는 혼 사이의 차이점입니다. 현대 철학은 데카르트가 보는 혼 개념을 상당 부분 폐기했지만, 여전히 혼을 정신 또는 인간의 의식(意識)의 관점에서 정의합니다. 의식은 대중적인 혼 개념의 한 요소일 수는 있지만, 전체의 작은 일부분일 뿐이고, 또 어떤 사람들은 이성의 작용을 혼 이해에 포함시키기를 전적으로 거부하기도 합니다. 현대 철학이 정의하는 혼과 대중이 쓰는 혼이라는 말 사이의 이러한 차이를 유념하는 것은, 현대 신경과학에서 말하는 혼의 죽음을 살펴볼 때 도움이 됩니다.

혼의 죽음?

현대 신경과학의 발전은 혼에 대한 논의에 새로운 활력을 불어넣었습니다. 신경과학의 엄청난 발전은 플라톤이나 데카르트와 같은 철학자들의 이원론(즉, 혼이나 정신과 별개의 것으로서의 몸)에 이의를 제기하고 있습니다. 두뇌에 물리적 변화(외상이나 종양 같은)가 생기면 그 사람의 사람됨, 즉 우리가 그 사람의 정신이라고 부를 수 있는 것에 근본적으로 영향을 끼칠 수 있다는 점이 점차 인정되고 있습니다. 예를 들어, 뇌종양에 걸리면 공격성이 늘어나고 억제력이 줄어들 수 있습니다. 뇌종양은 혼동을 유발하거나 기분을 오락가락 하게 만들 수 있습니다. 또한 뇌 손상은 인지능력과 기억력에 영향을 끼칠 수 있습니다. 당혹스러운 한 가지 사례가 있는데요, 40세의 한 남자는 갑자기 걷잡을 수 없는 극단적 소아성애 증상을 보이다가 뇌에서 달걀 크기의 종양을 제거하자 돌연 그런 증상이 사라졌습니다.[23]

그간 우리의 혼이 전체적으로 우리의 사고 과정이나 인격과 연결되어 있다고 받아들여져 왔다면, 이제 신경과학은 애초에 '혼' 같은 것은 없다고 증명해 보이려 합니다. 확실히, 혼이 자리 잡고 있는 선(腺) 같은 것은 없어 보입니다. 다수의 현대 신경과학자들이 혼의 존재를 반박하고 싶어 합니다. 예를 들어, 위대한 생물학자이자 신

---

23 Charles Choi, 'Brain tumour causes uncontrollable paedophilia' <http://www.newscientist.com/article/dn2943-brain-tumour-causesuncontrollable-paedophilia.html#.VI7SmyusVyI> (2014년 12월 14일에 검색)를 보십시오.

경과학자인 프랜시스 크릭(Francis Crick)은 이런 유명한 주장을 했습니다. "'너', 너의 기쁨과 너의 슬픔, 너의 기억과 너의 야망, 너의 정체성 인식과 자유의지는 사실 거대한 신경세포 집합과 관련 분자들의 행동에 지나지 않는다."[24]

철학자이자 신학자인 낸시 머피(Nancey Murphy)는 "과학은 이제 우리가 생명과 의식을 설명하기 위해 혼이나 정신 같은 실체의 존재를 가정할 필요가 없음을 시사하는 엄청나게 많은 증거를 제공했다"[25]고 말합니다. 신약학자 조엘 그린(Joel Green)은 다음과 같은 주장으로 이에 동의합니다. "죽을 때 그 사람은 정말로 죽는다. 신(神)의 개입 없이 우리 인간의 관점에서 볼 때, 우리의 어떤 부분도, 우리 인격의 어떤 측면도 죽음에서 살아남지 못한다."[26]

많은 그리스도인들이 '혼의 죽음'이라는 신경과학자들의 선언에 본능적으로 저항하려고 합니다. 우리가 씨름해야 할 문제는 우리가

---

24 Francis Crick, *The Astonishing Hypothesis: The Scientific Search for the Soul*, reprinted edn (New York: Simon & Schuster, 1995), 3. [=『놀라운 가설』(궁리, 2015)]

25 Nancey Murphy, 'Human Nature: Historical, Scientific and Religious Issues', in Warren Shelburne Brown, Nancey Murphy and H. Newton Malony(eds), *Whatever Happened to the Soul?: Scientific and Theological Portraits of Human Nature* (Minneapolis, MN: Augsburg Fortress Press, 1998), 18.

26 Joel B. Green, *Body, Soul, and Human Life: The Nature of Humanity in the Bible* (Grand Rapids, MI: Baker Academic, 2008), 179. Joel Green의 입장은 분명 좀 더 자세히 알아 볼 필요가 있습니다. 얼핏 볼 때는 지지할 수 없는 입장으로 보이지만 사실은 그렇지 않습니다. 이에 대해서는 190-207쪽에서 다시 살펴보기로 하겠습니다.

어떠한 근거에서 저항하느냐는 것입니다. 이 문제는 '혼'에 관해 질문하기를 요구합니다. 혼이란 무엇이며, 인간의 의식과 개성과 정체성을 설명하기 위해 정말로 혼이 필요한지를 말입니다. 또한 혼이 존재한다면 그것이 우리의 몸과 어떻게 연결되는지를 말입니다. 계속해서 이 책을 읽어나가다 보면, 성경의 전통은 철학적 혼 개념도 대중적 혼 개념도 지지하지 않는다는 점이 분명해질 것입니다. 이를 알면 혼에 대해 다시 생각해 보게 되고, 또 혼이 왜 그렇게 의미 있는 개념인지 깨닫게 될 것입니다.

혼을 묘사하는 방식 및 혼과 몸의 관계 문제에 대한 답변들은 때로 일원론(monism), 이원론(dualism) 또는 삼분설(trichotomism)로 분류되기도 합니다.

> 일원론(Monism)은 인간은 단일한 정체 혹은 실체라는 개념입니다. 이 견해 안에서도 우리가 취할 수 있는 입장은 매우 다양합니다. 앞에서 인용한 프랜시스 크릭의 견해는, 인간은 한낱 몸에 지나지 않는다고 주장한다는 점에서 환원적 유물론(reductive materialism) 범주에 들어갑니다. 낸시 머피 같은 사람은 우리를 '영을 지닌 몸'(spirited bodies)으로 규정하기도 합니다. 즉, 우리에게는 영적인 특질이 있지만, 이 특질은 몸과 분리될 수 없다는 것입니다.[27]

---

27 이 견해를 좀 더 충분히 설명한 글로는 Nancey Murphy, *Bodies and Souls, or Spirited Bodies?* (Cambridge: Cambridge University Press, 2006)이 있습니다.

이원론(Dualism)은 몸과 (영)혼(soul)은 다르고 어느 정도 서로에게서 분리될 수 있다고 믿는 개념입니다. 이원론자들이 자동적으로 몸을 "악하다"고 보진 않지만 기독교 역사를 보면 때로 그럴 때가 있었습니다. 이원론자들의 견해는 인간을 몸과 (영)혼의 단일체로 보는 입장에서부터[28] 각기 별개의 실재로 보는 입장에 이르기까지[29] 다양합니다.

삼분설(Trichotomism)은 인간에게 두 가지가 아니라 세 가지의 부분이 있다고 주장합니다. 특정한 두 성경 구절들(살전 5:23; 히 4:13)을 토대로, 몸을 이루는 세 부분을 몸(body)·혼(soul)·영(spirit)으로 봅니다.[30]

이 책에서 우리는 바울이 무슨 의미로 혼·영·생각(mind) 등에 대해 이야기했는지, 그리고 그러한 용어와 개념이 몸에 대한 바울의

---

28 전체론적(holistic) 이원론(또는 이원론적 전체론)을 가장 활발히 옹호하는 자료 중 하나는 John W. Cooper, *Body, Soul, and Life Everlasting: Biblical Anthropology and the Monism–Dualism Debate*, new edn (Grand Rapids, MI: Eerdmans, 2000)입니다.

29 최근에 이런 형태의 이원론을 옹호하는 자료는 Dallas Willard, 'Spiritual Disciplines, Spiritual Formation and the Restoration of the Soul', *Journal of Psychology and Theology* 26 (1998), 101-109이 있습니다.

30 이 견해가 인기 있고 설교에 자주 인용되기는 하지만, 학자들 중에서 이 입장을 지지하는 사람은 사실상 거의 없습니다. 가장 유명한 삼분설 지지자는 Watchman Nee일 것입니다. 특히 Watchman Nee, *Spiritual Man* (New York: Christian Fellowship Publishers Inc., 1968) [=『영에 속한 사람』(한국복음서원, 2003)]을 보십시오.

태도를 이해하는 데 어떻게 도움이 되는지 살펴보면서 관련된 쟁점들을 다루고자 합니다. 앞서 「들어가는 말」에서 언급했던 것을 다시 한 번 강조하겠습니다. 이 책은 철학 서적도 아니고 신경과학에 관한 책도 아닙니다. 이 책은 바울에 대해서, 특히 바울이 우리 몸의 중요성에 관련해 어떤 말을 했는지에 대해서 살펴보는 책입니다. 몸과 혼의 관계를 기술적으로 정의 내려 주기를 기대했다면, 번지수를 잘못 찾은 것입니다. 왜냐하면 저는 바울 자신도 몸·정신·영·혼을 기술적, 체계적으로 정의하여 제시하지 않는다고 생각하기 때문입니다. 철학적으로 혼을 다루는 책들은 많으니(이 책 미주에 다수 언급되어 있습니다), 좀 더 전문적인 논의를 원한다면 그러한 책들을 살펴보면 됩니다.

제 자신의 생각을 밝히자면, 바울을 일원론이나 이원론 혹은 삼분설 같은 현대의 범주로 분류하려는 시도는 바울의 사상을 그 자신조차 전혀 알지 못했던 어떤 형식 속에 강제로 집어넣는 꼴이 됩니다. 바울의 사상은 그와 같은 용어로 정의할 수 없습니다. 여러분은 바울이 일원론자라고 생각할지도 모르지만, 또 데살로니가전서 5:23에 삼분설과 아주 흡사한 내용이 있다고 여길지도 모르지만, 바울의 견해를 일정한 범주에 집어넣고 싶은 유혹에 저항해야 합니다. 바울은 우리를 '우리'로 만들어 주는 것이 무엇인지 자기 고유의 방식으로 탐구하고 있다는 것을 기억해야 합니다. 그리고 그 방식은 오늘날 우리에게도 여전히 많은 것을 가르쳐 줍니다.[31]

---

31 Robert Jewett in *Paul's Anthropological Terms: A Study of their Use in Conflict*

결론적으로 생각해 보아야 할 것들

지금까지 철학에서 혼이 어떻게 이해되어 왔는지를 간략히 살펴봤습니다. 이제 관련 내용을 마무리해야 하는 지점에 이르렀는데요, 어쩌면 '혼'이라는 말의 의미가 명료해지기보다 오히려 더 모호해졌는지도 모르겠습니다. 실제로 혼이 무엇인가에 관한 철학적 논쟁에 조금 더 주목하는 것이 도움이 될 수도 있지만, 엄밀히 말해서 '혼'이라는 말의 대중적 쓰임새는 철학적 쓰임새와 부분적으로만 중첩됩니다.

우리는 혼을 가리켜 내가 누구인지를 압축하는 것, 즉 나를 '나로 만들어 주는 것'이 무엇인지 정의하는 맥락에서 이야기하지만, 대부분의 사람들은 그것을 이성적인 과정이나 인간의 의식으로 요약하지 않습니다. 내가 누구인지에는 단순히 이성 말고 그보다 더 많은 것이 관련된다고 말하고 싶어 하는 사람들이 많습니다. 특히 그리스도인들이 강조하고 싶어 하는 혼의 또 다른 특징은 하나님과 우리 혼과의 관계가 갖는 중요성입니다. 나를 '나로 만들어 주는 것'은 하나님과의 관계 안에서만 온전히 깨달을 수 있습니다. 많은 사람들이 아우구스티누스와 한 목소리로 우리 혼은 희미하게나마 어

Settings (Leiden: Brill, 1971)의 주장은, 바울이 프쉬케를 비롯해서 중요한 인류학 용어를 고린도전서 이후로 더욱 기술적으로 쓰게 되었다는 것입니다. 서신들이 전개됨에 따라 점점 의도를 가지고 자신이 쓰는 용어를 선정하는 것일 수도 있지만, 저는 이 부분에서 바울의 용어를 기술적이라고 표현할 수 있다고는 생각하지 않습니다.

떤 식으로든 하나님을 반영한다고 말하고 싶어 합니다. 자주 인용되는 아우구스티누스의 말, "당신은 우리를 당신 자신을 위해 만드셨으니 당신 안에서 쉼을 찾을 때까지 우리 마음은 안식할 수 없습니다"가 우리가 정말로 누구인지 그 본질적인 측면을 잘 요약해 주는 것 같습니다. 우리 혼이 하나님 안에서 안식을 찾을 때에야 비로소 우리는 하나님이 '나'를 창조하실 때 의도하셨던 '나'일 수 있습니다. 물론 여기가 바로 '영적'(spiritual)이라는 말이 우리 혼(soul)과 관련해 중요한 의미를 갖는 지점입니다.

많은 사람들이 혼을 가리켜 죽음을 초월해서 존속하는 것으로 규정하려고 합니다. 이와 관련해 대답하기 어려운 질문 중 하나는 과연 죽음을 초월해서 존속하는 게 무엇이냐는 것입니다. '나'에 관한 무엇이 그렇게 존속할까요? 이 장에서는 깊이 있게 다뤄지지 않았지만, 이후 3장에서 몸의 부활을 살펴볼 때 훨씬 더 주요하게 살펴보겠습니다. 하지만 6장에 들어가야 비로소 정면으로 씨름하게 될 것입니다.

그렇다면 몸은 어떤가요? 오늘날에는 몸을 가리켜 혼의 무덤이요, 우리 혼에 재난 밖에 안겨 주지 못한다고 규정하는 필론 같은 사상가에게 동의하는 사람들이 많지 않습니다. 그럼에도 우리 몸이 우리의 자아 인식에 얼마나 중요하다고 생각하는지 스스로에게 질문하는 일은 흥미롭고도 중요한 일입니다. 내가 정말 어떤 사람인지 이해하는 일에 몸은 정말로 얼마나 영향을 끼칠까요? 지금과 완전히 다른 몸을 갖고도 여전히 나 자신일 수 있을까요? 내 혼이 어떤 식으로든 내 몸과 연결되어 있다고 생각하나요? 이런 질문들을 비롯해 다른 여러 질문들이 이 책의 중심에 자리 잡고 있는데요, 차후 이 질문들도 다시 자세히 살펴보겠습니다.

제2장
———
몸과 혼 조화시키기

2. 몸과 혼 조화시키기

이제 바울 자신과, 바울이 보는 몸(body)과 혼(soul)을 향해 우리의 관심을 돌려야 할 시점이 되었습니다. 앞 장에서 살펴본 것처럼, 혼에 대한 저마다 다른 견해 때문에 바울이 '혼'이라는 말을 쓸 때 어떤 의미로 썼는지는 고사하고 우리조차 우리 자신이 그 말을 어떤 의미로 쓰고 있는지 파악하기 힘듭니다. 바울이 현대의 신경과학이나 데카르트에게 영향을 받지 않은 것은 지극히 분명한 사실입니다. 이러한 사실을 우리 자신에게 상기시키는 것이 유익합니다. 기이하게도 우리는 현대인들이 정의하는 (영)혼의 개념을 바울의 글에 자주 덧씌우곤 합니다. 이와 반대로 바울이 '혼'이라는 말을 쓸 때 선대(先代) 사람들인 플라톤이나 아리스토텔레스의 사상에 의지하고 있음을 보여 주는 암시가 있는지에 관해서는 면밀히 살펴볼 필요가 있습니다.

바울이 살던 세상은 그런 위대한 철학자들의 영향력이 상당히 큰 세상이었습니다. 바울은 다소(Tarsus)에서 태어나고 자랐는데, 그곳은 스토아 철학의 중심지였습니다. 물론 어린아이들에게 스토아 철학이 아닌 다른 철학도 가르쳤습니다. 바울 시대에는 플라톤과 아리스토텔레스의 견해가 널리 퍼져 있었기 때문에 바울 역시 플라톤과 아리스토텔레스의 견해를 어느 정도 깊이 알고 있었을 가능성이 높습니다. 하지만 바울이 그들의 견해를 알고 있었다고 해서 자동적으로 바울이 몸과 혼에 관해 말할 때 그들을 참조했다는 의미가 되는 것은 아닙니다. 이는 오늘날 신경과학이 널리 용인된다고 해서 제가 혼이 존재하지 않음을 인정한다는 의미가 아니라는 것과 마찬가지입니다. 혼이 존재하지 않는다는 견해가 있다는 것, 또는 그런 견해가 있음을 안다는 것이 곧 그 견해를 받아들여서 영향을 받는다는 의미는 아닙니다. 바울이 혼을 언급할 때 그것이 정확히 무슨 의미였는지를 이해하기 위해서는, 그가 '혼'이라는 말을 사용한 지점들을 세심하게 주시해야 합니다. 그런 다음 그 단어가 바울에게 어떤 의미였는지를 파악해야 합니다.[1]

---

1 그리스 철학이 바울에게 끼친 영향에 관해서, 제가 말하는 것은 무엇이고 말하지 않는 것은 무엇인지를 분명하게 구분하는 것이 중요합니다. 바울은 그리스의 영향력이 철저히 차단된 밀폐된 공간 속에서 유대인으로 살아가지 않았습니다. 사실은 정반대입니다. 바울의 사상 도처에서 그리스적 사고를 찾아볼 수 있습니다. 스토아 철학이 특히 바울의 사고에 영향을 끼쳤습니다. 여기서 제가 정확히 주장하고 싶은 것은, 몸과 혼의 관계 문제에서 바울은 플라톤의 이원론에 의존하는 것처럼 보이지 않는다는 점입니다.

뜻을 알 수 없는 단어 '혼'

이 과제마저도 생각만큼 쉽지 않습니다. 조엘 그린(Joel Green)은 최근의 영역본 신약성경에서 기이하게도 '혼'이라는 말이 사라져간 다고 지적했습니다. KJV(1611년) 신약성경에는 '혼'이라는 단어가 39회 사용되었는데, ASV(1901년) 신약성경에는 34회만 나타납니다. 1952년 RSV성경이 발간되었을 때 이 숫자는 27회로 줄어들었고, 1989년 NRSV에서는 22회로 떨어졌습니다. 2001년 NIV 성경에서는 혼이라는 말이 20회 사용되며, 2011년 판 NABRE에서는 15회, CEB에는 단 3회만 등장합니다.[2] 그런데 영어판 신약성경에서 혼이라는 단어가 사라져간다는 조엘 그린의 지적이 꼭 옳지만은 않다는 점을 밝혀 두어야겠습니다. 왜냐하면 2001년에 처음 발간된 ESV는 신약성경에서 '혼'이라는 말을 43회 사용하고, 1994년에 처음 발간된 메시지 성경은 32회나 사용하기 때문입니다. 그렇지만 조엘 그린이 지적한 내용은 분명 일리가 있습니다. 영어 성경 번역자들은 신약성경을 번역할 때 '혼'(soul)이라는 영어 단어를 쓰는 일에 점점 더 자신감을 잃고 있다는 것입니다.

이는 영어에서 '혼'이라는 단어가 무슨 뜻인지를 분별하는 일이 복잡하기 때문이기도 하고, 또한 바울을 비롯해 신약성경 저자들이

---

2   Joel Green의 강의, 'On Doing Without a Soul: A New Testament Perspective', <https://www.youtube.com/watch?v=SDqm9rCq2M0> (2014년 12월 14일에 검색)를 보십시오.

프쉬케(*psuchē*, 플라톤 등이 혼을 뜻하는 말로 사용했지만 다른 뜻으로도 번역될 수 있는 그리스어 단어)라는 단어를 썼을 때, 우리가 흔히 생각하는 혼의 의미로 쓴 것이 아니라고 점점 더 많은 학자들이 확신하고 있기 때문이기도 합니다. 그러므로 바울의 '혼' 개념을 연구할 때, 우리는 그 영어 단어가 그리스어 단어 프쉬케를 가장 잘 옮긴 단어라고 지나치게 확신해서는 안 됩니다. 또한 바울이 앞 장에서 살펴본 어떤 견해들과 동일한 의견을 갖고 있었다고 지나친 확신으로 가정해서도 안 됩니다. 우리는 바울이 혼을 어떻게 보았는지에 대해 어느 정도 이해하고 나서야 비로소 '몸에 대한 바울의 관점'이 어떠했는지 알 수 있을 것입니다.

앞서 주목했다시피, 영역본 성경들 중 어느 것을 쓰는지에 따라 바울의 글에서 '혼'이라는 말을 찾아내기가 아주 어려워질 수도 있습니다. 다수의 영역본, 예를 들어 NIV나 NRSV에서 바울의 글을 보면 혼이라는 단어를 단 한 번 찾아볼 수 있는데요("너희의 온 영[spirit]과 혼[soul]과 몸이 우리 주 예수 그리스도께서 강림하실 때에 흠 없게 보전되기를 원하노라", 살전 5:23). 이 점에 대해서는 특별히 이 책과 연관된 내용뿐만 아니라, 신약성경 해석의 다른 측면들과 연관된 내용까지도 함께 살펴볼 필요가 있습니다. 번역이란 그저 한 언어에서 또 다른 한 언어로 이동하는 작업일 뿐이라고 무심코 가정하기가 쉽습니다. 지금처럼, 그리스어 프쉬케가 나오면 그저 영어 단어 혼으로 옮기면 된다고 말입니다.

문제는 일부 영역본들을 통해 바울의 글을 보면, 영어 단어

'혼'(soul)이 단 한 번 등장하는데 반해, 그리스어 명사 프쉬케는 13회
나 나온다는 것입니다. 이는 프쉬케가 혼으로 번역될 수도 있지만,
또 다른 단어들로 번역될 수도 있음을 상기시켜 줍니다(예를 들어, 롬
11:3에서처럼 자주 '목숨'[life]으로도 번역됩니다). 이는 '혼'이라는 단어가 바울
이 그리스어 프쉬케를 쓸 때 의도했던 의미를 제대로 포착하지 못한
다는 것을 시사합니다. 특히 우리가 '혼'이라는 단어를 읽을 때 떠올
리는 개념이 바울이 프쉬케라는 단어를 쓸 때 의도했던 개념이 아닐
수도 있음을 시사합니다. 이처럼 번역해야 할 것이 단지 단어만이
아닐 때도 있습니다. 때로는 개념까지도 번역해야 합니다.

영어 번역자들이 프쉬케를 번역하면서 '혼'이라는 단어의 사용
을 점차 꺼리는 이유는, 혼이라는 단어를 만날 때마다 플라톤 철학
의 용어를 떠올리지 않을 수 없기 때문입니다. 물론 바울이 어떤 경
우에 프쉬케라는 단어를 쓰는지 대략적으로 살펴보기만 해도, 그가
기본적으로 플라톤의 영향을 받아서 그 단어를 쓰는 것이 아님을
바로 알 수 있습니다. 바울은 그의 글 어디에서도 '혼'(soul)이라는 단
어를 '몸'(body)이라는 단어와 대조시키지 않습니다. 그 어디에서도
바울은 몸의 죽음 이후에 계속 존재하는 혼에 관해 이야기하지 않
습니다. 그 어디에서도 바울은 혼을 생각(mind)과 연결시키지 않습니
다. 실제로, 혼이라는 단어가 모두 몇 번 쓰였는지를 보면, 바울에게
혼은 플라톤의 경우만큼 지배적인 범주가 아니라는 사실을 알 수
있습니다. 바울서신에서 혼이라는 말은 로마서에서 4회, 고린도전
서에서 1회, 고린도후서에서 2회, 에베소서에서 1회, 빌립보서에서

2회, 골로새서에서 1회, 그리고 데살로니가전서에서 2회 사용되었습니다. 일례로 바울은 로마서 8장에서 '육신'(flesh)과 '영'(spirit)이라는 단어들을 광범위하고 집중적으로 사용하지만, 혼(soul)이라는 단어의 경우 그 어디에서도 그처럼 광범위하고 집중적으로 사용하지 않습니다.

바울이 혼을 몸과 대조시키지 않는다는 사실은 의미심장합니다. 결과적으로 바울이 말하는 혼은 몸에 매몰되지 않고, 몸 때문에 부패하거나 몸에 감금되지 않습니다. 바울이 뚜렷이 대조시키는 것은 육신(flesh)과 영(spirit)이지 몸(body)과 혼(soul)이 아닙니다. 육신과 영의 대조는 중요한 대조이며, 이에 대해서는 나중에 다시 살펴볼 것입니다. 여기서는 그저 바울이 육신과 영을 대조시킬 때 고전 그리스어 용어를 사용하지 않는다는 점에 주목할 필요가 있습니다. 그 용어를 사용했다면 육신과 영이 아니라, 몸과 혼을 대조했을 것입니다. 이것은 바울이 육신과 영을 대조할 때 그 대조를 그리스 철학에서 직접 끌어온 것이 아니라는 점을 시사합니다. 또한 육신과 몸, 혼과 영이 서로 대체될 수 있기라도 한 양, 육신 대신 몸을, 영 대신 혼을 쓸 수 없다는 점도 암시합니다.

바울이 사용하는 프쉬케라는 단어

그렇다면 바울은 프쉬케(psuchē)라는 단어를 어떻게 사용할까요?

이 질문에 답변하는 최선의 방법은 아마 바울이 그 단어를 쓰는 사례들을 살펴보는 방법일 것입니다. 바울이 그 단어를 사용하는 다양한 방식들을 확인할 수 있기 때문입니다. 어떤 단어가 프쉬케를 번역한 단어인지 항상 쉽게 알아차릴 수 있는 것은 아니므로, 영역본 NRSV를 토대로 하여 각 구절에서 해당 단어를 볼드체로 표현했습니다(각 구절에서 볼드체 외의 표현은 개역개정을 따랐습니다 - 역주).

악을 행하는 모든 사람(everyone)에게는 … 환난과 고통이 있으리니(롬 2:9)

나만 남았는데 내 목숨(life)도 찾나이다(롬 11:3)

각 사람(person)은 위에 있는 권세들에게 복종하라(롬 13:1)

내 목숨(life)을 위하여 자기들의 목까지도 내놓았나니(롬 16:4)

첫 사람 아담은 살아 있는 존재(being)가 되었다 함과 같이 마지막 아담은 살려 주는 영이 되었나니(고전 15:45)

내가 나를(me) 걸고 하나님을 불러 증언하시게 하노니(고후 1:23)

내가 너희를(you) 위하여 크게 기뻐하므로(고후 12:15)

그리스도의 종들처럼 마음(heart)으로 하나님의 뜻을 행하고(엡 6:6)

여러분이 한 생각(mind)으로 굳게 서서, 한 마음으로 복음의 신앙을 위하여 함께 싸우며(빌 1:27)

자기 목숨(life)을 돌보지 아니한 것은 나를 섬기는 너희의 일에 부족함을 채우려 함이니라(빌 2:30)

무슨 일을 하든지 너희 자신을(yourselves) 다하여 주께 하듯 하고 사람에게 하듯 하지 말라(골 3:23)

하나님의 복음뿐 아니라 우리 자신들(selves)까지도 너희에게 주기를 기뻐함은(살전 2:8)

평강의 하나님이 친히 너희를 온전히 거룩하게 하시고 또 너희의 온 영(spirit)과 혼(soul)과 몸(body)이 우리 주 예수 그리스도께서 강림하실 때에 흠 없게 보전되기를 원하노라(살전 5:23)

바울이 프쉬케라는 단어를 언제 사용하는지 그 사례들을 살펴보면 번역자들이 각 경우마다 가장 적절한 번역어를 찾으려고 부단히도 애를 썼음을 알 수 있습니다. 또한 바울이 어떤 기술적인 방식으로 프쉬케라는 단어를 사용하지 않았다는 점도 분명합니다. 바울이 프쉬케라는 단어를 사용한 경우를 보면, 그 단어를 체계적으로 정의하는 것이 그의 목표 같지는 않습니다. 또한 의식적으로 플라톤이나 아리스토텔레스가 정의한 내용에 의존해 그 단어를 사용한 것 같지도 않습니다. 심지어 자기 나름으로 내린 정의로 플라톤과 아리스토텔레스가 내린 정의에 직접적으로 맞서고 있는 것 같지도 않습니다.

바울이 프쉬케라는 단어를 쓴 경우들을 살펴보면, 사람의 목숨(life)이나 참 자아(self)를 가리키는 말로 사용한 경우가 가장 흔한 것 같습니다. 실제로 바울이 프쉬케를 사용하는 경우들의 공통분모가 있다면, 그 단어가 사람의 생명을 가리키되 그 사람이 단순히 살아 있다는 의미에서가 아니라, 몸을 포함해서 그 사람이 실제로 어떤 사람인가 하는 의미에서 사용한 것처럼 보입니다. 그렇기에 "모든 사람", "각 사람", "목숨", "자신"이라고 번역된 것입니다. 바울이 프쉬케라는 단어를 쓴 그 어떤 경우에서도, 각 사람이 실제로 어떤 사람인가를 나타내는 부분이 몸과 분리될 수 있다는 암시를 발견할 수 없습니다. 골로새서 3:23에서처럼 노예가 자기 프쉬케를 바쳐서 일을 해야 한다면, 이는 프쉬케가 몸을 포함하여 자기 존재 전체를 가리킬 수도 있음을 나타냅니다.[3] 몸이 없다면 어떤 일에 자기 자신을 바치기가 힘들기 때문입니다.

---

3   특별히 관심을 끄는 두 본문이 있습니다. 살전 5장에서 몸과 영(spirit)과 나란히 프쉬케를 쓴 것, 그리고 고전 15:45에서 바울이 아담 이야기를 하면서 프쉬케를 사용한 것입니다. 이에 대해서는 뒤에서 자세히 살펴보겠습니다.

'혼'과 구약성경

바울의 용법은 '프쉬케에 해당하는 히브리어 단어'가 구약성경에서 사용되는 방식과 매우 유사합니다. 히브리어 단어들 중에서 '혼'(프쉬케)으로 번역되어야 할 단어가 있다면 아마도 네페쉬(nephesh)일 것입니다. 사실 영역본 신약성경에 '혼'(soul)이라는 (영어)단어가 드물게 나타나는 점을 감안할 때, 구약성경에 이 (히브리어)단어가 여기저기 더 풍성하게 나타난다는 것은 다소 놀라운 일입니다. NRSV 구약성경에는 '혼'이라는 영어 단어가 144회 나오는데, 히브리어 단어 네페쉬는 686개 구절에 걸쳐 760회 나오는 등 훨씬 더 많이 등장합니다. 이것을 보면 구약성경에서 자주 쓰이는 중요한 단어임을 알 수 있습니다. 물론 구약성경에는 플라톤에게서 발견할 수 있는 몸과 혼의 분할에 대한 그 어떤 암시도 나타나지 않습니다. 구약성경에 네페쉬가 널리 사용되는 것과, 바울의 글에 프쉬케가 드물게 사용되는 것 사이의 대조는, '혼'이라는 말이 히브리 사상과 그리스 사상안에서 각기 다르게 사용되었다는 것을 바울이 잘 알고 있었음을 시사합니다. 이러한 배경에서 바울은 플라톤의 렌즈를 통해 자신의 글이 읽히는 상황을 피하기 위해 가능한 한 그 단어를 드물게 사용했을 것입니다.

구약학자들에게 광범위하게 인정되는 사실은 히브리인들의 자아(self) 이해가, 몸과 혼을 바라보는 플라톤의 관점보다 훨씬 더 통합적이었다는 것입니다. 휠러 로빈슨(Wheeler Robinson)은 "몸을 입은 혼

(incarnated soul)이 아니라 살아 움직이는 몸(animated body)이 곧 히브리인들의 인격 개념"이라는 유명한 말을 남겼습니다.[4] J. A. T. 로빈슨(Robinson)은 그 견해를 인용하여, 인간으로서 우리가 몸을 갖고 있는 것이 아니라, **우리가 바로 몸**이라고 주장했습니다.[5] 히브리 사상 안에서는 우리가 어떤 존재인지를 각 구성 요소들(이를테면, 물질이나 비물질, 형상이나 질료, 몸이나 혼)로 나누기가 훨씬 더 어렵습니다.

구약성경에서 네페쉬라는 단어를 이해하기 위한 두 개의 핵심 구절들을 창세기에서 찾아볼 수 있는데요, 창세기 2장은 아담이 흙에서 창조된 일을 묘사하면서 하나님께서 아담의 코에 생명의 호흡/숨을 불어 넣으셨다고 말합니다. 어떤 면에서 이 창조 행위는 창세기 1:26에서 하나님이 자신의 형상을 좇아 인간을 남자와 여자로 만드신 것과 유사합니다. 두 구절 모두에서 하나님과 하나님께서 만드신 인간 사이의 근본적인 관계가 확립됩니다. 창세기 1장에서 인간은 하나님의 형상으로 창조됩니다. 창세기 2장에서 하나님은 최초의 인간에게 숨을 불어 넣으셨고, 그래서 그 첫 인간은 "살아 있는 존재"(living being, 히브리어로는 네페쉬 하야[*nephesh ḥayah*])가 되었습니다. 다시 말해, 아담을 살아 있게 만든 것은 하나님의 숨결이었습니다.

네페쉬와 호흡의 관계는 단어 자체가 암시하고 있습니다. 동사 **나파쉬**(*naphash*)의 어원은 '호흡하기'(to breathe) 라는 뜻입니다. 물론 이

---

4   H. Wheeler Robinson, *The People and the Book* (Oxford: Clarendon Press, 1952), 362.

5   John A. T. Robinson, *The Body: A Study in Pauline Theology* (London: SCM Press, 1952), 14.

단어는 자주 쉼과 원기 회복을 가리키는 말로 사용되었습니다.[6] 이것은 관용적으로 영어에서도 유사한데, '호흡'(breath)이라는 (영어)단어는 쉼(rest)을 가리키는 말로 사용되기도 합니다. 예를 들어, 우리는 자신에게 "숨 쉴 공간"(breathing space)을 준다는 표현을 씁니다. 이 동사 단어는 구약성경에 단 세 차례 사용되지만, 그 세 차례가 모두 상당히 흥미롭습니다. 출애굽기 23:12와 31:17에서 이 동사는 안식일을 가리키는 말로 사용되는데요.

> 너희는 엿새 동안 일을 하고, 이렛날에는 쉬어야 한다. 그래야 너희의 소와 나귀도 쉴 수 있을 것이며, 너희 여종의 아들과 몸 붙여 사는 나그네도 **숨을 돌릴 수 있을 것이다**(출 23:12)

> 이것은 나와 이스라엘 자손 사이에 세워진 영원한 표징이니, 이는, 나 주가 엿새 동안 하늘과 땅을 만들고 이렛날에는 쉬면서 **숨을 돌렸기 때문이다**(출 31:17)

두 경우에서 사용된 "숨을 돌리다"(refreshed)라는 단어는 동사 나파쉬를 번역한 표현입니다. 이는 사무엘하 16:14에서도 비슷하게 사용됩니다. "왕과 그를 따르는 온 백성이 요단 강에 이르렀을 때에,

---

6   네페쉬라는 단어는 목구멍(throat)으로도 번역될 수 있습니다("부상당한 자의 목구멍이 도와달라고 부르짖어도"[욥 24:12 NRSV]). 목구멍과 호흡의 관계를 생각하면 이런 식으로 연관될 수도 있지만, 그렇다고 네페쉬가 오로지 목구멍에서만 발견된다는 뜻은 아닙니다. 피에서도 발견되기 때문입니다.

그들은 매우 지쳤으므로 거기에서 '숨을 돌리면서' 기운을 되찾았다"(삼하 16:14). 이처럼 호흡은 삶의 시작 단계에서 생기를 안겨 주는 것으로 여겨지기도 하고, 또한 삶이 진행되는 도중에 새로운 활기를 가져다 주는 것으로 여겨지기도 합니다.[7]

이를 알면 하나님께서 아담의 코에 숨을 불어 넣으신 결과 아담이 "살아 있는 존재"가 되었다는 말이 이해가 됩니다.[8] 히브리어 네페쉬 하야가 창세기 1장에서 하나님이 창조하신 살아 있는 피조물(인간이 아니라)을 묘사하기 위해 여러 차례(창 1:20, 21, 24, 30) 사용된다는 점은 주목해 볼 만합니다. 사실 두 단어가 다 필요하지는 않습니다. 하야는 "살아 있는"이라는 뜻이고 네페쉬는 생명을 포함한 일련의 대상들을 가리키기 때문입니다.[9] 따라서 두 단어가 강조를 위해 함께

---

7   구약성경에서 사용되는 나파쉬(*naphash*) 동사에 대한 논의로는 Edmond Jacob, 'The Anthropology of the Old Testament', in G. Kittel and Gerhard Friedrich (eds), *Theological Dictionary of the New Testament* (Grand Rapids, MI: Eerdmans, 1964), 618-620을 보십시오.

8   이 구절은 특히 하이(*ḥay*)라는 단어를 반복함으로써, 즉 하나님이 생명(*ḥay*)의 호흡(*nəshamah*)을 불어 넣으셨고(*naphaḥ*) 아담이 살아 있는 존재(*nepheshḥayah*)가 되었다고 말함으로써 전반부가 하는 말과 후반부가 하는 말 사이의 관계를 그려 나갑니다. 하지만 사용하는 명사가 각기 달라서, 호흡을 뜻하는 말로는 네샤마를, 아담이 살아 있는 존재가 되었다고 할 때 존재를 뜻하는 말로는 네페쉬를 씁니다.

9   Brown, Driver and Briggs's Hebrew lexicon는 네페쉬가 지닐 수 있는 의미들로 "혼, 살아 있는 존재, 생명, 자아, 사람, 욕망, 욕구, 감정, 또는 열정"을 제시합니다. 네페쉬가 한 번에 이 모든 것을 다 의미하지는 않습니다. 이들 중 어떤 의미인지는 그 시점의 상황에 달려 있습니다. F. Brown, S. Driver and C. Briggs (eds), *The Brown-Driver-Briggs Hebrew and English Lexicon*, reprinted

쓰인 것이 분명합니다. 창세기 1:20, 21, 24, 30의 피조물들과 창세기 2장의 아담은 참으로 활력 넘치게 살아 있습니다. 그들은 호흡에 의해 살아 있게 된 '살아 있는 생명들'입니다. 그러므로 생명의 본질을 하나님에게로 거슬러 올라가 추적하는 창세기 1:26과 2:7의 연관관계에도 불구하고, 두 구절 사이에는 유사점 못지않게 중요한 차이점도 있습니다. 오직 인간만이 하나님의 형상으로 창조되었다는 것입니다. 그럼에도 인간과 동물 모두가 "살아 있는 생명"(네페쉬 하야)일 수 있었습니다.[10]

이는 히브리 사상과 그리스 철학 사상의 첫 번째 차이점을 알려 줍니다. 앞서 살펴본 것처럼, 플라톤과 그의 추종자들은 동물에게 혼이 있어도 인간과 근본적으로 다른 이유는, 인간의 혼의 경우 이성적인 반면 동물의 혼은 그렇지 않기 때문이라고 생각했습니다.[11] 그러나 창세기 1장과 2장을 보면 인간 네페쉬와 동물 네페쉬가 구별되지 않고, 모두 같은 방식으로 언급됩니다. 어느 쪽도 이성과 특별한 연관성이 없습니다.

---

edn (Peabody, MA: Hendrickson, 1991), 659.

10 창 1장의 창조 기사는 창 2-3장의 기사에 비해 인간의 생명과 동물의 생명을 훨씬 더 뚜렷이 구별한다는 점에 주목해 볼 만합니다.

11 데카르트의 생각은 이 점에서 특히 강경했습니다. 동물에게는 이성적이고 불멸하는 혼이 없다는 데카르트의 주장에 관한 논의로는 Gary Steiner, 'Descartes, Christianity and Contemporary Speciesism', in Paul Waldau and Kimberley Christine Patton (eds), A *Communion of Subjects: Animals in Religion, Science, and Ethics* (Columbia: Columbia University Press, 2013), 117-131을 보십시오.

히브리 사상과 그리스 사상의 두 번째 차이점은, 히브리 전통에서는 혼(soul)이 지닌 몸의(bodily) 특성을 강조한다는 데 있습니다. 창세기 9:3-4을 보면, 노아가 방주에서 나오고 하나님께서 인간에게 육류를 먹어도 좋다고 허락하시는 장면이 나오는데(3절), 그때 하나님은 "고기를 먹을 때에 피가 있는 채로 먹지는 말아라. 피에는 생명(네페쉬)이 있다"(4절)라고 구체적인 지침을 주십니다. 다시 말해, 창세기 9장은 네페쉬를 몸의 특정 부분, 즉 피와 동일시합니다. 네페쉬를 이렇게 정의하는 것을 바탕으로 따져보면, 몸을 그 네페쉬에서 떼어 놓는 일은 거의 불가능할 것입니다.[12]

그 결과, 네페쉬는 흔히 생명을 의미하는 말로 사용됩니다.

> 두 분께서는 이 종을 좋게 보시고, 저에게 크나큰 은혜를 베푸셔서, 저의 **목숨**(life)을 구해 주셨습니다(창 19:19)

> 그들의 몸은 젊어서 죽으며 그들의 **생명**(life)은 남창과 함께 있도다 (욥 36:14 개역개정)

> 내 원수들이 나를 헐뜯고, 내 **생명**(life)을 노리는 자들이 나를 해치려고 음모를 꾸밉니다(시 71:10)

---

12 네페쉬와 피를 이렇게 동일시하는 것은 레 17:11에서도 확인할 수 있습니다. 학자들은 피와 호흡 사이에 어떤 특별한 관계가 있다고 믿지 않습니다. Jacob, 'The Anthropology of the Old Testament', 619-620을 보십시오.

이 "생명"에는 몸도 포함됩니다. 예를 들어 창세기 19:19을 보면, 롯은 소돔 멸망 뒤에 "두 분께서는 이 종을 좋게 보시고, 저에게 크나큰 은혜를 베푸셔서, 저의 **목숨**(life)을 구해 주셨습니다"(창 19:19)라고 말했습니다. 이 말에 담긴 의미는, 구원받은 것에 롯의 내면의 자아뿐만 아니라 롯의 몸도 포함된다는 것입니다. 생명은 몸을 포함하지만 몸에 국한되지는 않습니다. 그 결과 **네페쉬**라는 말은 그저 한 사람을 가리키는 말로 쓰일 수 있습니다(예를 들어 레 2:1은 "누구든지…"라는 말로 시작되는데, 문자적으로 이 말은 "그리고 한 생명[nephesh]이…"라는 문구를 번역한 말입니다). 여기서 암시되는 것 역시 네페쉬란 전인(the whole person), 즉 몸을 포함해 그 사람의 존재 전체라는 것입니다.

또 다른 사례들은, '욕망'을 채우는 원수에서부터("내가 그들을 뒤쫓아 따라잡고, 약탈물을 나누며, 나의 욕망을 채우겠다"[출 15:9]) 살아 계시는 하나님을 갈망하는 '영혼'을 지닌 예배자에 이르기까지("내 영혼이 하나님, 곧 살아계신 하나님을 갈망하니"[시 42:2]), 나그네의 '사정'을 아는 이스라엘 사람들에서부터("너희는 너희에게 몸 붙여 사는 나그네를 억압해서는 안 된다. 너희도 이집트 땅에서 나그네로 몸 붙여 살았으니, 나그네의 서러움을 잘 알 것이다"[출 23:9]) 채워졌거나 채워지지 못한 사람의 '욕구'에 이르기까지("배부른 사람은 꿀도 지겨워하지만, 배고픈 사람은 쓴 것도 달게 먹는다"[잠 27:7]), **네페쉬**의 광범위한 쓰임새를 보여 줍니다. 늘 그런 것은 아니어도, **네페쉬**는 흔히 생명력, 즉 어떤 사람의 생기와 정수(精髓)로 번역하는 것이 좋지만, 여기에는 이 생명력이 몸 없이 존재할 수 있다는 뜻이 전혀 담겨 있지 않습니다. 또한 이 생명력이 마치 플러그를 꽂기만 하면 작동하는 기기처럼 어떤 몸이든 들어가기만 하면 자동적으로 그 몸을 활성화시키는 생명력이라는 암시 또한 전혀 없습니다. 본질적으로 이 생명력은 몸으로 구체화되며, 전인으로서의 사람을 가리킵니다.

구약성경에 나타난 죽음과 영혼

몸이 네페쉬에 얼마나 중요한지를 보여 주는 상당히 흥미로운 예는 그 단어가 '최근에 죽은 사람'을 가리키는 말로 쓰인다는 점입니다. 민수기 6:6에서는 나실인이 네페쉬 메트(nephesh met, 문자적으로 죽은 네페쉬를 뜻합니다)를 가까이 하는 것을 금하는데, 다른 구절에서는 네페쉬라는 단어 자체만 쓰입니다(예를 들어 레 22:4; 민 5:2; 6:11). 다시 말해, 몸은 네페쉬 이해의 중심이어서 죽음 후의 몸에 대해서도 쓰일 수 있다는 것입니다. 하지만 이때 네페쉬는 시신이 그 몸으로 인식되는 한에서만 쓰였습니다. 일단 시신이 부패하면 시체의 의미를 더 분명히 지니는 다른 단어가 쓰였습니다.[13] 어떤 사람의 네페쉬 또는 생명력은 그 사람의 몸과 아주 깊이 연관되어 있어서 히브리인들은 몸의 죽음 이후에도 네페쉬가 계속 존재한다는 것은 상상할 수 없었습니다. 죽은 자가 스올(죽은 자가 발견되는 장소를 가리킵니다)에 존재하는 것을 묘사하는 데 사용되는 몇 가지 단어들이 있는데, 네페쉬는 여기에 포함되지 않습니다. 히브리 사상에서 어떤 것이 죽음 이후에도 계속해서 존재하는 것으로 여겨진다 해도, 그것을 혼(soul)이라고

---

13 짐승의 사체나 사람의 시체를 뜻하는 넬벨라(nəlbelah)나 페게르(peger)가 쓰입니다.

부르지는 않았습니다.

네페쉬와 스올 사이에 연관성을 보여 주는 몇몇 시편들이 있는데요, 이 시편들은 네페쉬를 스올에서 건져 주시는 하나님에 관해 이야기합니다(시 30:3; 49:15; 86:13). 시편 88:3에서는 시편 기자의 혼이 고난에 휩싸여 그 목숨이 스올에 가까워져 간다고 말합니다.

스올(Sheol)은 죽은 자들이 모이는 땅 속 깊은 곳을 가리킵니다. 창조 세계의 관점에서 보면, 스올의 위치는 하늘나라(heaven)와 비교해서 최고로 먼 지점이었으며, 하늘나라는 우리가 갈 수 있는 가장 높은 곳인 반면 스올은 우리가 갈 수 있는 가장 낮은 곳이었습니다("저 깊은 곳 스올에 있는 것이든, 저 위 높은 곳에 있는 것이든"[사 7:11]이라는 표현을 보십시오). 스올에서 벌어지는 일은 '삶'(life)보다는 '존재'(existence)라고 하는 게 아마도 더 나은 표현일 것입니다. 구약성경에 스올에서 벌어지는 일을 묘사한다고 할 만한 설명도 없습니다. 스올에 거하는 이들은 흔히 '혼령'(shades)으로 묘사되는데(히브리어로는 레파임[rephaim]), 레파임은 생명이 없고, 하나님 앞에서 떨며(욥 26:5), 하나님을 찬양할 수 없습니다(시 88:10). 네페쉬가 실제로 스올에 있다고 묘사된 적은 없습니다. 그러므로, 어떤 사람이 혼령이 되어 스올에 들어가기 전까지는 네페쉬입니다. 그리고 스올에서 구출되면 그 사람은 다시 한 번 네페쉬가 됩니다. 네페쉬는 죽음 이편에 존재하고 혼령은 죽음 저편에 존재합니다.

히브리인들이 몸과 '혼'을 보는 방식에 함축된 의미는 매우 중요하며, 무엇이 인간을 인간으로 만들어 주는지에 대한 이해의 핵심입니다. 플라톤 철학 전통의 영향 아래 인간을 보면, 인간과 동물의 차이는 이성적 혼(rational soul)이라는 결론에 이르게 됩니다. "반려동물이 죽어서 천국에 갔느냐?"는 어린아이의 질문에 대한 전통적 답변은 "아니다"인데, 그 이유는 혼만이 천국에 가며 동물에게는 이성적 혼이 있을 수 없기 때문입니다. 그런데 히브리 전통의 영향 아래서는 그 답변이 다릅니다. 히브리 전통의 답변은 반려동물이 죽어 낙심에 빠진 아이에게 좋은 소식과 나쁜 소식을 동시에 안겨 주는데요, 먼저 좋은 소식은, 구약성경 곳곳에서 분명히 알 수 있다시피(예를 들어 창 9:4) 동물에게도 '혼'(최소한 네페쉬)이 있다는 것입니다. 하지만 나쁜 소식은, 네페쉬는 무덤 저편에까지 존속하는 게 아니라는 것입니다.

물론 이것만으로 문제가 끝나지는 않습니다. 다음 장에서 보게 되겠지만, 죽음 이후의 생명에 대한 바울의 이해는 몸의 부활에 초점을 맞추고 있습니다. 그렇다면 여전히 해결되지 않은 문제이자 어떤 성경 저자도 답을 제시하지 않은 문제는, 동물의 몸도 부활하느냐는 것입니다. 동물이 없는 새로운 창조 세계는 상상하기 어렵지만, 전통적으로 그 무엇도 이 질문에 확실한 답변을 주지 못했습니다.

히브리 전통에서 인간을 동물과 구별 짓는 것은 이성적 혼이 아니라 하나님의 형상으로 만들어졌다는 사실입니다(창 1:26). 이것은 아주 중요한 사실입니다. 우리의 인간다움을 오로지 이성적으로 생각하고 행동할 수 있는 능력에만 둔다면, 이성을 활용할 수 없는 사람들의 인간다움에 관해 난처한 문제가 발생합니다. 하지만 우리의 인간다움을 하나님의 형상으로 지음받았다는 사실에 그 토대를 두면, 가진 능력이 어떻든 모든 인간이 다 인간다우며 평생 온전히 인간다울 수 있습니다. 이는 어떤 이유로든 이성을 활용할 수 없는 사람들에 관해 신학적인 측면에서 고찰하는 방식에 영향을 미칩니다. 좀 더 히브리적인 이해를 바탕으로 이야기하자면, 인간의 가치는 이성을 훨씬 초월하고 뛰어넘습니다. 이는 곧 인간의 정체성과 존엄에 관해 우리가 다시 생각하도록 만듭니다. 하나님의 형상을 지닌다는 관점에서 인간의 존엄성을 살펴본다면, 그 형상의 흔적을 찾기 위해 각 인간을 좀 더 깊이 들여다보아야 한다는 도전을 받게 되는 것입니다.

더 살펴보기: 복음서에서 말하는 몸(body)과 혼(soul)

복음서에서 프쉬케(*psuchē*)의 쓰임새를 보면 상당 부분이 우리가 구약성경과 바울의 글에서 살펴본 내용과 매우 유사합니다. 프쉬케라는 말은 대부분 전인(whole person)의 육체적인 생명(physical life)을 가리킵니다. 그래서 마태복음 2:20에서는 헤롯이 어린 예수의 프쉬케를 추적했다고 말합니다. 마찬가지로 마가복음 3:4에서 예수님은 프쉬케를 구하는 것이 옳은지 죽이는 것이 옳은지 질문하십니다. 마태복음 11:29에서 예수님은 자신의 멍에를 메면 프쉬케에 쉼을 안겨 주게 될 것이라고 약속하기도 하십니다(여기서 프쉬케가 쓰인 용례를 보면, 원기 회복을 뜻하는 동사 나파쉬의 용례가 떠오릅니다).

그런데 복음서 속 몇몇 구절들에서 발견되는 프쉬케의 용례가 눈에 띕니다. 먼저, 마태복음 6:25인데요, 여기서 예수님은 "그러므로 내가 너희에게 말한다. 목숨(프쉬케)을 부지하려고 무엇을 먹을까 또는 무엇을 마실까 걱정하지 말고, 몸(body)을 감싸려고 무엇을 입을까 걱정하지 말아라"(마 6:25)라고 말씀하십니다. 이 구절에서 예수님은 프쉬케를 몸과 대응시키는데, 이는 우리가 예상한 방식이 아닙니다. 프쉬케와 몸, 두 가지 모두가 명백히 물질적(physical)입니다. 프쉬케는 음식을 먹고 마셔야 하고, 몸은 옷을 입어야 합니다. 프쉬케는 명백히 물질적이며 몸과 대조되는 게 아니라 도리어 몸과 나란히 있습니다.

다음의 두 구절들은 훨씬 더 까다롭습니다. 마태복음 10장 28절과 39절인데요.

> 몸(body)은 죽일지라도 영혼(soul)은 죽이지 못하는 이를 두려워하지 말고, 영혼도 몸도 둘 다 지옥(게엔나)에 던져서 멸망시킬 수 있는 분을 두려워하여라(마 10:28)

> 자기 목숨(life)을 얻으려는 사람은 목숨을 잃을 것이요, 나를 위하여 자기 목숨을 잃는 사람은 목숨을 얻을 것이다(마 10:39)

프쉬케라는 단어는 두 구절 모두에 사용되었으며, 볼드체로 강조 표시된 곳에 사용되었습니다.

먼저 마태복음 10:39을 살펴보겠습니다. 이 구절은 수수께끼가 분명하며, 역설적인 측면에서 깊은 고민을 하게 만듭니다. 이 구절은 마가복음("누구든지 제 목숨을 구하고자 하는 사람은 잃을 것이요, 누구든지 나와 복음을 위하여 제 목숨을 잃는 사람은 구할 것이다"[막 8:35])과 누가복음("누구든지 자기 목숨을 보존하려고 애쓰는 사람은 잃을 것이요, 목숨을 잃는 사람은 보존할 것이다"[눅 17:33])을 통해 이해하는 것이 아마도 더 수월할 것입니다. 이 구절들은 혼(soul)을 육체적인 생명(physical life)과 연결시키기도 하고(죽을 때 목숨을 잃습니다) 도리어 그 연결을 끊기도 합니다('목숨'에는 몸뿐만 아니라 그 이상의 것이 있습니다). 이 구절들은 무덤 너머의 삶을 바라보는 전반적인 시각 정도로 이해하는 것이 아마도 최선일 것 같습니다. 그곳에는 이생에서의 삶 그 이상의 무언가가 있습니다. 즉, 예수님을 위해 목숨을 잃는 자들은 앞으로 더 많은 (아마도 육체적인) 생명이 있음을 반드시 기억해야 합니다.

이보다 더 까다로운 구절은 마태복음 10:28입니다. 10:39과 마찬가지로 이 구절도 몸과 혼의 연결을 끊기도 하고(몸을 죽이는 자들을 두려워하지 말라) 이 둘을 연결시키기도 합니다(차라리 게엔나에서 혼과 몸 모두를 멸할 수 있는 이를 두려워하라). 혼이 그 자체로 언급되지 않는다는 점(몸 아니면, 몸과 혼으로 언급), 그리고 **게엔나**가 흔히 우리가 생각하는 지옥을 가리키지 않는다는 점을 인식하는 것이 중요합니다. 지옥에 대한 이론들 중에 우리의 몸이 그곳에서 멸망한다고 말하는 경우는 사실 거의 없습니다.[14] 일단 마태복음 10:28과 10:39에는 비슷한 시각이 있는 것 같습니다. 즉 '생명'(life)에 몸이 포함되긴 하지만, 생명은 그 저 몸이 아니라 그보다 더 큰 개념이라는 것입니다. 두 구절 모두 몸 이 없는 '생명'은 어떠한지에 관해 그 어떤 암시도 하지 않습니다. 10:28은 참 생명이 하나님에게서 오며 하나님만 이 생명을 멸하실 수 있다고 밝힙니다. 이 구절은 신약성경의 다른 어떤 구절들보다 앞서서 '생명'이 몸 없이도 생존할 수 있다고 암시합니다. 하지만 제 가 생각하기에 성경 안의 다른 어느 곳에서도 프쉬케라는 단어가 완 전한 불멸의 혼(immortal soul)이라는 의미로 사용되지 않는데, 여기에 서만 갑자기 그런 의미로 사용된다는 것은 그다지 말이 되지 않습 니다.[15] 요컨대, 이 마태복음 두 구절은 생명과 몸이 강력히 연결되 어 있음에도 '생명'이 몸 없이도 존재할 수 있다는 개념을 담고 있습 니다. 하지만 몸이 없는 '생명'이 어떤 모습인지에 대해서는 명확히 밝히지 않습니다.

---

14 지면 관계로 이 책에서는 게엔나를 자세히 살펴보기가 어렵습니다. 이에 대 한 간략한 논의로는 Paula Gooder, *Heaven* (London: SPCK, 2011), 94-96 [= 『마침내 드러난 하늘나라』(도서출판 학영, 2021)]을 보십시오.

15 W. D. Davies and Dale C. Allison, *Matthew 8—18: A Commentary* (Edinburgh: T. & T. Clark, 1991), 206은 불멸의 혼에 대한 언급이라는 점에서 저와는 생 각이 다르고, 대신 John Nolland, *The Gospel of Matthew: A Commentary on the Greek Text* (Grand Rapids, MI and Bletchley: Eerdmans and Paternoster Press, 2005), 436은 '몸과 혼'이 한 인격체를 구성하는 전부라고 말한다는 점에서 저와 의견이 같습니다.

결론적으로 생각해 보아야 할 것들

이런 배경을 알면 바울이 왜 **프쉬케**라는 단어를 그와 같이 사용했는지를 이해하는 데 도움이 됩니다. 바울은 **프쉬케**를 플라톤처럼 혼을 몸과 구별 짓기 위해 기술적으로 사용하지 않았습니다. 바울은 이성(reason)을 묘사하기 위해, 혹은 하나님과 교제할 수 있는 우리 안의 어떤 것을 가리키는 말로 이 단어를 사용하지 않았습니다. 사실, 인간의 생각(mind), 곧 생각의 올바른 활용은 바울에게도 매우 중요한 것이었지만, 바울은 그것을 공공연히 '혼'(soul)과 연관시킨 적이 없습니다.[16] 가장 중요한 것은, 바울이 **프쉬케**라는 단어를 사용할 때, 우리가 죽은 후에도 남아 있는 우리의 어떤 부분을 가리키는 말로 사용하지 않았다는 점입니다. 바울이 **프쉬케**를 사용한 방식은 히브리인들이 **네페쉬**라는 단어를 사용한 방식과 훨씬 더 유사합니다. 이는 바울의 글에서 **프쉬케**가 "나를(나에게)", "내 목숨", 혹은 "너희 자신" 등으로 다양하게 번역될 수 있었던 이유를 설명해 줍니다. 히브리 전통에서처럼 바울은 몸을 포함해 한 사람의 생명력을 묘사하는 말로 이 단어를 사용하는 것 같습니다.

이것은 분명 우리가 지금 고민하고 있는 문제를 향해 엄청나게 중요한 함의를 가집니다. 바울이 히브리 유산을 좇아 인간의 본질과 관련하여 근본적으로 혼과 몸을 구별하지 않고 도리어 그 둘을

---

16 생각(mind)에 관한 더 자세한 내용을 알려면, 이 책의 6장, 특히 208-218쪽을 보십시오.

통합된 전체(즉 몸과 혼이 함께하는 한 사람의 생명)로 봤다면, 몸을 대하는 바울의 태도에 대한 우리의 탐구 역시 제자리에 놓여야 합니다. 우리는 바울을 볼 때 그가 '혼'이라는 말을 몸과 근본적으로 다르거나 반대되는 무언가를 뜻하는 말로 사용했다고 가정해서는 안 됩니다. 바울은 '혼'이라는 말을 몸과 통합하여 사용했습니다. 그래서 바울에게는 '몸'과 '혼'이라는 말 모두가 중립적이며, 인간인 우리가 어떤 존재인지를 묘사하는 단어들입니다. 즉, 우리는 '생명력(vital life force)에 의해 움직이는 몸(body)'입니다.

이어지는 장들에서 우리는 육신(flesh)과 영(spirit)에 대해서도 살펴볼 것입니다. 바울이 그 두 가지 용어를 어떻게 사용하고 어떻게 연관시키는지 자세히 살펴보게 될 것입니다.[17] 하지만 여기서는 바울이 프쉬케를 어떻게 사용하는지를 살펴보는 것만으로도 충분할 것 같습니다. 바울에게 프쉬케는 몸과 반대되는 개념이 전혀 아니며, 오히려 우리를 진정으로 우리로 만드는 것에 대한 그의 이해 안으로 몸을 통합시켰다는 점에 유의하면 될 것 같습니다. 다시 말해, 사실상 우리는 몸과 별개로 우리일 수 없습니다.

이는 인간으로서 우리 자신에 관해 생각하는 방식에 많은 함의를 지닙니다. 어떤 면에서 보면, 히브리식으로 네페쉬를 쓰는 방식과 바울 식으로 프쉬케를 쓰는 방식은 나를 참으로 '나'로 만들고 당신을 참으로 '당신'으로 만드는 것이 무엇인지 딱 '한 단어'를 써서 묘사하고자 하는 우리의 본능을 잘 드러냅니다. 네페쉬나 프쉬케와 같

---

17   이 책의 143-148쪽을 보십시오.

은 단어들을 보면 우리 몸에 활력을 주고 우리를 참으로 우리로 만드는 생명력을 인지하는 일이 얼마나 중요한지를 깨닫게 됩니다. 어떤 면에서 이는 우리 몸에서 '생각'(mind)이나 '혼'(soul)의 위치를 특정하기란 거의 불가능하다고 지적하는 신경과학적 발견들과 상통합니다. 우리의 생각이나 혼의 위치를 어느 한 곳에 특정하기가 불가능한 것은, 그것이 어느 한 곳에 존재하지 않기 때문입니다. 우리의 '혼'은 우리의 몸을 포함하여 우리 존재의 전부입니다.

우리의 혼에 관심을 쏟으려 한다면, 무엇보다 우리 존재 전부에 활력을 불어넣어 주는 그 생명력에 관심을 쏟아야 합니다. 멀리 갈 필요 없이, 히브리어 동사 **나파쉬**는 호흡과 원기 회복이라는 뜻을 반향하므로 이 지점에서 우리에게 도움이 됩니다. '혼이 담긴' 존재로서 살라는 말은 곧 삶의 모든 면에서 깊고 풍요롭게 호흡하고 다시 생기를 되찾기를 추구하라는 것입니다. 저는 오랫동안 '자기 형성'이라는 표현을 좋아해 왔는데, 이는 '나'라는 존재가 진정으로 무슨 의미인지 면밀히 살피지 않고는 결코 '나'답게 삶을 살아갈 수 없음을 인정하는 표현이기 때문입니다. 실제로 저는 삶의 여러 지점에서 내가 마치 다른 누군가의 삶을 살고 있는 듯한, 혹은 마치 먼 거리에서 내가 내 삶을 지켜보고 있는 듯한 느낌을 받은 적이 있었습니다.

자기 형성은 이런 느낌에 대한 해결책입니다. 자기 형성은 우리가 어떤 존재로 부르심을 받았는지에 주의를 기울이는 것을 뜻합니다. 다시 말해, 규칙적으로 생기를 되찾기에 초점을 두어 하나님이 우리에게 바라시는 사람으로 점점 더 성숙해 나갈 수 있도록 의도적으로 노력한다는 뜻입니다. 여기서 강조점은 생기를 되찾는 일의 규칙성에 있습니다. 우리가 호흡을 포기할 수 없는 것처럼, 계획적이고 의도적인 자기 형성 과정 또한 결코 포기해서는 안 됩니다.

자기 형성은 우리의 몸과 관련된 일입니다. 우리를 활력 있게 만들고 다시 생기를 안겨다 주는 재충전의 활동을 적극적으로 한다 해도, 우리 '내면의' 자아뿐 아니라 반드시 우리 몸도 그 활동에 포함되어야 의미가 있는 것입니다. 의도적인 자기 형성이란 곧 우리에게 활력을 불어 넣어 주는 일과 활동, 관계에 관심을 쏟고, 우리 존재의 가능한 많은 측면에 가능한 규칙적으로 생기를 불어 넣으려 노력하는 것을 말합니다. 그때 우리는 비로소 우리가 '단지' 몸과 혼을 함께 유지하는 정도가 아니라, 생명과 생기를 주는, 풍요롭고 활기차고 통합된 실존을 삶으로 살아내고 있음을 깨닫기 시작할 것입니다.

제3장

부활의 몸

3. 부활의 몸

우리가 죽으면 어떤 일이 일어날까요? 인간으로서의 우리 존재와 우리의 정체성에서, 혼(soul)의 자리에 관한 질문을 고민하다보면 자연스레 죽음 이후의 삶이라는 문제를 떠올리게 됩니다. 어떤 이들은 '혼'이라는 단어에 이중적인 의도가 있다고 생각합니다. 혼이라는 말은 지금 우리가 누구인지를 묘사하기도 하고, 또한 무덤 너머로까지 존속하는 우리의 일부를 가리키기도 한다는 것입니다. 혼은 지금 우리가 누구인지뿐만 아니라 영원히 어떤 존재로 있게 될 것인지도 설명합니다. 많은 그리스도인들이 죽음 이후에 우리 혼은 천국으로 가서 하나님과 함께 있게 된다고 믿습니다. 여기서 떠오르는 문제점은, 히브리어 **네페쉬**(*nephesh*) 개념이(그래서 바울이 사용한 프쉬케[*psuchē*]가) 생명 또는 생명력(life force)을 가리키고 이 개념이 몸으로 구체화된다면, 어떻게 혼이 죽음 이후에도 존속할 수 있느냐는 것입니다. 이어지는 두 장에서는 부활에 초점을 두고 삶, 죽음, 정체성에 관한 문제들을 풀어보도록 하겠습니다.

실제적·목회적 관점에서 고찰해볼 문제

하지만 먼저 작지만 중요한 또 다른 문제를 다루려고 합니다. 저는 이 문제가 많은 사람들에게 얼마나 어려운 주제인지 잘 알고 있습니다. 『마침내 드러난 하늘나라』(도서출판 학영, 2021)를 쓴 이후 저는 '죽음 이후의 삶'이라는 주제에 관해 다양한 사람들과 폭넓은 대화를 나누었습니다. 그리고 사람들이 하늘나라에 관해 믿어왔던 내용을 이제 더는 믿으면 안 된다고 선언하는 일이 신약학자로서 얼마나 심란한 일인지 잘 알게 되었습니다. 여기서 분명히 해두고 싶은 것은, 앞으로 이어질 내용에서 저는 단 한 순간도 무엇은 믿어도 되고 무엇은 믿으면 안 되는지 밝히지 않을 것이란 점입니다. 하지만 죽음 이후의 삶에 관해 바울이 무엇을 믿었는가에 대해서는 가능한 한 분명히 해둘 필요가 있습니다. 하지만 그것이 여러분의 삶 속에서 어떤 의미인지는 각자의 판단에 달려 있습니다.

먼저 제가 말하고 싶은 것은 이러한 주제가 그리스도인들 사이에서, 우리네 교회에서, 일반적인 대화에서, 토론 모임 등에서 더 자주 대화하고 나누어야 할 주제라는 것입니다. 문제는 대개 누군가가 죽고 난 뒤에야 비로소 죽음 이후의 삶에 관해 이야기하기 시작한다는 것입니다. 하지만 분별력을 잃을 만큼 큰 상실의 슬픔에 사로잡혀 있을 때는, 의미 있는 신학적인 대화를 하기가 사실상 어렵습니다. 그러므로 죽음 이후에 있을 일에 대한 논의, 그 주제와 관련된 근본적인 믿음에 대한 논의가 우리 사이에서 보다 흔한 대화가 되어야 합니다. 그렇지 않으면 우리는 죽음과 슬픔과 상실에 관해 의미 있게, 확신 있게, 그리고 연민을 가지고 이야기할 수 있는 공동체가 되지 못할 것입니다.

『마침내 드러난 하늘나라』를 집필하고 출간하는 사이, 정말 친한 친구 한 명이 갑자기 세상을 떠났습니다. 몸 속의 종양이 급속히 커진 탓이었습니다. 누구라도 그랬겠지만, 그때 저는 "우리가 죽으면 어떻게 되느냐?"는 질문에 일반적으로 제시되는 신학적 답변이 실제 슬픔에 잠긴 사람에게는 아무런 가치도 없다는 사실을 뼈저리게 깨달았습니다. 친구를 잃고 슬픔에 잠겨 있는 동안에는 단 한 가지 대답만으로 충분했습니다. 바로 로마서 8:38-39입니다. 이 구절을 풀어서 말하자면, 그리스도 예수 안에서 우리를 하나님의 사랑에서 끊어낼 수 있는 것은 결코 아무것도 없습니다. 친구가 죽고 4년이 지나서야 저는 그 슬픔에서 천천히 헤어나, 이 영역에서 자주 제기되는 신학적 문제들에 관해 활발하게 다시 이야기할 수 있게 되었습니다. 이는 이 주제를 둘러싼 우리의 대화가 조심스럽고 사려 깊어야 한다는 것, 그리고 가장 중요하게는 이 대화가 다층적이어야 함을 시사합니다. 그래야 "그 무엇도 우리를 하나님의 사랑에서 끊을 수 없다"는 단순한 선언에서부터, 부활과 '부활의 몸'이 지닌 본질에 관한 훨씬 더 복잡한 논의에 이르기까지, 다양한 방식으로 사람들이 대화에 참여할 수 있기 때문입니다.

죽음 이후의 삶에 대한 고찰은, 죽음 이후의 삶을 믿은 유대인들(예를 들어, 바리새인들)과 더불어 바울이 죽음 이후의 삶에는 몸의 부활이 수반될 것이라고 주장했다는 인식에서 시작됩니다.[1] 간단히 말해, 이 견해는 죽은 사람이 변화된 새 땅에 부활해서 육체적으로 존재(physical existence)하는 미래를 그리고 있습니다.[2] 미래의 어느 시점에 우리 모두가 부활하여 몸으로 존재한다는 사실을 인정한다는 것은 곧, 바울이 몸을 보는 시각이 부정적이라는 고지식한 가정을 더

---

1   몸과 관련된 부활의 본질에 관해 1세기 유대교 학자들 사이에 완전한 의견 일치는 없지만, 종말론적 부활에는 몸의 부활이 수반된다는 것이 다수의 견해입니다. 이 주제를 다루는 최근의 아주 유익한 논문은 Daniel W. Hayter, 'How Are the Dead Raised? The Bodily Nature of Resurrection in Second Temple Jewish Texts', in Joan E. Taylor (ed.), *The Body in Biblical, Christian and Jewish Texts* (London: Bloomsbury, 2014), 123-143입니다.

2   Paula Gooder, *Heaven* (London: SPCK, 2011), 79-100 [=『마침내 드러난 하늘나라』(도서출판 학영, 2021)]을 보십시오. 이 분야에 많은 논문들이 있습니다. 이 주제를 다루는 훌륭한 연구서들은 다음과 같습니다. Richard Bauckham, 'Life, Death and the Afterlife in Second Temple Judaism', in Richard N. Longenecker (ed.), *Life in the Face of Death: Resurrection Message of the New Testament* (Grand Rapids, MI: Eerdmans, 1998), 80-95; Alan J. Avery-Peck and Jacob Neusner, *Judaism in Late Antiquity*, vol. 4, *Death, Life-after-Death, Resurrection and the Worldto-Come* (Leiden: Brill, 2000); N. T. Wright, *The Resurrection of the Son of God* (London: SPCK, 2003) [=『하나님의 아들의 부활』(CH북스, 2005)]; Alan F. Segal, *Life after Death: A History of the Afterlife in Western Religion* (New York: Doubleday, 2004); K. J. Madigan, *Resurrection: The Power of God for Christians and Jews* (New Haven, CT: Yale University Press, 2009).

는 고집할 수 없음을 의미합니다. 그리스도 안에 있는 사람들이 장차 몸을 지니고 영원히 존재한다는 바울의 시각은 몸 그 자체에는 아무런 문제가 없다는 결론으로 이어집니다. 문제는커녕 사실은 정반대입니다. 우리가 죽음 이전에 지금의 몸으로 살도록 창조되었다면, 그리고 죽음 이후 장차 부활하여 몸을 얻게 된다면, 몸이라는 것은 우리를 인간으로 만들어 주는 본질적 부분임에 틀림없습니다. 우리가 이것을 받아들인다면, 우리와 하나님의 관계 속에서 몸이 갖는 역할, 우리 주변 세상과의 관계 속에서 갖는 몸의 역할에 관해서도 다시 깊이 성찰해야 합니다.

이원론(dualism)과 바울에게서 나타나는 이원성(duality)

바울이 논의하는 부활의 핵심 요소 한 가지는 당대의 다른 많은 유대인들과 마찬가지로, 바울 역시 세상에 대한 하나님의 결정적인 개입이 새 시대, 즉 다가올 시대를 펼칠 것이라고 믿었다는 점입니다. 바울의 표현을 빌리자면 새 시대는 곧 새로운 창조 세계를 가리킵니다(고후 5:17).[3] 이번에도 1세기의 많은 유대인들처럼 바울은 죽은 자들의 보편적인 부활이 새 시대의 시작을 표지(marker)일 것이라 믿

---

3 이 주제를 탐구하는 유용한 글은 J. Richard Middleton, *A New Heaven and a New Earth: Reclaiming Biblical Eschatology* (Grand Rapids, MI: Baker Academic, 2014) [=『새 하늘과 새 땅』(새물결플러스, 2015)]입니다.

었습니다. 바울이 고린도전서 15장을 쓰면서 3가지 핵심 요소를 염두에 두었다는 점을 알지 못하면, 그 장을 제대로 해석하기가 거의 불가능한데요, 그 3가지 요소는 (1) 죽은 자들은 새 시대로 부활할 것이다, (2) 보편적 부활은 새 창조 세계가 완전히 완성되었을 때 일어날 것이다, (3) 예수님의 부활은 그 새 창조 세계를 시작했다(하지만 완성시키지는 않았다).[4]

이 3가지 요소는 바울이 부활에 관해 한 이야기뿐만 아니라 다른 여러 주제들을 이해하는 데에도 상당히 중요합니다. 지금까지 저는 바울의 글 안에서 몸과 혼이 서로 나뉠 수 있다고 보는 플라톤식 이원론에 대한 동의를 전혀 찾아 볼 수 없다고 주장해 왔습니다. 여기서 '이원론'(dualism)이라는 용어와 그 용어가 바울과 어떻게 연관되는지를 잠시 생각해 보는 것이 좋을 것 같습니다. 바울의 글을 겉핥기식이라도 읽어 보면, 그가 자주 많은 시간을 들여 몸과 혼을 대조하고 있음을 알 수 있습니다. 하지만 이것을 이원론과 혼동해서는 안 됩니다. 이원론은 플라톤이 그랬듯, 몸과 혼 두 가지를 서로 대적시켜서 하나는 좋고 다른 하나는 나쁘다고 말하는 것입니다. 이는 서로 대립하는 두 가지 권세나 신들 사이의 대적 관계를 가리킬 수도 있고, 어떤 경우 하나님과 마귀 사이의 대적, 심지어 하나님과 창조 세계 사이의 대적을 가리키기도 합니다.

---

4   새 시대 및 거기에 수반되는 모든 것에 대한 바울의 시선을 상세히 고찰한 글로는 N. T. Wight, *Paul and the Faithfulness of God* (London: SPCK, 2013), 1043-1268 [=『바울과 하나님의 신실하심』(CH북스, 2015)]을 보십시오.

이 모든 경우에서 하나님을 대적하는 세력은 악합니다. 그것이 영지주의에서 말하는 데미우르고스(demiurge)든, 짐짓 하나님과 동등한 권세를 가졌다고 주장하는 마귀의 견해든, 악하고 물질적인 창조 세계든 말입니다. 하지만 바울은 결코 그런 견해를 채택하지 않았다는 사실을 인식하는 것이 중요합니다. 바울은 철저히 유일신론자였으며, 그의 글을 보면 그 어떤 권세도 하나님의 권위를 위협하지 못하며, 창조 질서 또한 하나님을 대적하지 않습니다. 실제로 창조 질서(혹은 우주[cosmos])는 하나님과 화해했으며(고후 5:19) 인류와 더불어 구속의 최종 완성을 기다리고 있습니다(롬 8:19-23).

바울이 대조하기를 좋아한다고 했는데, 이렇게 대조되는 것들을 가리키는 더 좋은 표현은 바로 이원성(duality)입니다.[5] 바울은 결코 구제불능으로 악한 무언가를 아주 선한 무언가와 대조시키지 않았습니다. 바울이 사용하는 언어를 보면 하나님의 구속에 관한 귀중한 실마리들이 담겨 있는데요. 이는 우리가 반드시 알아야 할 중요한 내용입니다. 왜냐하면 어째서 바울은 율법이 악하다거나 옛 언약은 근본적으로 잘못되었다고 말하지 않았는지 그 이유를 설명해 주기 때문입니다. 바울의 신학은, 하나가 좋으면 다른 하나는 자동적으로 나쁜 것이 되는 대적과 대립의 신학(theology of opposites)이 아니

---

5 N. T. Wright는 특유의 명료성과 정확함으로 이원성이 이원론(dualism)에 비해 바울의 생각을 묘사하기에 더 좋은 단어라고 제안합니다. Wright, *Paul and the Faithfulness of God*, 371-375를 보십시오. 실제로 그는 하나님의 우주적 전쟁은 "그런 모든 '이원론'을 배격한다는 가장 강력한 지표"라고까지 말합니다(371).

었습니다. 바울의 신학은 구속의 신학이었습니다. 다시 말해, 그의 신학은 하나님의 영광스러운 사랑과 용서 밖에 있는 것은 무엇이든 다시 그 사랑의 소관 아래 있게 하려고 이끄는 구속의 신학이었습니다.

바울이 드러냈던 모든 이원성들 가운데 가장 강력한 것 하나는 바로 이 시대와 다가올 시대 사이의 대조입니다. 다시 말해, 옛 피조물과 새 피조물 사이의 대조입니다. 아담으로 상징되는 옛 피조물은 죄가 그 특징이었고 율법을 필요로 했으며, 언젠가는 끝을 맞습니다. 반면, 새 피조물은 그리스도로 상징되고, 구속(redemption)이 특징이었으며, 결코 끝이 나지 않을 것입니다. 이 책과 관련해 결정적으로 중요한 핵심은, 바울에게 몸은 옛 시대에도 있고 다가올 새 시대에도 있으며, 옛 창조 세계에도 있고 새로운 창조 세계에도 있다는 것입니다. 그래서 바울 신학에는 몸을 자동적으로, 보편적으로 악하게 볼 여지가 없습니다. 몸 자체는 악하지 않고, 갇혀 있거나 부패하지도 않습니다. 몸은 소중히 여기고 보살펴야 할 하나님의 선물입니다. 우리는 앞으로 바울에게서 나타나는 이러한 이원성들을 여러 차례 살펴볼 것입니다. 그 중에서도 더 상세하고 깊게 탐구해야 할 이원성이 있기 때문입니다(특히 육신[flesh]과 영[spirit]의 대조). 하지만 지금은 몸이 바울의 핵심 범주 두 곳, 즉 이 시대와 다가올 시대 모두에서 발견된다는 점을 지적하는 것만으로 충분합니다.

우리가 태생적으로 이원론을 받아들이고 선호한다는 사실은 대단히 흥미롭습니다. 이원론은 우리가 서로 관계를 맺는 방식에 숨겨져 있습니다. 언론은 사람들을 완전히 옳고 신뢰할 만하고 선한 사람 아니면, 전적으로 그리고 신뢰할 만하지 못하고 악한 사람으로 자주 그려냅니다. 단 한 가지 행동이 "좋은" 사람을 일거에 돌이킬 수 없을 만큼 "나쁜" 사람으로 만들 수 있습니다. 어떤 개념들 역시 자주 전적으로 옳거나 전적으로 결함이 있는 것으로 제시됩니다. 물론 이밖에도 많은 예들이 있습니다. 문제는, 사람이나 개념이나 책이나 관점 등은 대개 좋은 부분, 나쁜 부분이 뒤섞인 복합체라는 것입니다(중립적인 부분은 말할 것도 없고). 그래서 사실은 양편 모두를 말해야 하는데, 우리는 '이것' 아니면 '저것'을 말할 때가 많습니다. 우리 앞에 버티고 서서 길을 가로막고 있는 이원론에 저항하는 일은 매우 중요한 일입니다. 그런 저항을 위해서는 나쁜 것에서 선한 것을, 유익하지 않은 것에서 유익한 것을 가려낼 수 있어야 하며, 언제나 하나님의 구속이 변화를 초래할 수 있도록 해야 합니다. 바울처럼 우리 또한 우리 시대의 이원론에 저항해야 합니다. 언제 어디서 이원론을 발견하든 구속을 선언해야 합니다.

믿음은 헛된 것이었는가?

이후 몇몇 장들을 통해 바울이 특정한 핵심 순간에 어떤 말을 하는지 꼼꼼히 살펴보겠습니다. 이 과제를 수월하게 수행하려고 본문에 NRSV로 관련 구절들을 포함시켰습니다. 하지만 이 구절들이 어떻게 다양하게 번역될 수 있는지 살펴보기 위해, 다른 역본들을 찾아보셔도 됩니다(NRSV가 아닌 다른 선호하는 역본이 있다면).

> [12] 그리스도께서 죽은 사람 가운데서 살아나셨다고 우리가 전파하는데, 어찌하여 여러분 가운데 더러는 죽은 사람의 부활이 없다고 말합니까? [13] 죽은 사람의 부활이 없다면, 그리스도께서도 살아나지 못하셨을 것입니다. [14] 그리스도께서 살아나지 않으셨다면, 우리의 선포도 헛되고, 여러분의 믿음도 헛될 것입니다. [15] 우리는 또한 하나님을 거짓되이 증언하는 자로 판명될 것입니다. 그것은, 죽은 사람이 살아나는 일이 정말로 없다면, 하나님께서 그리스도를 살리지 아니하셨을 터인데도, 하나님께서 그리스도를 살리셨다고, 하나님에 대하여 우리가 증언했기 때문입니다. [16] 죽은 사람들이 살아나는 일이 없다면, 그리스도께서 살아나신 일도 없었을 것입니다. [17] 그리스도께서 살아나지 않으셨다면, 여러분의 믿음은 헛된 것이 되고, 여러분은 아직도 죄 가운데 있을 것입니다(고전 15:12-17)

20세기 말에 있었던 특별한 쟁점 한 가지는 예수님의 부활의 역사성, 곧 예수님의 부활이 실제로 일어났느냐는 문제였습니다. 여러 저명한 학자들이 예수님이 죽은 자 가운데서 육체적으로 부활했는지 여부에 의문을 품기 시작했습니다. 이 문제는 흔히 "뼈를 이용한 속임수"(a conjuring trick with bones)라는 문구로 요약되는데, 전(前) 더럼(Durham) 주교 데이비드 젠킨스(David Jenkins)가 한 말을 잘못 인용한 표현입니다.[6] 그 결과 고린도전서 15장은 예수님께서 실제로 죽은 자들 가운데서 부활했는지 여부에 관한 논의의 배경으로 자주 등장하게 되었습니다.

어떤 사람들에게는 이것이 중요한 질문이었지만(그리고 지금도 여전히 그러하지만), 20세기와 21세기의 관심사를 바울의 본래 논의에 개입시켜서는 안 될 것입니다. 실제로 고린도전서 15장 안에서 고린도의 성도들이 예수님의 부활을 믿는 데 어떤 중대한 문제가 있었다는 암시는 거의 찾아보기 힘듭니다. 문제는 그들이 예수님께서 죽은 자들 가운데서 부활하셨다는 사실을 믿었느냐보다, 그들 자신이 부활하리라고 믿었느냐였던 것 같습니다("어찌하여 여러분 가운데 더러는 죽은 사람의 부활이 없다고 말합니까?"[고전 15:12]). 이 견해가 널리 확산되어 예수님의 부활을 믿는 믿음에 영향을 끼쳤을 수도 있지만, 그것이 문제의 시작점이었던 것 같지는 않습니다.

부활과 관련해 고린도의 성도들에게 있었던 문제의 정확한 본질에 관해서는 학자들 사이에서 의견이 분분합니다. 앤서니 티슬턴(Anthony Thiselton)은 여러 가지 다른 주장들을 다음 4가지의 주요 가능성으로 요약합니다. 첫째, 그들은 죽음 후의 그 어떤 현존도 부인했다. 둘째, 그들은 부활이 모종의 영적인(spiritual) 방식으로 이미 발생

---

6   오늘날에는 주교가 실제로 뭐라고 말했는지 정확한 용어를 찾기 어렵지만, *The Guardian*도 부활은 "뼈를 이용한 속임수보다는 훨씬 더 큰" 일이라는 식으로 말했습니다. 'Quote Unquote', The Guardian, <http://www.theguardian.com/books/1999/sep/04/books.guardianreview10> (2015년 3월 18일에 검색)을 보십시오.

했다고 주장했다. 셋째, 그들은 몸(body)의 부활 같은 것은 상상할 수 없었다. 넷째, 바울은 고린도의 어느 한 모임만을 향해서 말하고 있는 게 아니다. 따라서 한 가지 문제가 아니라 여러 가지 문제를 다루고 있는 것이다.[7] 부활과 관련된 그들의 문제가 정확히 무엇이었든, 그리스 철학을 배경으로 성장한 성도들이 부활의 언어를 듣고 얼마나 이해하기 어려웠을지 떠올려 볼 필요가 있습니다.

이 책의 1장에서 살펴본 것처럼, 죽음 이후의 삶에 대한 플라톤적 이해는 몸이 아니라 혼(soul)과 관련되었습니다. 그리스 사상 안에서 여러 철학 전통들이 각기 강조점은 다르지만, 정도의 차이는 있어도 모두 몸이 혼과 분리되는 게 가능하다고 생각했고, 몸은 전혀 불멸할 수 없다고 보았습니다.[8] 이 점에서 다수의 그리스 사상과 다수의 유대 사상은 스펙트럼의 양극단에 서 있습니다. 죽은 자의 부활에 관한 일부 유대 사상의 입장은 죽은 자가 "어떤" 몸으로 부활하리라는 것을 전제합니다. 이뿐만 아니라 자신들이 "동일한" 몸으로 부활하리라고 믿었습니다. 달리 말해, 죽을 때 몸이 곧 부활할 때의 몸이라고 믿었습니다. 예를 들어, 랍비 샴마이(Shammai)의 추종자들은 부활의 몸은 죽은 몸과 정확히 동일한 몸의 소생(resuscitation)일

---

7   각각 다른 견해를 상세히 검토한 내용으로는 Anthony C. Thiselton, *The First Epistle to the Corinthians* (Carlisle: Paternoster Press, 2001), 1172-1178을 보십시오.

8   Dale Martin은 이 점을 설득력 있게 주장합니다. Dale Martin, *The Corinthian Body*, new edn (New Haven, CT: Yale University Press, 1999), 116.

거라고 주장했습니다.[9] 고린도의 성도들 중 그리스 사상을 지닌 이들이 이런 개념을 두고 씨름을 한 것도 무리가 아닙니다. 이 개념은 그들이 삶과 죽음과 인간의 본질에 관해 지금까지 배워 온 모든 것과 상충했기 때문입니다.

그러므로 이 지점에서 바울의 논증이 세심하고 신중했으며, 또한 당대의 다른 유대인들이 지닌 견해들과 다소 달랐다는 점을 인식하는 것이 중요합니다. 바울의 주장은, 부활의 몸은 하나의 몸이지만 죽은 몸과 정확히 동일한 몸은 아니라는 것입니다.[10] 바울은 부활의 몸은 변화된 몸일 것이고(고전 15:52), 죽은 몸과는 다른 특성을 지닐 것이라고 보았습니다(고전 15:42-46). 이는 땅에 뿌린 씨가 다른 무언가로 변화되는 것과 비슷하다고 하겠습니다.

여기에는 중요한 실제적 의미가 함축되어 있습니다. 화장(火葬)에 대해서, 특히 화장과 부활의 관계에 대해서 많은 사람들이 염려를

---

9   Hans Clemens Caesarius Cavallin, *Life after Death: Paul's Argument for the Resurrection of the Dead in I Cor. 15* (Lund: Gleerup, 1974), 173에서 이 논의를 확인하십시오. 이것이 바로 뼈를 보존하는 게 그렇게 중요했던 이유입니다. '육신'(flesh)이 소멸된 후 새 생명으로 부활할 수 있는 것은 뼈였습니다. 이에 대한 배경으로 특히 겔 37장을 보십시오. 앞으로 더 살펴보겠지만, 바울은 부활 때 몸의 변화를 지지하는 것으로 보이는데, 부활의 몸이 죽은 몸과 똑같은 몸이라는 개념은 놀랄 만큼 끈질기게 지속되었습니다. 이 문제를 흥미롭게 탐구한 내용이 궁금하다면 Caroline Walker Bynum, *Resurrection of the Body in Western Christianity, 200–1336* (New York: Columbia University Press, 1995)를 보십시오.

10   "무덤에서 썩어 없어지는 몸은 단언컨대 미래의 부활의 몸이 아니다", Thiselton, *First Epistle to the Corinthians*, 1267.

합니다. 어떤 사람이 죽었을 때 그 몸을 화장하면 어떻게 몸으로 부활을 할 수 있을까요? 바울의 말을 들어보면, 부활의 몸으로의 변화는 예전의 몸을 더 이상 필요로 하지 않는 변화임을 암시하는 것 같습니다. 그 결과 화장은 일부 유대 사상들과는 함께 갈 수 없어도 기독교의 부활 개념과는 무리 없이 함께 갈 수 있습니다. 부활할 몸이 죽은 몸과 동일한 몸이 아니라면 화장은 부활에 아무런 문제도 초래하지 않기 때문입니다. 하지만 이렇게 되면 '나'의 어느 부분이 부활을 하게 되는 것이냐는 문제가 훨씬 더 첨예하게 대두됩니다. 죽은 몸과 부활할 몸이 동일한 몸이 아니라면, 그리고 혼이 우리가 생각하는 그런 의미가 아니라면, 도대체 무엇이 부활의 실존을 '우리'로 만들어 주는 것일까요? 이는 6장에서 다시 살펴보겠습니다.

예수님의 부활과 우리의 부활의 연관성

부활에 관한 바울의 논증은 우리의 부활의 몸의 본질로 시작되는 것이 아니라 예수님 그 자체로 시작됩니다. 바울에게 예수님의 부활은 곧 고린도 성도들에게 무덤 너머의 미래를 부활의 관점에서 바라보기를 요구할 수 있는 결정적인 논거였습니다. 예수님은 죽은 자 가운데서 부활하셨으며 고린도 성도들 또한 그러할 것입니다. 예수님의 부활은 다른 모든 이들의 부활보다 앞서서 일어났을 뿐입니다. 곧 예수님의 부활은 죽은 자들의 첫 열매였습니다(고전 15:20).

예수님의 부활과 다른 사람들의 부활이 이렇게 견고히 연결되는 것은, 몸의 부활에 대한 바울의 믿음이 그의 신학에서 얼마나 핵심적이었는지를 보여 줍니다. 바울은 예수님의 부활을 자신이 선포하는 복음의 본질적인 부분으로 보았습니다. 바울에게 예수님의 부활은 그가 전하는 복음의 무게를 지탱하는 사건이었습니다. 그 사건이 아니라면 바울의 선포는 공허했을 것이고, 고린도 성도들의 믿음도 헛된 일이었을 것입니다(고전 15:14).[11] 예수님의 부활은 이례적인 일, 혹은 일회성의 사건이 아니었습니다. 이 일은, 아주 이르기는 했어도 인류 전체의 부활을 알리는 시작점이었습니다. 그래서 우리 자신의 부활을 믿는 것은 우리 개인의 선택에 따라 취하거나 버릴 수 있는 주변적인 일이 아니라, 기독교 신앙의 중심적인 기둥과도 같습니다. 부활을 믿는다는 것은 곧 온 인류의 부활이 예수님에게서 시작되었음을 믿는 일입니다. 어느 한쪽만을 취하고 다른 한쪽은 버릴 수 없습니다. 보편적인 몸의 부활을 믿지 않는 것은 마치 스웨터의 올을 잡아당기는 것과 비슷합니다. 조금씩 올을 잡아당기다 보면 결국 스웨터가 다 풀려 아무것도 남지 않게 될 위험이 있는 것이지요

고린도 성도들은 자신들의 부활을 믿지 않는 것이 그다지 대수롭지 않은 일이라고 여겼을 수도 있습니다. 사실 예수님의 죽음과 부활을 믿었다면 그것만으로 충분한 것 아닌가요? 이에 대한 바울의 대답은 한 마디로 "그렇지 않다"는 것이었습니다. 예수님의 부활

---

11 공허하다/헛되다 라는 의미로 쓰이는 그리스어는 케노스(kenos)이며 문자적 의미는 빈손(empty-handed)이라는 뜻입니다. 더 나아가 이 단어는 목표에 이르지 못하는 것을 가리키는 말로 쓰이며, 거기서 또 더 나아가 무의미하다, 목표가 없다는 뜻으로도 사용됩니다.

을 믿는다는 것은 당연히 그들 자신의 부활도 믿는다는 것이었습니다. 따라서 자신들도 부활할 것이라고 믿지 않는다면 실질적으로 예수님도 부활하지 않았다고 선언한 것과 마찬가지였습니다. 그리고 예수님이 부활하지 않았다고 선언한다면 바울이 선포하는 말과 그들의 믿음 모두가 무의미해지는 것이었습니다.

이를 통해 우리는 몸의 부활이, 그리고 몸 자체가 바울이 가진 몸의 신학의 중심임을 알게 됩니다. 몸의 부활에 관한 바울의 시각은 그가 예수 그리스도, 곧 죽었다가 다시 사신 분의 좋은 소식을 선포하는 일과 서로 긴밀히 얽혀 있었습니다. 몸의 부활이 없다면 믿음은 곧 헛된 일이었습니다.

어떤 유형의 부활의 몸인가?

35 그러나 죽은 사람이 어떻게 살아나며, 그들은 어떤 몸으로 옵니까? 하고 묻는 사람이 있을 것입니다. 36 어리석은 사람이여! 그대가 뿌리는 씨는 죽지 않고서는 살아나지 못합니다. 37 그리고 그대가 뿌리는 것은 장차 생겨날 몸 그 자체가 아닙니다. 밀이든지 그 밖에 어떤 곡식이든지, 다만 씨앗을 뿌리는 것입니다. 38 그러나 하나님께서는 원하시는 대로 그 씨앗에 몸을 주시고 그 하나하나의 씨앗에 각기 고유한 몸을 주십니다(고전 15:35-38)

이 구절은 많은 사람들이 묻고 싶어 하는 질문으로 우리를 데려 갑니다. 바로 "부활의 몸은 과연 어떤 모습일까?"라는 질문입니다. 기이하게도 몸이 없는 실존, 우리가 경험해 보지 못한 실존은 몸을 지닌 실존, 현재 우리의 실존 즉, 우리가 경험하고 있는 실존에 비해 더 쉽게 상상이 되는 것 같습니다. 부활의 몸의 본질에 관한 바울의 주장을 본격적으로 살펴보기 전에 고린도전서 15:51을 떠올려 보는 것이 좋겠습니다. "들어보십시오, 내가 여러분에게 신비한 일을 하나 이야기하겠습니다"(고전 15:51 NRSV), 또는 KJV의 표현대로라면 "보십시오, 내가 여러분에게 신비한 일을 하나 보여드리겠습니다." 가 되겠네요. 바울조차도 자신이 하는 말이 신비한 일이라는 점을 조심스럽고 신중한 논증으로 일깨워 줍니다. 티슬턴은 이를 "한낱 인간이 깨닫기에는 너무나 심오한"이라고 번역하는 편을 선호합니다.[12] 다시 말해, 열정적이고 명민한 바울조차도 지금 자신이 인간의 이해 능력을 넘어서는 것을 면밀히 파고들어가는 중임을 인식하고 있습니다. 그렇다고 해서 이에 대해 알려고 해서도 안 된다는 뜻은 아닙니다. 다만 바울조차도 이것이 우리의 이해 능력을 넘어서는 일임을 인식하고 있었다는 것입니다. 따라서 이 문제를 이해하는 데 어려움을 겪을 때마다, 바울 역시 그랬다는 사실을 떠올린다면 마음이 조금 편해질 것입니다.

---

12   Anthony C. Thiselton, *1 Corinthians: A Shorter Exegetical and Pastoral Commentary* (Grand Rapids, MI: Eerdmans, 2006), 288. [=『고린도전서』(SFC 출판부, 2016)]

고린도 성도들에게 보낸 첫 번째 편지(고린도전서)는 15장에서 부활의 몸의 본질을 탐구하는 새로운 단락을 선보이는데요. 이 단락을 시작하는 질문("그러나 '죽은 사람이 어떻게 살아나며, 그들은 어떤 몸으로 옵니까?'하고 묻는 사람이 있을 것입니다"[고전 15:35])은 현대 독자들에게도 상당히 좋은 질문입니다. "부활의 몸이 어떤 모습일까?"라는 문제가 우리가 하고 싶은 첫 번째 질문으로 꾸준히 제기됩니다. 부활의 몸은 '실제 몸'일까요, 아니면 NRSV 15:44-45이 암시하는 것처럼 '신령한 (spiritual) 몸'일까요? 부활의 몸을 우리의 몸으로 알아볼 수 있을까요, 아니면 지금과 다르게 보일까요? 현재 우리의 몸에 무언가 '잘못된' 부분이 있다면(이런 표현을 쓰기 싫지만, 사람들은 흔히 이런 식으로 질문합니다), 부활 후에도 우리 몸은 여전히 '잘못되어' 있을까요?

부활에 관해 생각하기 시작하면 곧 이와 같은 질문들이 쏟아집니다. 그래서 갑작스레 "어리석은 사람이여!"(고전 15:36)라는 바울의 거친 표현을 마주하면 당혹감을 느낍니다. 하지만 그리스어 원어는 이 번역어의 느낌만큼 무례한 표현이 아닙니다.[13] 이 그리스어에는 분별없는 질문, 지각없는 질문이라는 부대적인 의미가 담겨 있습니다. 다시 말해, 이는 상식적으로 생각해 보기만 해도 답을 찾을 수 있는 질문이라는 것입니다. 우리가 이미 알고 있는 것에서 이 질문

---

13   흔히 35절의 질문은 회의론자가 한 것으로 여겨집니다. N. T. Wright는 이 질문은 건방지게 얕잡아 보는 태도로 해석하는 게 가장 좋다고 말합니다. Wright, *Resurrection of the Son of God*, 342. 정말로 그럴 수도 있지만, 그렇다고 해서 이 부분에서 우리 또한 의문을 품을 수 있다는 사실이 부적절하지는 않습니다.

에 대한 답을 도출해낼 수 있습니다. 이는 알기 어려운 신비한 일일 수도 있지만 또 한편으로는 지금 이 세상으로부터 추정할 수 있는 부분들도 있습니다. 이어지는 내용에서 바울이 해나간 작업이 바로 그러한 일임에 분명합니다. 바울은 현재 세상을 바탕으로 다음 세상의 일을 추론합니다.

이를 위해서 바울은 농사와 관련된 비유, 즉 밀과 같은 곡식들의 씨앗 비유를 사용합니다. 이것은 상당히 훌륭한 비유입니다. 그런데 죽음과 새로운 삶에 대해 이러한 비유를 쓴 이는 바울만이 아닙니다. 요한복음에서 예수님 역시 한 알의 밀이 결실을 맺으려면 그 밀 알의 '죽음'이 중요하다고 말씀하셨습니다(요 12:24). 물론 비슷해 보이는 이 두 비유의 요점은 서로 다릅니다. 요한복음 속 비유의 요점은 결실을 맺기 위해서는 반드시 죽음이 필요하다는 것입니다. 반면, 바울의 요점은 변화의 중요성입니다. 꽃을 심었는데 거기서 맺어지는 '결실'이 그냥 더 많은 씨앗뿐이라면 우리는 실망감을 느끼게 될 것입니다. 사실 대개 우리는 더 많은 씨앗으로만 끝날 때가 많지만, 그래도 그 전에 아름다운 꽃으로 대접을 받기도 합니다. 밀을 심으면 거기서 자라는 것은 심은 씨앗에 훨씬 더 가깝지만, 작물 자체는 단순한 씨앗 그 이상입니다. 이처럼 씨앗이 자랄 때 우리는 변화를 예상합니다. 죽음과 부활과 관련해서도 우리는 변화를 기대해야 합니다. 그러므로 여기서 바울의 비유는 연속성(식물은 뿌려진 씨앗에서 자라납니다)과 불연속성(그 식물은 뿌려진 씨앗과 다르게 보입니다) 개념을 소개하고 있습니다.

더 살펴보기: 복음서 속 예수님의 부활의 몸

죽기 전의 몸과 부활의 몸 사이의 연속성과 불연속성이라는 주제는, 예수님의 부활에 관한 복음서 기사에서도 찾아볼 수 있는 주제입니다. 복음서 속 예수님의 부활의 몸은 죽기 전 그분의 몸과 연속성도 있고 불연속성도 있지만, 우리가 예상한 방식은 아니었습니다. 많은 사람들이 부활을 생각할 때 그들의 (부활의) 몸을 보면 곧바로 알아볼 수 있을 것이라고(연속성), 그렇지만 그 몸은 모든 질병이 치유된 몸일 것이라고(불연속성) 추측합니다. 이와 대조적으로 예수님의 부활의 몸은 즉시 알아보기 어려웠고(눅 24:16; 요 20:14) 십자가에 달리셨을 때의 상흔(傷痕)도 여전했습니다(눅 24:38-40; 요 20:27). 다시 말해 예수님의 겉모습은 비연속적이었던 것 같고, 그분의 상처는 연속적이었습니다. 이는 부활의 몸의 본질에 관해 흥미로운 질문들을 불러 일으키는데, 이에 대해서는 나중에 다시 살펴보겠습니다.

부활의 몸이 지닌 연속적 혹은 비연속적인 본질이 전부가 아닙니다. 예수님의 부활의 몸은 음식을 먹을 수 있었다는 점에서 여전히 물질적인(physical) 몸인 것이 분명했지만(눅 24:41-42; 요 21:15), 벽을 통과해서 다닐 수 있었다는 점에서 죽기 전의 몸과는 달랐습니다(요 20:26). N. T. 라이트(Wright)는 예수님의 부활의 몸을 일컫는 말로 '전(轉)물질적'(transphysical)이라는 말을 만들어 냈는데, 여기서 trans는 변화되었다는 뜻이고 physical은 여전히 실제적인 몸이었다는 뜻입니다.[14] 바울이 명시적으로 말하지는 않지만, 라이트의 이 견해는 바울의 입장과 일맥상통합니다. 그러므로 바울이 예수님의 부활과 우리의 부활을 연결시키는 것은 우리의 부활의 몸 역시도 '전물질적'임을 암시합니다. 그 몸은 분명 몸이지만 지금 우리가 가지고 있는 몸과는 다를 것입니다.

그래서 부활의 몸에 관한 바울의 견해는, 씨가 땅에 뿌려진 후변화하는 것처럼 몸도 변화한다는 것입니다. 고린도전서 안에서 땅에 뿌려진 "씨앗"(15:37)이 차후에 몸을 입는 혼(soul)임을 암시하는 구절은 전혀 찾아볼 수 없습니다. 특히 여기서 프쉬케(psuchē)라는 말은쓰이지 않았습니다. 그보다 바울이 머릿속에 그린 것은 씨앗 같은무언가에서 훨씬 더 영광스러운 무언가로의 변화입니다. 차후 더자세히 살펴보겠지만, 바울은 '뿌려진 것'과 '다시 살아나는 것' 모두 몸이라고 생각한 것 같습니다. 물론 다시 살아나는 몸은 땅에 묻힌 몸보다 훨씬 더 영광스러울 것이라 생각했습니다. 바울이 하는말의 핵심이자 가장 중요한 요점은 하나님께서 선별하신 몸을 저마다에게 주신다는 것입니다. 이는 이후에 나오는 모든 내용에 영향을 미칩니다. 하나님은 밀에게 자라는 몸을 주십니다. 그리고 인간에게, 동물에게, 새와 물고기에게 몸을 주십니다. 이는 우리의 현재몸뿐만 아니라 부활의 몸에도 해당됩니다. 우리의 몸은 하나님이주시는 선물이며 이는 미래에도 그러할 것입니다. 따라서 하나님의

---

14   Wright, *Resurrection of the Son of God*, 477.

선물인 우리의 몸을 소중히 여겨야 합니다.

우리 몸을 참고 견뎌 내거나 무시해야 할 장애물이 아니라, 하나님께서 주신 소중한 선물로 대하는 것이 기독교의 몸 신학(theology of the body)의 핵심입니다. 많은 사람들이 이를 원리적으로는 알고 있으나 삶 가운데서 실천하기는 매우 어렵다고 생각합니다. 기독교 신앙의 핵심에는 하나님께서 우리를 위해 해주신 모든 일에 대한 감사가 자리하고 있는데요. 실제로 감사(그리스어로는 유카리스토[*eucharistō*])는 신약성경의 처음부터 끝까지를 관통하는 주제입니다. 예수님은 식사 전에(마 15:36), 그리고 결정적으로 마지막 만찬 때 감사를 드리시고 우리가 성찬(Eucharist)이라는 이름으로 그 식사를 기념하게 하셨습니다(마 14:23). 바울 또한 자신이 섬기는 공동체에 대해 자주 감사를 드렸고(롬 1:8; 고전 1:4), 어떤 형편에서든 감사하라고 공동체에게 권면했습니다. 그것이 바로 하나님의 뜻이라고 말입니다(살전 5:18). 감사를 해야하는 이유는, 그 감사가 우리를 변화시키기 때문입니다. 가진 것에 대해 감사하면 할수록 우리는 우리가 받은 선물을 더욱더 많이 의식하게 됩니다.

이 모든 것은 우리 몸에 대해 하나님에게 더 많이 감사하는 것이 그 몸과의 관계를 변화시키는 핵심 중 하나라는 점을 시사합니다. 우리가 감사하면 할수록 우리 몸이 갖는 중요성을 더 많이 의식하게 됩니다. 자기 몸에 대해 감사하는 것이 남들에 비해 쉬운 사람들이 있습니다. 또 자기 몸에 대해 감사하는 것이 다른 때에 비해 쉬울 때가 있습니다. 반면 자기 몸에서 감사할 만한 부분을 찾기가 거의 불가능한 경우도 있습니다. 특히 건강이 안 좋으면 자기 몸에 대해 우울감과 절망 말고는 다른 감정을 느끼기 어렵습니다.

저 역시도 인생의 여러 시점에서 아주 심하게 몸이 아팠던 적이 있습니다. 그럴 때마다 이렇게 나를 실망시키는 몸을 가지고 앞으로 어떻게 살아갈 것인가 씨름해야 했습니다. 당시 제가 얻은 교훈은, 몸이 아프면 평소처럼 자기 몸을 소홀히 여기지 않게 된다는 것입니다. 몸이 아프면 몸이 내 의식 속으로 저절로 파고들어와 일정한 반응을 요구합니다. 즉, 몸이 아픈 시기에는 몸과의 관계를 다시한 번 생각해 보게 됩니다. 물론 하나님께서 우리에게 몸을 주셨다는 것을 생각할 때면, 지금의 이 몸 말고 다른 몸을 주셨으면 어땠을까 바라게 될 때가 있습니다. 하지만 우리 각 사람이 지닌 특정한 몸은 하나님께서 우리에게 주신 몸입니다. 우리를 참으로 우리로 만들어 주는 것은 지금 우리가 가진 몸이지, 우리가 갖고 싶어 하는 다른 몸이 아닙니다. 우리가 바라는 몸이 아니라 있는 그대로의 우리 몸을 사랑하는 법을 배우는 것은 아주 어려우면서도 중요합니다. 그것이 하나님의 사랑을 아는 지식 가운데 살아가는 실존의 특색이라고 할 수도 있겠습니다.

상황에 적합한 몸

[39] 모든 살이 똑같은 살은 아닙니다. 사람의 살도 있고 짐승의 살도 있고 새의 살도 있고 물고기의 살도 있습니다. [40] 하늘에 속한 몸도

있고 땅에 속한 몸도 있습니다. 하늘에 속한 몸들의 영광과 땅에 속한 몸들의 영광이 저마다 다릅니다. [41] 해의 영광이 다르고 달의 영광이 다르고 별들의 영광이 다릅니다. 별마다 영광이 다릅니다(고전 15:39-41)

땅에 뿌려진 씨의 변화 이야기를 하던 바울은 이제 15:39-41에서 하나님은 우리 삶의 정황에 따라 우리에게 필요한 몸을 주신다는 개념으로 화제를 옮겨갑니다. 새는 하늘에 존재하기 때문에 날 수 있는 몸을 갖습니다. 물고기는 물에 살기에 수중 환경에 어울리는 몸을 갖습니다. 지금 우리가 지닌 몸은 옛 창조 세계에 어울리는 몸입니다. 반면 부활의 몸은 새 창조 세계에 어울리는 몸일 것입니다. 부활의 몸은 미래에 우리가 처할 상황에 필요한 몸일 것입니다. 부활의 몸의 본질과 관련해 계속해서 남아 있는 신비는, 새 창조 세계가 실제로 어떤 모습일지 우리는 알지도 못하고, 알 수도 없다는 데 있습니다. 그래서 그때 우리에게 필요한 몸이 어떤 유형의 몸일지 또한 정확히 알 수 없습니다.

더 살펴보기: 하늘에 속한 몸

우리가 어떤 유형의 부활의 몸을 갖게 될 것인가 하는 탐구와 직접적으로 관계는 없지만, 고린도전서 15:40에서 바울이 "하늘에 속한 몸"을 언급한 것에 대해서는 잠시 생각해 볼 필요가 있습니다. 바울은 육신(flesh, 살)과 몸(body)의 조화에 관한 짧은 독백에서[15] 우리가 예상한 범주(인간, 동물, 새, 물고기)로 이야기를 시작하고는, 갑자기 예상치 못한 범주, 곧 하늘에 속한 몸을 소개합니다.

어떤 이들은 이것을 우리가 죽어서 하늘나라에 간다는 말과 비슷한 의미로 해석합니다. 다시 말해, "하늘에 속한 몸"은 우리가 지금 여기서 소유한 실제 물질적(physical) 몸과 반대되는, 하늘나라에서 갖게 될 비물질적이고 영적인(spiritual) 유형의 몸이라는 것입니다.[16] 이 또한 그럴 법한 해석이기는 하지만, 이 장의 나머지 부분이 부활에 초점을 맞추고 있고, 바울이 죽음과 부활 사이에 일어나는 일을 말하고 있다고 볼 만한 추가적인 맥락이 없다는 점을 감안한다면 썩 어울리는 해석은 아닌 것 같습니다.[17] 고린도전서 15장 40절은

---

15 이 부분에서 한 가지 두드러진 요소는, 바울이 39절에서 육신(flesh)의 이야기로 옮겨가서는 40절에서 다시 몸(body)의 이야기로 돌아온다는 점입니다. 이 때문에 바울에게 육신과 몸은 동일하지 않다는 저의 주장이 약화되는 것처럼 보일 수 있습니다. 그러나 사실은 그렇지 않습니다. 바울이 여기서 쓰는 육신이라는 말은 구체적으로 옛 창조 세계의 존재, 새와 물고기의 존재 등을 가리킵니다. 40절에서 바울이 다시 몸이라는 말을 쓰는 것은, 우리의 현재 몸처럼 육신과 연결되어 있지 않은 '하늘에 속한 몸'에 관한 그의 언급에 부합됩니다. 바울은 자신의 글에서 '육신'이라는 말을 광범위하고도 조심스럽게 사용합니다. 이 단어의 의미가 얼마나 광범위한지에 대해서는 이 책 143-148쪽을 보십시오.

16 이 견해의 흥미로운 사례는 Martin, *The Corinthian Body*, 117-120, 123-136에서 볼 수 있습니다.

17 죽음과 부활 사이에 일어나는 일에 관해 더 자세히 알려면 Gooder, *Heaven*, 91-100 [=『마침내 드러난 하늘나라』(도서출판 학영, 2021)]을 보십시오.

41절에 비추어 읽어야 한다는 것이 훨씬 더 그럴듯해 보입니다.

41절은 계속해서 '하늘'에 존재하는 해, 달, 별에 대해 이야기합니다. 이제 바울은 땅에서 하늘로 초점을 옮기고 있는 것 같습니다. 땅에 속한 몸의 본질을 탐구해 오던 바울은, 이제 하늘에 속한 몸을 탐구하기 시작합니다. 하늘에 속한 몸은 우리가 알기로 하늘나라 가운데 하나님 보좌 앞에서 영원히 경배하고 있는 이들, 즉 천사들의 몸을 가리킵니다. 이들은 천국에 거하기 위해 필요한 몸을 갖고 있으며, 이는 우리가 땅에 거하기 위해 필요한 몸을 갖고 있는 것과 마찬가지입니다.[18]

하늘에 속한 몸과 땅에 속한 몸이 영광 면에서 차이가 난다는 것은, 한 몸에는 영광이 있고 또 한 몸에는 영광이 없다는 뜻이 아닙니다(42절에서 바울은 해, 달, 별의 상이한 상대적 영광을 논의합니다). 영광은 복잡한 단어지만, 간단히 말해 무게감과 광휘라는 두 가지 주요한 반향을 담고 있습니다. 쉽게 말해 영광이란 어떤 존재를 인상적인 존재로 만들어 주는 것을 가리킵니다. 하나님이든, 하늘에 속한 몸이든, 땅에 속한 몸이든, 해나 달이나 별이든, 한 존재의 영광은 그 존재가 누구냐에 따라(혹은 무엇이냐에 따라), 그리고 그들 고유의 특별한 상황에 따라 다릅니다. 땅에 속한 몸에도 영광이 있습니다. 다만 하늘에 속한 몸의 영광과 종류가 다를 뿐입니다. 지금 우리 몸의 영광은 지금

---

18 Héring은 몇몇 천사들이 우리에게 별의 형태로 나타난다는 점에서 하늘에 속한 몸과 별 사이에 연관성이 있다고 주장합니다. Jean Héring, *The First Epistle of Saint Paul to the Corinthians* (London: Epworth Press, 1973), 174.

의 상황에서 우리가 어떤 존재로 부르심을 받았느냐와 관련이 있습니다. 마찬가지로, 하늘에 속한 몸의 영광이란 하늘에 속한 이들이 그 상황에서 부르심을 받은 대로 존재하는 것을 가리킵니다.

15:39-41에서 바울은 우리에게 상상력을 발휘하기를 요구합니다. 새 창조 세계에는 생명이 가득할 것이며 죽음이 들어설 여지가 없을 것입니다. 새 창조 세계의 특징은 화평, 정의, 화해, 조화, 사랑, 그리고 영(Spirit)의 모든 일들입니다. 물론 바울은 이 정황에서 우리에게 어떤 유형의 몸이 필요할지 정확하게 그려내는 데까지 나아가진 않습니다. 그렇지만 바울의 암시적 표현은 그 새 창조 세계 속에서 어떤 유형의 몸이 우리에게 필요할지 상상해보도록 기대를 부추깁니다. 그러한 상상을 하기 위해서는 지금의 세계가 어떤 모습이며 우리 몸은 이 세계에 어떻게 들어맞는지 관찰할 필요가 있습니다. 그런 다음 새 창조 세계는 어떤 모습일지, 그 세상과 어울리려면 우리에게 어떤 몸이 필요할지에 관해 고찰해 보아야 합니다. 우리 몸이 어떤 몸일지 확실히 알 수는 없지만, 그 몸이 어떤 모습일지 생각해 보는 것은 분명 흥미로운 일입니다.

결론적으로 생각해 보아야 할 것들

이 장에서 가장 분명히 드러난 점은 죽은 자의 부활에 관한 바울의 믿음이 그의 신학 전체의 중심이라는 것, 그리고 그 사실이 몸을 보는 우리의 시각에 함축적인 의미를 지닌다는 것입니다. 죽음 후의 생명에 대한 믿음을 그 외 영역에서 우리가 지닌 믿음과 분리시키며 그 영역에서는 별 의미가 없다고 여기기가 쉬운데요. 그렇게 되면, 결국 하나님 혹은 그리스도의 본질·삼위일체 교리·구원과 구원의 효과 같은 보다 '중요한' 주제들이 신학적 대화의 중심이 되고 '죽음 후의 삶'과 같은 주제는 주변부로 밀려나게 됩니다. 고린도전서 15장은 이러한 접근 방식에 이의를 제기하고, 죽음 후의 삶에 대해 우리가 믿는 바를, 우리가 선포하는 내용의 중심으로 끌어들입니다.

바울은 예수님에게 일어난 일이 앞으로 우리에게 일어날 일과 불가분하게 엮여 있음을 믿었습니다. 우리는 우리 자신의 부활에 관해 말하지 않고는 예수님의 부활에 관해 말할 수 없습니다. 또한 예수님 자신의 죽음 이후의 삶에 관해서 말하지 않고는 우리 자신의 죽음 이후 삶에 관해서도 말할 수 없습니다. 이는 우리가 죽을 때 우리에게 일어나는 일에 관한 진술은 곧 예수님에 관한 진술임을 역설합니다. 전 세계 교회의 주요 신조(信條)마다 부활에 관한 진술이 포함되어 있는 것은 결코 실수가 아닙니다. 기독교 신앙에서 부활이 갖는 중심성에 대한 선언 없이는 그 어떤 신앙 선언도 완전하지 않습니다.

이는 하나님께서 현재의 삶을 위해 주신 몸이든 새 창조 세계에서의 삶을 위해 주시는 몸이든, 몸이 우리의 신앙(및 우리의 신앙 선언)에 중심이어야 한다는 뜻입니다. 예수님의 부활을 믿는다면 우리도 영원히 존재할 몸으로 부활하게 될 것이라고 마땅히 믿어야 한다는 것이 곧 바울의 출발점입니다. 우리가 이 출발점을 받아들인다면, 몸이 중요하지 않다거나 몸이 본질적으로 악하다고 주장하는 모든 억측들을 물리칠 수 있습니다. 지금 우리는 몸을 갖고 있습니다. 그리고 부활의 때가 되면 그때도 몸을 갖게 될 것입니다. 그렇게 죽음 이후에도 몸으로 살아야 하므로, 지금부터 우리의 몸을 가지고 잘 사는 법을 배우는 것이 중요합니다.

제4장

———

신령한 몸?

4. 신령한 몸?

　부활의 몸에 관한 바울의 고찰은 고린도전서 15:42-46에서 절정에 이릅니다. 부활의 몸은 땅에 심겨서 변화되는 씨앗과 같다는 비유를 언급한 바울은, 이제 부활의 몸이 지금 우리의 몸과 어떻게 다를지에 대한 그의 생각을 좀 더 구체적으로 제시합니다.

　이 부분에서 바울은 부활의 몸이 실제로 어떤 모습일지에 대해 좀 더 상세히 밝히기 시작하고, "죽은 사람이 … 어떤 몸으로 옵니까?"(고전 15:35)라는 질문에 약간의 답변을 제시합니다. 우리들 중에도 이 질문에 대한 답을 듣고 싶어 하는 사람들이 많을 것 같습니다. 일단 바울이 생각해낸 대조들이 흥미로운데요.

　바울은 우리가 지금 지닌 몸과 부활의 몸 사이의 4가지 대조점을 소개하면서, 그 대조점을 "심는데 … 살아납니다"라는 형식으로 정리합니다. 죽음과 죽음 후에 일어나는 일을 어떻게 설명해야 할지 몰라 말을 더듬게 되는 우리는 이 비유 앞에서 무릎을 탁 치게 됩니다. 죽음에 관해 현대인들이 자주 쓰는 표현들을 보면, '돌아가셨다' 혹은 그저 '가셨다'라고 하거나, '세상을 떠나갔다'고 말합니다. 이런 표현들은 오로지 부재(不在)와 상실에 대해서만 말합니다. 즉, 그 사람이 이제 우리 곁에 없다는 사실만을 기록합니다. 사랑하는 사람의 죽음을 경험한 이들은 실제로 그 사람의 부재에 따른 공허함을 말하고 싶어 하지만, 분명 그것 말고도 무언가를 더 말하고 싶어 할 수도 있습니다.

씨앗처럼 땅에 뿌려진다는 이미지는 소망과 결실의 이미지입니다. 우리가 사랑한 사람은 그냥 우리 곁을 떠난 것이 아니라 겨울철의 씨앗처럼 새 생명, 성장, 그리고 앞으로 이루어질 영광스러운 변화의 순간을 기다리고 있습니다. 이는 그 사람이 '떠나갔다'고 하는 말보다 훨씬 더 소망이 가득한 이미지입니다. 물론 씨앗 이미지가 죽음을 완벽히 묘사하지는 못합니다. 실제로 죽음에 대해서 할 수 있는 말은 이보다 훨씬 더 많습니다. 그럼에도 씨앗 이미지는 우리가 죽음에 대해 말할 때 쓰는 다른 표현들과 더불어 죽음을 성찰하는 데 분명 도움이 됩니다.

심는데 … 살아납니다 …

[42] 죽은 사람들의 부활도 이와 같습니다. 썩을 것으로 심는데, 썩지 않을 것으로 살아납니다. [43] 비천한 것으로 심는데, 영광스러운 것으

로 살아납니다. 약한 것으로 심는데, 강한 것으로 살아납니다. [44] 자연적인 몸으로 심는데, 신령한 몸으로 살아납니다. 자연적인 몸이 있으면, 신령한 몸도 있습니다. [45] 성경에 첫 사람 아담은 산 영이 되었다고 기록한 바와 같이, 마지막 아담은 생명을 주시는 영이 되셨습니다(고전 15:42-45)

우리의 현재 몸과 부활의 몸에 대해 바울이 제시한 4가지 대조점 중 첫 번째는 정확하게 번역하기가 정말로 어렵습니다. 어떤 구절의 의미가 중요할수록 그 구절을 정확히 번역하기가 힘든 것이 신약성경 주해의 기본 공식인 것 같습니다. NRSV는 15:42을 썩을 것(perishable)과 썩지 않을 것(imperishable)으로 번역하지만, 티슬턴(Thiselton)은 이것이 적절치 못한 번역이라고 주장합니다. 제가 생각하기에도 티슬턴의 주장이 설득력 있습니다. 썩을 것과 썩지 않을 것이라는 말은 고정된 상태를 가리키는 정적(靜的)인 표현입니다. 반면 바울이 이 첫 번째 대조(프토라 대 아프타르시아)에서 사용한 두 표현의 배경이 되는 그리스어 프토라(phthora)는 본래 원동력이나 과정이라는 의미를 갖고 있습니다. 지금 우리가 지닌 몸은 노쇠화 속에 죽음을 향해 움직이는 몸입니다. 반면 부활의 몸은 그와 반대 방향으로 움직일 것입니다. 지금 우리가 지닌 몸은 시간이 지남에 따라 점점 더 지쳐가고 제대로 작동하지 않을 것입니다. 그러나 부활의 몸은 점점 더 생기와 활력으로 가득찰 것입니다. 지금 우리가 지닌 몸은 늙고 쇠약해질 수밖에 없지만 부활의 몸은 늙고 쇠약함이 반전되는 모습

을 보여 줄 것입니다.[1]

바울이 두 번째로 대조시키는 것은 첫 번째로 대조한 것만큼 번역이 어렵지는 않지만, 그럼에도 나름의 난제를 안고 있습니다. 짝지워진 두 번째 단어, 즉 바울이 부활의 몸과 연관시킨 단어는 **독사**(*doxa*) 혹은 영광이라는 직설적인 단어입니다. 이는 어떤 사람을 그 고유의 정황에서 인상적인 사람으로 만들어 주는 광채를 가리킵니다. 세심한 독자라면 바울이 15:43에서는 지금 우리가 가진 몸이 영광을 안겨 주지 않는다고 암시하는 것처럼 보이는데, 앞서 15:40에서는 이 땅에 속한 몸에도 영광이 있으며 다만 하늘에 속한 몸의 영광과 다를 뿐이라고 말했음을 지적할 것입니다. 이는 수사학적 장식으로서, 이에 대해서는 바울을 너그럽게 봐줄 필요가 있습니다. 그렇지만 바울이 하는 말의 요지는 여전히 참입니다. 우리가 갖게 될 부활의 몸은 영광을 손상시키는 모든 것들로부터 자유롭게 될 것입니다. 우리의 부활의 몸은 확실히, 그리고 온전히 영광스럽게 변화되어 마침내 완전한 그리스도의 형상이 될 것입니다. 부활의 몸을 입은 우리는 마침내 하나님께서 본래 의도하신 모습대로 될 것입니다. 다시 말해, 우리는 부활의 몸을 통하여 하나님께서 우리를 창조하실 때 바라셨던 바로 그 모습, 그 부르심에 합당한 삶을 살 수 있게 될 것입니다.

---

[1] 이 두 단어를 좀 더 충분히 논의한 내용을 확인하려면 Anthony C. Thiselton, *The First Epistle to the Corinthians* (Carlisle: Paternoster Press, 2001), 1271–1272을 보십시오.

그러나 현재 우리의 몸은 그와는 정반대입니다. 15:43에서 난제는 "그리스어 단어(아티미아[atimia])를 어떻게 번역할 것이냐?" 하는 것입니다. 이를테면 '불명예', '멸시할 만한', '망가짐', '굴욕' 등의 번역들이 있습니다.[2] 여기에 담긴 개념은, 지금 우리의 몸은 하나님께서 창조하셨던 대로 완전히 빛나는 사람으로 존재할 수 있는 길을 방해하고 있다는 것입니다. 지금도 그 영광을 희미하게나마 엿볼 수 있지만, 그럼에도 훗날에야 우리 몸은 완전히 영광스럽게 될 것입니다. 여기가 바로 몸에 대한, 몸의 중요성에 대한 바울의 입장의 미묘한 차이를 볼 수 있는 지점입니다. 옛 창조의 몸, 곧 지금 우리가 가진 몸은 삐걱거리며 탄식합니다. 이 몸은 죽을 수밖에 없는 몸이며 우리에게 불명예나 망가짐, 굴욕을 안기곤 합니다. 그러나 우리의 소망은 현재의 이러한 몸을 제거하여 영적인 존재가 되는 것이 아니라, 새 창조에 걸맞은 몸으로 부활하는 것입니다. 하나님께서 우리를 위해 계획하신 영광으로 온전히 빛나는 몸 말입니다.

바울이 세 번째로 대조시키는 것은, 감사하게도 번역하기가 훨씬 수월합니다. 그 대조는 약함(아스테네이아[astheneia])과 강함(뒤나미스[dunamis])인데요. 약함과 강함의 대조는, 15:42의 썩음과 썩음의 반전이라는 주제로 다시 되돌아 갑니다. 지금 우리의 몸은 이 몸으로 할 수 없는 일들로 설명되지만, 장차 우리의 몸은 그 몸으로 할 수 있는

---

2   여기서 **아티미아**의 의미를 가장 잘 포착하는 단어는 굴욕으로, 불명예 상태 뿐만 아니라 그 상태에서 우리가 느끼는 감정도 전달해 주기 때문이라는 것이 Thiselton의 견해입니다. Thiselton, *First Epistle to the Corinthians*, 1273.

일들로 특징지어질 것입니다. 우리가 입게 될 부활의 몸은 삶을 마음껏 구가할 수 있는 힘 있고 유능한 몸일 것입니다.

마지막 네 번째 대조는 가장 중요한 대조인데, 이는 부활에 관해 바울이 제시하는 다른 모든 이미지들을 이해하는 데 도움이 되기 때문입니다. 이제는 익숙해진 "심는데… 살아납니다" 형식으로 바울이 소개하는 이 마지막 대조는 NRSV의 경우, "육체적 몸(physical body)으로 심기고 신령한 몸(spiritual body)으로 다시 살아난다"고 번역합니다. 언뜻 보면 지금까지 이 책에서 주장한 모든 내용과, 바로 앞장에서 언급한 내용을 거의 모두 뒤엎는 말로 여겨지는데요. 만일 바울이 우리의 부활의 몸은 "육체적" 몸이 아니라 "신령한" 몸일 것이라 생각했다면, 그 몸은 실제적 몸이 아닐 것입니다. 만일 부활의 몸이 실제적인 몸이 아니라 일종의 영적인 실존을 가리킨다면, 그렇다면 몸은 지금까지 주장한 것과는 달리 바울에게 그렇게 중요하지 않을 것입니다. 만일 이것이 사실이라면 제 논점은 이제 누더기가 되어 바닥에 흩어지고 말 것입니다.

그러나 이 책이 여기서 멈추지 않는다는 사실, 그리고 애초에 제가 이 책을 쓰기 시작한 이유가 분명히 있다는 사실은, 앞서 언급한 가능성을 배제합니다. 15:44을 읽고 맨 처음 드는 생각이 곧 그 구절에 대한 유일한 해석은 아닙니다. 실제로 다수의 현대 학자들은 NRSV의 번역에 암시된 것과는 아주 다른 방식으로 44절을 해석합니다.

생명, 그러나 우리가 알고 있는 생명과는 다른 생명

바울이 44절에서 쓰는 두 가지 핵심 단어는 프쉬키코스(*psuchikos*)와 프뉴마티코스(*pneumatikos*)입니다. 프쉬키코스는 명사 프쉬케(*psuchē*)와 연관된 형용사이고, 프뉴마티코스는 명사 프뉴마(*pneuma*[spirit])와 연관된 형용사입니다. 어떤 면에서 두 형용사 단어는 "혼 같은"(soulish), "영 같은"(spiritish), 혹은 "신령한"(spiritual)으로 번역될 수도 있습니다. 아주 흥미로운 점은, 영어에는 딱히 혼(soul)의 형용사형이 없으며, 예외적으로 '소울 뮤직'(soul music) 같은 표현만 있다는 것입니다. 소울 뮤직은 그 이름을 지닌 음악을 아름답게 설명하는 표현인데, 대개 가수와 뮤지션이 음악을 연주하는 데 모든 것을 쏟아 부어 이를 듣고 경험하는 사람들 마음에 깊이 닿기를 바라는 음악을 가리킵니다. 혼과 혼이 대화하는 음악이지요. 그런데 많은 사람들에게 혼이 그렇게 중요함에도 불구하고 '소울'이라는 말이 그 외의 다른 맥락에서 형용사로 쓰이는 경우는 굉장히 드물다는 점이 흥미롭습니다.

프쉬키코스를 "혼 같은"으로 번역하고 프뉴마티코스를 "영 같은"이나 "신령한"으로 번역할 때의 문제점은, '혼'(soul)이라는 단어가 바울이 쓰는 프쉬케라는 단어의 의미를 제대로 포착하지 못하며, "신령한"(spiritual)이라는 말은 다시 살아날 몸이 "실제적"(real)이지 않음을 암시한다는 것입니다.[3] "육체적 몸(physical body)으로 심기고 신

---

3 이 쟁점들을 깊이 있게 논의한 내용을 보려면 N. T. Wright, *The Resurrection of the Son of God* (London: SPCK, 2003), 349-356 [=『하나님의 아들의 부활』(CH북스, 2005)]을 보십시오.

령한 몸(spritual body)으로 다시 살아난다"는 NRSV의 번역에 그런 암시가 있는 것이 분명하며, 비교적 최근까지도 이것이 고린도전서 15:44에 대한 가장 대중적인 해석이었습니다. 이 견해는 부활의 몸을 사실상 현재 우리가 지닌 육체적인 몸과 같지 않다고 봅니다. 그보다는 부활의 몸을, 비육체적인 몸이든 혹은 "하늘에 속한 빛"이라는 실체든, 다른 종류의 재료로 만들어진 몸으로 여겼습니다.[4]

이러한 해석에 따르는 난제는 고린도전서 15장에서 지금까지 펼쳐진 바울의 논증, 특히 바울이 예수님의 부활을 우리 자신의 부활과 연결시켰다는 부분입니다. 지금까지 전개된 맥락을 따른다면, 우리의 부활의 몸이 예수님의 부활의 몸과 대부분 유사하리라는 결론에 이를 수밖에 없습니다. 예수님의 부활의 몸은 어떤 면에선 현재 우리의 몸과는 다르지만, 그럼에도 분명 음식을 먹고 마실 수 있었고(요 21:12) 만질 수 있었다는 점에서(마 28:9) 실제 몸이었습니다. 앞에서 살펴보았다시피, N. T. 라이트(Wright)는 이 몸을 '전(轉)물질적'(transphysical), 즉 변화된 육체성(transformed physicality)이라고 설명하

---

4 다양한 대안들을 충분히 논의한 내용을 보려면 Thiselton, *First Epistle to the Corinthians*, 1276–1281을 보십시오. 부활의 몸이 갖는 육체성(physicality)을 반박하는 가장 흥미로운 논증들 중 한 가지는 Dale Martin, *The Corinthian Body*, new edn (New Haven, CT: Yale University Press, 1999), 115–118에서 볼 수 있습니다. 물론 이것이 궁극적으로는 설득력이 없다는 것이 저의 의견이긴 하지만요. 그러한 입장을 주장하는 사람들은 고전 15:50에서 바울이 "살(육신)과 피는 하나님 나라를 유산으로 받을 수 없"다고 말한 부분을 지적합니다. '육신'(flesh)이라는 말이 바울의 글에서 어떻게 사용되는지를 좀 더 충분히 논의한 내용이 궁금하다면, 이 책의 143-148쪽을 보십시오.

기도 합니다.[5] 여기서 프쉬키코스를 육체적(physical)이라고 번역하는 것은 그다지 도움이 되지 않는데, 그렇게 번역하게 되면 대조되고 있는 부활의 몸이 육체적이지 않음을 암시하게 되기 때문입니다.[6]

바울이 프쉬키코스와 프뉴마티코스를 무슨 뜻으로 썼는지 알아보는 한 가지 방법은 신약성경 다른 곳에서 두 단어가 어떻게 사용되었는지를 살펴 보는 것입니다. 프쉬키코스는 고린도전서 2:14에서 한 번, 그리고 야고보서 3:15과 유다서 1:9에 등장합니다. 각각의 경우 프쉬키코스는 바울이 영(spirit)과 관련된 것을 가리킬 때 자주 사용하는 프뉴마티코스와 대조적으로, 영과 관련 없는 것을 명시적으로 가리키는 말로 사용됩니다.[7] 이 대조는 고린도전서 2:13-14에서 명확하게 확인됩니다.

> [13] 우리가 이 선물들에 대해 말하되 사람의 지혜가 가르치는 말로 하지 않고 성령께서 가르쳐 주시는 말로 하니, 영적인(프뉴마티코스) 것을 영적인(프뉴마티코스) 사람에게 해석해 줍니다. [14] 영적이지 않은(프쉬키코스) 사람들은 하나님의 영의 선물들을 받지 않으니, 그런 사람들에게는 이 선물들이 어리석은 일이며, 이런 일들은 영적으로(프뉴마티코스) 분별되기 때문에 그 사람들은 이런 일들을 이해할 수 없습니다(고전 2:13-14 NRSV 역자 사역)

---

5   이 책의 104-108쪽을 보십시오.
6   Wright, *Resurrection of the Son of God*, 341.
7   이 단어는 바울서신 전체에서 24회 등장하며, 그 중 15회가 고린도전서에 나옵니다.

문제는 우리가 **프쉬키코스**를 얼마나 부정적으로 받아들여야 하느냐는 것입니다. 이 단어는 야고보서에서도 유다서에서도 부정적으로 사용되는데요, 야고보서 3:16은 "심한 시기"와 "이기적 야심"은 위에서 오는 지혜가 아니라 땅에 속한 것이고 **프쉬키코스**(NRSV에서는 "영적이지 않은"[unspiritual]으로 번역됨)이며, 악마적인 것이라고 말합니다. 유다서 1:19은 영(Spirit)이 없고 분열을 초래하는 **프쉬키코스** 사람들(NRSV에서는 "세상적인"[worldly] 사람들이라고 번역함)에 대해 말합니다. 고린도전서에서도 **프쉬키코스**가 "썩기 쉬운 것", "약한 것", "굴욕"이라는 단어와 나란히 사용되기에 조금 부정적인 함의가 있긴 하지만, 그럼에도 그 단어가 쓰이는 맥락은 결코 야고보서나 유다서만큼 부정적인 정황을 암시하진 않습니다. 그저 **프뉴마티코스**와 대조될 뿐입니다.[8]

흥미로운 것은, 고린도전서 15:44에서 바울이 **프쉬케**와 **프쉬키코스**를 확고히 연관시키고 싶어하는 것처럼 보인다는 점입니다. 이는 당연하게 보일 수도 있지만, 사실은 상당히 중요한 사항입니다. 바울이 이 둘을 연관시키고 있으므로, 우리는 **프쉬키코스**를 거리낌 없

---

8   **프쉬키코스**라는 단어의 다른 쓰임새에 비추어 볼 때, 이 단어는 '자연적인'(natural)이라고 번역하는 것이(예를 들어 NIV, NJB, ESV 등에서처럼) '육체적인'(physical)이라고 번역하는 것보다 더 권장할 만합니다. 그래도 여전히 몇 가지 문제점은 있지만 말입니다. 가장 무시하기 힘든 문제는, 그렇게 되면 '영적'(spiritual)이라는 말은 자연적인 게 아니라는 암시가 만들어진다는 것입니다. 그리스도 안에 있는 사람들에게는 '영적'인 것이 가장 자연스러운 상태라는 것이 바울의 요점인데 말입니다.

이 **프쉬케**의 관점에서 바라보고 이해할 수 있습니다. 특히 중요한 것은, 현재 우리가 지닌 **프쉬키코스** 몸을 장차 지닐 **프뉴마티코스** 몸과 대조한 바울이 고린도전서 15:45에서 창세기 2:7을 인용하며 그 실례를 보여준다는 점입니다. "성경에 '첫 사람 아담은 산 영이 되었다'(창 2:7)[9]고 기록한 바와 같이 마지막 아담은 생명을 주시는 영이 되셨습니다"(고전 15:45). 이 대조는 바울이 지금까지 이야기한 내용들을 요약하는 역할을 합니다. 현재 우리의 몸은 첫 사람 아담의 몸과 같습니다. 현재 우리의 몸은 썩기 쉽고, 굴욕과 무능력이 특징이며, **프쉬케**를 통해 활력을 얻습니다. 이에 비해 우리의 부활의 몸은 마지막 아담, 즉 그리스도의 몸과 같을 것입니다. 그 몸은 활력과 생기, 영광과 능력으로 충만할 것입니다. 가장 중요한 점은, 그 몸이 영(Spirit)으로 살아 있게 될 것이고, 영(Spirit)에 어울리는 몸일 것이라는 점입니다. 다르게 말하면, 생명을 일으키는 몸일 것입니다. 부활의 몸은 아담의 몸처럼 생명의 수혜자이기만 한 것이 아니라, 어디를 가든 생명을 창조할 것입니다.[10] 신령한 몸은 영(Spirit)에 의해 살아 있게 되는 진짜 몸이지만 그 생명은 우리가 지금 아는 생명과는

---

9 네페쉬 하야를 뜻하는 말로 바울이 선택한 그리스어 표현은 프쉬케 조산 (*psuchē zōsan*)이며, 이는 히브리어 원어의 뜻에 가장 가깝습니다. 히브리어 와 마찬가지로 이 그리스어 표현도 "살아 있는 생명"을 의미합니다.

10 이 구절에 대해서는 다수의 탁월한 논의들이 있습니다. 제가 생각하기에 가장 도움이 되는 논의를 Gordon D. Fee, *The First Epistle to the Corinthians*, New International Commentary on the New Testament, 2nd rev. edn (Grand Rapids, MI: Eerdmans, 2014), 788-880 [=『NICNT 고린도전서』(부흥과개혁 사, 2019)]에서 볼 수 있습니다.

다를 것입니다.

물론 이것은 고린도전서 15:44("프쉬키코스 몸으로 심는데, 프뉴마티코스 몸으로 살아납니다. 프쉬키코스 몸이 있으면, 프뉴마티코스 몸도 있습니다.")의 번역 문제를 전보다 훨씬 더 어렵게 만듭니다. 프쉬키코스라는 표현에 담긴 부정적인 함의는 도덕적인 타락을 말한다기보다 어떤 한계를 말하는 것 같습니다. 아담은 살아 있었고, 즉 하나님에 의해 살아 있게 되었지만, '영(Spirit) 안에 있는 생명'은 단순히 "살아 있는" 정도가 아니라 훨씬 그 이상의 생명입니다. 문제는, 우리가 15:44을 어떻게 번역을 하려고 시도하든 결국 두 손 들고 포기하고 싶을 만큼 광범위한 설명이 필요하다는 것입니다. 바울이 무슨 말을 하고 있는지는 그다지 어렵지 않게 알 수 있지만, 오늘날 그것을 단 한 단어로 전달하기는 거의 불가능에 가깝습니다. 혼의 성질을 가진(soulful)/영의 성질을 가진(spiritual), 자연적인/초자연적인, 생명을 받는/생명을 주는 등의 표현을 만지작거렸지만, 어느 것도 바울이 의도한 뜻을 정확히 전달하지 못합니다. 바울이 하는 말의 의미는 너무도 미묘해서 그어떤 단어로도 정확히 포착할 수 없습니다. 그나마 "산 몸으로 심는데 완전히 활력 있게 살아 있는 몸으로 살아납니다"(It is sown a body that lives and raised a body fully and vibrantly alive)가 저의 최선입니다.

하지만 이 책에서 이 미묘한 번역 문제보다 더 중요한 것은, 바울이 "신령한"(spiritual)이라는 단어와 "몸"(body)이라는 단어를 한 구절에서 거리낌 없이 함께 사용한다는 점입니다. 바울이 44절에서처럼 "신령한"이라는 단어를 사용한 경우를 보면, 그 몸이 어떤 식으로든 덜 실제적인 몸일 것이라는 뜻이 아니라, 영(Spirit)에 적합한 몸일 것이라는 뜻을 가리키는 것 같습니다.[11]

여기서 바울이 하는 말에 함축된 의미는, 삶은 "그저" 살아 있는 정도가 아니라 실은 그 이상의 무언가가 있다는 것입니다. 프쉬키코스 몸도 살아 있기는 하지만, 프뉴마티코스 몸의 경우 그와는 다른 삶의 특질이 있습니다. 이 삶은 하나님의 영(Spirit)으로부터 흘러나오며 그 영에 합당한 삶입니다. 이런 유형의 삶은 실제로 생명을 발생시킬 만큼 깊이 있고 심원한 삶입니다. 이 지점에서 바울이 고린도전서 15:42에서 맨 처음 대조시킨 것을 다시 떠올려 보는 게 좋겠습니다. 부활의 몸은 죽음에서 벗어난 몸, 몸을 썩게 만드는 것에서 벗어나 더 풍성한 생명, 더 풍성한 생기, 더 풍성한 활력을 향하는 몸일 것입니다. 바울이 여기서 우리에게 제시하는 이상(理想)은 완전히 살아 있는 삶, 하나님을 향해 열려 있는 삶, 하나님이 안겨 주시는 창조적인 삶입니다. 삶에는 사실 그저 사는 것 말고 더 많은 것이 있으며, 지금 바울이 우리에게 성찰해 보라고 요구하는 것이 바로 그러한 삶입니다.

---

11 이어지는 구절들(46-49절)에서도 동일한 맥락에서 바울은 흙으로 만든 사람 아담과, 하늘에 속한 사람 그리스도에 대해 이야기하면서, 우리가 지금은 아담의 형상을 지닌 것처럼, 부활하여 존재할 때는 그리스도의 형상을 지닐 것이라고 말합니다. 우리의 부활의 몸은 단순히 신령하기만 한 것이 아니라 또한 온전히 그리스도와 같을 것입니다.

육신에 관하여

이제 바울이 대조하는 것들, 좀 더 기술적으로 말하자면 바울이 활용하는 이원성의 본질을 깊이 있게 탐구해야 할 지점에 이르렀습니다.[12] 바울이 쓰는 용어 중 몸이라는 말은 옛 창조 세계에도 적합하고 새 창조 세계에도 적합하다는 것을 이미 살펴보았지만, 바울이 지금 우리가 사는 삶과 부활의 삶 사이에 실제적으로 대조하는 부분이 있습니다. 고린도전서 15:44에서 전자의 삶을 설명하려고 바울이 사용한 단어는 프쉬키코스였지만, 그가 '영(Spirit) 안에 있는 생명'과 대조시킬 때 사용한 좀 더 흔한 단어는 바로 '육신'(flesh)입니다.

바울이 몸에 대해 부정적인 태도를 보인다는 가설은 그가 '육신'(그리스어로 사르크스[sarx])이라는 단어를 쓰는 방식에 일부 원인이 있습니다. 만일 여러분이 육신을 몸과 똑같은 의미로 가정하면, 바울은 다소 몸을 적대시한 사람이었다고 쉽사리 단정 짓게 됩니다. 바울은 그의 서신 속 중요 순간(특히 롬 8:1-13과 갈 5:13-24)에 육신 안에 있는 생명과 영 안에 있는 생명을 강하게 대조시키는데요, 이 두 가지 생명은, 특히 두 가지 생명이 서로 대조될 때 각 생명이 의미하는 내용은 바울 사상의 핵심을 이해하는 데 아주 중요합니다.[13]

---

12   바울, 이원론, 이원성에 관해서는 104-108쪽을 보십시오.

13   **사르크스**의 의미에 대한 논의는 활발하게 진행되어 왔습니다. 다음은 이 주제를 다루는 가장 의미 있는 작업들입니다. Eduard Schweizer, 'Sarx',

전통적으로 사르크스의 번역어는 '육신'이지만, 현대 번역자들은 '육신'이 현대 독자들에게 최선의 번역어가 아닐 수도 있음을 인식해가고 있습니다. 오늘날 육신이라는 단어에는 아주 구체적 의미가 담겨 있어서, 피부와 뼈 사이에 있는 부드러운 물질인 근육과 지방을 가리키거나, 혼(soul)의 좀 더 "고상한" 특질과 대조되어 인간의 몸과 그 욕구를 멸시조로 묘사하는 매우 구체적인 의미를 갖고 있습니다. 바울이 쓰는 육신이라는 단어는 어떤 면에서 현대의 용법과 그 의미가 겹치기도 하지만, 실은 그보다 훨씬 더 폭이 넓고 더 신학적인 강조점을 지니고 있습니다. 그래서 '육신'이라는 표현은 그 본래 단어 안에 잠재된 의미의 일부분만을 포착할 뿐입니다.

로마서 8:5을 현대 역본들이 번역한 방법을 간략히 검토해 보면 이 점이 잘 설명됩니다. 로마서 8:5을 아주 문자적으로 번역하면 "육신을 따르는 자들은 육신의 일에 생각을 두고, 영을 따르는 자들은 영의 일에 생각을 둔다"입니다.[14] CEB(The Common English Bible)의 경우 이 구절을 "이기심에 근거하여 사는 사람들은 이기적인 일들에 관해 생각한다"라고 번역했고, NIV(1984년 판)는 "죄 된 본성을 따

---

in G. Kittel and Gerhard Friedrich (eds), *Theological Dictionary of the New Testament*, reprinted 2006 edn, vol. VII (Grand Rapids, MI: Eerdmans, 1964), 98-151; Robert Jewett, *Paul's Anthropological Terms: A Study of their Use in Conflict Settings* (Leiden: Brill, 1971).

14 카타 사르카(*kata sarka*), 카타 프뉴마(*kata pneuma*)라는 표현은 이런 대조를 보여 주려고 바울이 쓰는 특유의 표현으로서 바울서신 도처에서 찾아볼 수 있습니다.

146 마침내 드러난 몸

라 사는 사람들은 그 본성이 욕망하는 것에 마음을 둔다"라고 번역했습니다. 또한 NJB(New Jerusalem Bible)는 "타고난 성향으로 사는 사람들은 인간의 본성이 욕망하는 일들에 마음을 둔다"라고 번역했고, NLT(New Living Translation)는 "죄 된 본성의 지배를 받는 사람들은 죄 된 일들에 관해 생각한다"라고 번역했습니다. 이러한 사례들은 바울이 육신이라는 용어로 가리키려 한 것을, 현대 번역자들이 오늘날 사람들에게 의미 있는 말로 전달하려고 얼마나 애를 썼는지를 보여 줍니다. 이러한 번역들은 모두 바울이 로마서 8:5에서 말하고자 했던 것을 표현하려는 좋은 시도들인데요, 다만 이 번역들은 앞부분에서 두 차례 사용된 '육신'이라는 단어를 동일하게 번역하려고 애를 썼다는 점에서 나름의 어려움과 문제를 안고 있습니다.[15]

문제가 더욱 복잡해지는 것은, 바울이 **사르크스**라는 단어를 유동적으로 사용한다는 점입니다. 그래서 현대 학자들은 그 단어가 나올 때마다 나름의 의미를 이해하는 데 상당한 시간을 투자해야 한다고 입을 모읍니다. 이것이 중요한 이유는 **사르크스**가 전적으로 중립적인 단어라는 데 있습니다. **사르크스**는 물질적인 몸(physical body), 혹은 사람과 사람 사이에 존재하는 친족관계를 의미할 뿐 그 외 다른 의미는 없습니다. 이를 보여주는 좋은 사례가 로마서 1:3입니다. 이 구절은 예수님이 "육신으로는" 다윗의 후손으로 나셨다고 말합

---

15 바울서신 속 **사르크스** 번역에 대한 아주 유용한 논의로는 Neil Richardson, *Paul for Today: New Perspectives on a Controversial Apostle* (London: SCM Press, 2012), 5-7을 보십시오.

니다. 여기서 육신은 부정적 의미로 사용된 것이 아니라, 다만 예수님의 혈족 관계를 나타내고 있습니다. 물론 어떤 때는 **사르크스**가 인간이 가진 육신의 한계나 약점을 나타내는 말로 사용되기도 합니다. 갈라디아서에서 바울은 자신의 연약함에 대해 이야기하는데요, "여러분이 아시는 바와 같이, 내가 여러분에게 처음으로 복음을 전하게 된 것은, 내 육신이 병든 것(문자적으로는 '육신의 연약함')이 그 계기가 되었습니다"(갈 4:13).[16] 여기서 육신은 악하다는 의미는 아니고, 그저 어떤 한계를 말할 뿐입니다. 또 어떤 곳에서는 **사르크스**가 육신의 연약함이 아닌 도덕적 연약함을 가리키기도 합니다. 그리고 그것이 바로 어떤 사람도 육신으로는 하나님 앞에서 의롭다 여김받을 수 없는 이유로 제시됩니다(예를 들어, 롬 3:20을 보십시오). 이러한 연약함은 사람의 필멸성과도 연관되고, 멸망과도 연관됩니다. "육신에 속한 생각은 죽음"이라는 로마서 8:6에서 이 점을 확인할 수 있습니다.[17]

이렇게 육신은 제임스 던(James Dunn)이 '인간의 필멸성의 연속(체)'이라고 부른 것, 즉 일반적인 인간 관계에서부터 인간의 덧없음과 연약함을 거쳐, 멸망과 부패까지 일련의 연속체를 가리킵니다.[18] 이

---

16 이는 히브리어 **바싸르**의 용례를 반영한 표현으로, 이 단어에는 흔히 육신의 연약함이라는 의미가 있습니다. 사 40:6의 "모든 육신(바싸르)은 풀이요, 그의 모든 아름다움은 들의 꽃과 같을 뿐이다"를 보십시오.

17 바울의 글에서 **사르크스**라는 말이 어떻게 쓰이는지를 가장 명료하고 간결하게 설명한 내용은 James D. G. Dunn, *Theology of Paul the Apostle* (Edinburgh: T. & T. Clark, 1998), 63-70 [=『바울신학』(CH북스, 2019)]에서 찾아볼 수 있습니다.

18 Dunn, *Theology of Paul the Apostle*, 66.

연속체는 옛 창조 세계에서 사는 삶이 겪는 모든 일을 가리킵니다. 옛 창조 세계에서의 삶은 연약함과 부패, 그리고 궁극적으로는 죽음이 그 특징입니다. 여러분이 육신을 이런 식으로 보면, 비록 바울이 고린도전서 15:42-45에서 '육신'이라는 말을 쓰지 않았더라도, 그가 대조하는 모든 내용의 이면에 앞서 말한 육신 개념이 잠재하게 됩니다. 바울의 메시지는 한마디로 이렇습니다. 바로 우리의 부활의 몸은 인간의 필멸성과 덧없음이 아니라, 영(Spirit)의 생명과 활력이 그 특징이라는 것입니다.

바울이 육신을 정죄하는 경우는 죽을 운명인 인간에게 주어져서는 안 되는 권력이 주어질 때입니다. 로마서 8:6의 "육신에 속한 생각"이라는 표현은 "바울이 왜 때로 그렇게 노골적으로 육신을 정죄하는가?" 라는 질문을 해결할 수 있는 열쇠를 제공합니다. 이 질문에 대한 답변은, 육신이 그냥 있는 그대로 존재하기만 한다면 좋지도 나쁘지도 않다는 것입니다. 육신은 사람을 제한하거나 훼방할 수도 있지만, 대개는 중립적입니다. 육신이 부정적이 되는 때는, 가져서는 안 되는 권력이 주어질 때입니다.[19] 영구적이지 않거나 영속

---

19   일부 학자들은 바울의 글에서 **사르크스**는 훨씬 더 큰 위력, 이를테면 우주적 힘과 같은 것을 가진다고 주장했습니다. 예를 들어, J. Louis Martyn, *Theological Issues in the Letters of Paul*, new ed (London and New York: Bloomsbury, 2005), 118, 251-266을 보십시오. 제가 보기에 이것은 여기서 바울이 하는 말을 과장하는 것 같습니다. 저는 바울이 쓰는 **사르크스**라는 말은 그 위력이 우주적이지도 않고 지속적인 힘도 갖지 못한다고 지적하는 던과 그 외 학자들의 말에 동의합니다.

성이 없는 것에 마음을 둘 때, 소멸할 것에 대한 욕망의 명령에 따라 어떻게 살고 무엇을 할 것인지를 정할 때, 육신으로 무슨 일을 할 것인지에 대한 법칙(이를테면 할례나 혹은 현대인이라면 아름다움에 대한 일정한 모형을 고집하는 것과 같은)이 하나님과의 관계보다 더 중요해질 때, 그러할 때 육신은 부정적이 되고 우리를 부패시키는 것이 됩니다.

육신이 가진 주요한 문제는 그것이 언젠가는 마지막을 맞는다는 것입니다. 육신에 의존하면 결국 멸망할 수밖에 없습니다. 던의 말을 다시 인용하자면, 육신을 따라 산다는 것은 "인간의 욕구와 욕망 충족이 최고의 목적인 삶, 다시 말해 썩어가는 물질의 수준에서 사는 삶"을 가리킵니다.[20] 육신은 만족할 수 없는 만족, 소망스럽지 않은 소망, 불안정하고 불확실한 미래를 제시합니다. 어찌보면 바울이 육신에 꿈을 고정시키는 사람들에게 이의를 제기하는 것은 당연한 일입니다. 또한 이는 바울이 지금까지 우리가 살펴본 구절들에서, "살과 피는 하나님 나라를 유산으로 받을 수 없고, 썩을 것은 썩지 않을 것을 유산으로 받지 못합니다"(고전 15:50)라고 선언한 이유를 설명해 줍니다. 인간의 필멸성은 영원한 것을 유업으로 받지 못합니다. 하나님 나라를 유업으로 받지 못하는 것은 그냥 몸이 아니라 죽을 몸, 즉 옛 창조 세계의 몸입니다.

이러한 비평은 오늘날 사람들이 생각하는 아름다운 몸이라는 개념에 기여하는 부분이 많습니다. 미용 문화에서 최대 문제는 노화인데요, 실제로 노화는 아름다움의 최대 적으로 여겨집니다. 사람

---

20 Dunn, *Theology of Paul the Apostle*, 68.

들이 자주 입에 올리는 찬사, 특히 여성들이 받고 싶어 하는 찬사는 나이보다 젊어 보인다는 말입니다. 나이가 들어갈수록 젊어 보이기 위해 더 열심히 애를 써야 한다고 합니다. 이런 견해가 지닌 기이함은 그 누구도 젊어서 죽기를 바라지는 않는다는 것입니다. 우리는 모두 오래 살기를 갈망합니다. 그런데 역설적으로, 오랜 산 것처럼 보여서는 안 됩니다. 미용 산업은 인간의 필멸성과 소멸, 즉 바울이 **사르크스**라고 부르는(아니면, 늘어진 피부나 검버섯이라고 알려진) 것을 상대로 거대한 전투에 나섰지만, 이는 결코 이길 수 없는 싸움입니다. 사르크스는 본질상 썩게 되어 있습니다. 우리는 조만간 마지막을 맞게 될 몸을 입고 살고 있으며, 그전에 현재의 몸은 노화할 것입니다.

노화를 상대로 한 싸움은 육신을 의지하는 것을 지적한 바울의 신학적 논점을 상징적으로 보여줍니다. 우리가 무엇을 하든, 어떤 크림을 바르고 어떤 수술을 받든 우리의 몸은 결국 썩어 없어질 것입니다. 운이 좋으면 장수를 누린 후에 썩어 없어질 테지만 … 어쨌든 썩어 없어질 것입니다. 우리는 노화를 두려워해서는 안 됩니다. 노화하게 되어 있는 것이 우리의 몸, 현재 우리가 지닌 몸의 특징입니다. 나이를 감추려고 기술에 의존하는 것은 현대판 "육신을 따라 사는" 삶의 모습입니다. 우리는 노화의 파도를 막으려고 크누트(Canute) 왕과 같은 시도를 하며 시간과 돈과 정서적 힘을 소비하기보다는, 늙어가는 몸과 친구가 되어 참 생명과 안녕과 행복을 안겨 주는 것, 즉 영(Spirit) 안에서 사는 삶을 살아야 합니다.

필멸의 몸

바울이 몸(body)에 관해 사용한 용어가 육신(flesh)에 관해 쓰는 용어와 겹치는 경우는, 바로 그가 옛 창조의 몸에 관해 이야기할 때입니다. 바울 신학의 중요한 특징 한 가지는, 그가 몸과 육신을 새롭게, 그리고 미묘하게 구별하려는 것처럼 보인다는 점입니다. 이는 당시 히브리 사상이나 그리스 사상에서는 찾아볼 수 없는 구별이었고, 역설적으로 그 후 대부분의 기독교 사상에서 실종된 구별입니다.[21] 여기서 주목할 만한 점은, 히브리어에는 사실상 몸을 뜻하는 단어가 없다는 것입니다. 구약성경 영역본에서 '몸'(body)이라는 영어 단어가 쓰일 때 이는 대개 바사르(*baṣar*)를 번역한 것인데요, 실은 몸보다는 육신에 더 가까운 단어입니다. 그래서 바울은 히브리어보다는 그리스어에서 소마(*sōma,* , 몸)라는 단어를 가져다 씁니다. 물론 그리스어와는 다른 개념으로 쓰지만 말입니다. 이 책의 1장에서 살펴봤듯이, 플라톤의 경우 혼(soul)이라는 단어는 긍정적으로, 몸이라는 단어는 부정적으로 사용했습니다.

바울이 '몸'이라는 단어를 쓰는 경우를 간략히 검토해 보면 '육신'과 '몸'이라는 단어를 매우 신중하게 사용하고 있음을 알 수 있습니다. '육신'이라는 단어는 주로 부정적으로 사용되지만 때때로 중

---

21 Dunn, "바울이 소마와 사르크스를 구별했기에 인간의 피조성과 인간의 창조, 그리고 창조된 환경 안에서 인간의 상호의존성을 긍정적으로 확증하는 것이 가능해졌다고 말할 수 있다. 그러나 안타깝게도, 이와 같은 구별 자체가 없어짐에 따라 바울신학에 잠재한 이 가능성도 곧 사라졌다." Dunn, *Theology of Paul the Apostle,* 73.

립적인 의미로 사용되기도 합니다. '몸'이라는 단어는 대체로 긍정적인 의미나(예를 들어 고전 6:15의 "여러분의 몸이 그리스도의 지체라는 것을 알지 못합니까?") 혹은 중립적인 의미로 사용됩니다(예를 들어 고전 5:3의 "비록 몸으로는 떠나 있으나, 영으로는 함께 있습니다"). 몸이라는 말에 부정적 함의가 있을 때는 한정 수식어가 붙기 때문에 독자들은 해당 표현을 부정적인 의미로 이해해야 한다는 것을 확실히 알 수 있습니다. 그런 표현의 예로는 "죄의 몸"(롬 6:6), "죽음의 몸"(롬 7:24), 혹은 "죽을 몸"(롬 8:11) 등이 있습니다. 이런 표현들이 로마서의 중반에 많이 등장하는 것은 우연이 아닙니다. 로마서 중반부에서 바울은 아담의 후손으로서의 삶과 그리스도 안에 있는 삶, 즉 죄에 매인 삶과 영(Spirit)에 의해 자유롭게 된 삶의 대조라는 핵심적인 주장을 펼치기 때문입니다.

실제로 로마서 8장은 바울이 이 대조를 가장 효과적으로 전개하는 장입니다. "육신의 일들에 마음을 둔다"(롬 8:5, 새번역에는 "육신에 속한 것을 생각")는 핵심 문구는 앞에서 살펴보았고, 육신의 일들은 이 세대 및 갖가지 한계에 매이며 결국 소멸과 죽음을 겪을 수밖에 없다는 점도 살펴봤습니다. 그리고 이 주제는 로마서 8:10-13에서도 계속됩니다.

> [10] 또한 그리스도께서 여러분 안에 살아 계시면, 여러분의 몸은 죄 때문에 죽은 것이지만 영은 의 때문에 생명을 얻습니다. [11] 예수를 죽은 사람들 가운데서 살리신 분의 영이 여러분 안에 살아 계시면, 그리스도를 죽은 사람들 가운데서 살리신 분께서, 여러분 안에 계신 자기의

영으로 여러분의 죽을 몸도 살리실 것입니다. [12] 그러므로 형제자매 여러분, 우리는 빚을 지고 사는 사람들이지만 육신에 빚을 진 것이 아닙니다. 우리는 육신을 따라 살아야 할 존재가 아닙니다. [13] 여러분이 육신을 따라 살면 죽을 것입니다. 그러나 여러분이 성령으로 몸의 행실을 죽이면 살 것입니다(롬 8:10-13)

옛 창조 세계에 사는 삶의 현실은 죄와 죽음이 영(Spirit)의 생명과 경쟁하는 현실입니다. 우리가 지금 가진 몸은 이러한 현실 속에 있으며, 그래서 바울은 로마서 7:24에서 "누가 이 죽음의 몸에서 나를 건져 주겠습니까?"라고 좌절하여 외친 것입니다. 문제는 몸이 아니라 죄와 사망을 짊어지고 율법의 요구와 씨름하는 몸입니다. 이 점은 로마서 8:11에서 분명해지는데, 거기서 바울은 예수님을 죽은 자 가운데서 다시 살리시고 "여러분의 죽을 몸"(이 말은 "죽음의 지배를 받는 여러분의 몸"이라고 번역할 수도 있습니다)에도 생명을 주시는 하나님에 관해 이야기합니다.[22] 다시 말해, 그러한 긴장으로부터의 해방은 몸을 두고 떠남으로써가 아니라, 우리 몸이 변화되어 영(Spirit)의 부활 생명으로 채워짐으로써 옵니다.

옛 창조의 법에 매여 육신을 좇아 살고, 바울이 혐오하는 죄와 사망의 지배를 받는 것이 현재의 몸이지만, 바울이 그와 대조하는

---

22 바울이 말하는 '혼'과 '육신'(flesh)이 무슨 뜻인지 규정하려면 그가 말하는 '몸'(body)도 (우리가 쓰는 것보다 광범위한 개념이므로) 또한 다시 정의해야 합니다. 이에 대해서는 7장에서 다시 살펴 보겠습니다.

또 다른 존재 방식이 있습니다. 그 존재 방식은 부활의 때에 완전한 결실을 맺게 될 것이며, 영(Spirit)의 생기로 생명의 충만함을 얻게 되는 것이 그 특징이 될 것입니다. 로마서 8:22-23에서 바울은 이와 같은 주제로 다시 돌아옵니다.

> ²² 피조물이 다 이제까지 함께 탄식하며 함께 고통을 겪고 있는 것을 우리가 아느니라 ²³ 그뿐 아니라 또한 우리 곧 성령의 처음 익은 열매를 받은 우리까지도 속으로 탄식하여 양자 될 것 곧 우리 몸의 속량을 기다리느니라(롬 8:22-23 개역개정).

다시 말해, 새 시대를 간절히 갈망하며 기다리는 것은 우리만이 아닙니다. 우리가 몸의 구속(속량)으로 변화될 것을 갈망하듯이, 온 창조 세계가 우리와 함께 새 시대를 간절히 기다립니다. 인간뿐만 아니라 창조 세계도 '부패의 속박'에 움켜잡힌 채 구속을 고대하고 있습니다. 어떤 사람들은 이 구절을 두고 바울이 우리가 몸**으로부터**의 구속을 기다린다고 말하는 것으로 이해했습니다. 이는 부활의 몸을 "육체적"(physical) 몸이 아니라 "신령한"(spritual) 몸으로 보는 견해와 어울리는데요. 그러나 제가 아는 한 그런 해석은 로마서 8장의 나머지 부분(특히 10-13절), 그리고 고린도전서 15:23에서 바울이 하는 말과 어울리지 않습니다.²³ 제가 보기에 바울의 이상은 장차 실제 몸

---

23 이에 대한 더 자세한 내용은 Robert Jewett, *Romans: A Commentary*, Hermeneia (Minneapolis, MN: Augsburg Fortress Press, 2006), 518-519에서

으로 구현되는 것을 가리킵니다. 즉, 우리가 고대해야 하는 것은 몸**으로부터**의 구속이 아니라, 몸의 구속입니다. 필멸의 육신이라는 한계로 제한되지 않는 실존을 향한 구속입니다.

바울이 또 하나의 이원론(이 시대의 몸은 악하고 다가올 시대의 몸은 선하다는)을 말한다고 지적하고 싶을 수도 있겠지만, 그 전에 로마서 8:23에서 "성령(Spirit)의 처음 익은 열매를 받은 우리"라는 핵심 문구를 주목하는 것이 중요합니다. 이 표현이 무슨 의미인지는 다음 장에서 더 자세히 살펴볼 것이므로, 여기서는 부활 전 우리의 몸이 이미 영(Spirit)의 첫 열매를 가지고 있다는 점에만 주목하면 됩니다. 다시 말해, 비록 현재 우리에게는 썩지 않는 능력의 영광을 입은 "신령한 몸"(프뉴마티코스 소마[pneumatikos sōma])은 없지만, 영(Spirit)의 첫 열매, 즉 영 안에서 그리고 영을 향해 살아갈 수 있는 몸은 있다는 것입니다.

결론적으로 생각해 보아야 할 것들

우리가 장래에 몸을 입게 되는 것에 대한 바울의 이상은 현재 우리가 지닌 몸과 연속성과 불연속성을 갖게 될 몸에 대한 이상입니다. 고린도전서 15:42-45에서 바울은 우리가 갖게 될 부활의 몸이 현재의 몸과 어떤 식으로 다른지 그 특징들을 대략적으로 묘사하기 시작하는데요, 그 특징들을 살펴보면 한 가지 주제가 두드러진다는

보십시오.

것을 알 수 있습니다.

부활에 관해 사람들이 흔히 궁금해 하는 것 중 하나는, 몸에 "장애를 가진" 사람들은 부활할 때 그 장애가 "낫느냐"는 것입니다. 이 질문에 인용 부호를 붙인 것은, 제가 이러한 질문을 좋아하지도 않고 저 스스로 던진 질문도 아니지만 그럼에도 제가 자주 받는 질문이라는 것을 확실히 표시하기 위해서입니다. 제가 이 질문을 좋아하지 않는 이유는, "장애를 가진" 사람들은 "정상"이 아니고 그들에게는 무언가가 "잘못"되었다는 전제, 그래서 그 잘못이 고쳐져야 한다는 전제 때문입니다. 제가 생각하기에 이는 잘못된 출발점입니다. 바울이 '육신'이라는 말을 쓰는 용례를 보면, 사람은 누구나 "잘못된" 점을 가지고 있다는 사실을 확실히 알 수 있습니다. 지금 우리의 몸은 연약함과 무력함이 그 특징입니다. 지금 우리의 몸은 우리가 할 수 없는 일들로 설명됩니다. 다르게 표현하면, 우리는 모두 각각 다른 방식으로 "장애를 가진" 상태에 있으며, 장차 우리가 할 수 있는 일들로 특징지어지는 몸으로 변화되기를 기다리고 있습니다.

그럼에도 신약성경은 이와 관련해 생각해 볼 수 있는 매우 흥미로운 내용들을 소개합니다. 바로 이 지점에서 우리는 복음서 기사들이 예수님의 부활의 몸을 어떻게 묘사하고 있는지 살펴보아야 합니다.[24] 예수님의 부활의 몸이 가진 가장 놀라운 특징은 이전의 상처 자국을 여전히 지니고 있었다는 것입니다. 사실 그보다 더 놀라운 것은 예수님께서 자기 옆구리 구멍에 손을 넣어 보라고 도마에게

---

24   이에 대한 논의를 보려면 이 책의 119-122쪽을 보십시오.

말씀하셨다는 것입니다. 예수님의 부활의 몸은 십자가에 달리셨을 때 창에 찔려 생긴 구멍을 여전히 지니고 있었다는 점에서 '장애'가 있었습니다. 하지만 예수님이 그 상처 때문에 무력해 보이지는 않습니다. 이는 우리가 부활할 때 '바비'나 바비의 남자 친구 '켄'과 같은 몸을 갖게 되기를 바랐다면, 이제 실망할 준비를 해야 한다는 의미입니다. 우리가 갖게 될 부활의 몸에는 현재의 삶에서 생긴 흉터, 우리가 실제로 어떤 사람이며 어떤 일을 겪고 보았는지 말해 주는 흉터가 그대로 있을 수 있지만, 그 흉터들이 더는 우리를 무력하게 하지 못할 것입니다. 이는 현재 자신의 정체성이 자신의 몸에 의해 깊이 형성되었다고 말하는 사람들의 증언과 일치하는 것 같습니다. 일전에 휠체어를 사용하는 어떤 사람과 나눈 특별한 대화가 기억납니다. 그 사람은 휠체어를 타지 않은 자신이 진짜 자신일 수 있는지 상상하기 어렵다고 말했습니다.

우리의 부활의 몸이 현재 삶의 흔적들을 지니되 그 흔적들이 현재처럼 무력함이 아니라 능력으로 변화된다면 어떻겠습니까? 우리의 부활의 몸에 우리를 현재의 '우리'로(좋은 모습과 싫은 모습이 다 있는) 만들어 주는 온갖 특징들이 다 담겨 있으면서도, 그 특징들이 (현재와 달리) 활력과 영광과 능력으로 변화된다면 어떻겠습니까? 우리의 부활의 몸에 우리의 존재 전체의 표징들이 다 담겨 있으면서도, 더는 그 몸이 부패와 수치와 연약함을 향해서 가지 않는다면 어떻겠습니까? 우리의 부활의 몸이 예수님의 부활의 몸처럼 현재 삶에서 어떤 일이 있었는지를 말해주는 표시를 계속해서 지닌다면, 그러나 영광으로 변화되어 그것이 더는 우리를 무력하게 만들지 않는다면 어떻겠습니까?

눈치 빠른 독자라면 이것이 모두 다 질문이지 서술문이 아니라는 것을 알아차렸을 것입니다. 이 질문들은 대화를 차단하려는 것이 아니라 대화를 유도하기 위한 질문들입니다. 이러한 질문들을 논의하려면 세심함과 배려와 신중함이 요구됩니다. 물론 사람마다 생각이 다르므로 이 질문들에 대해서도 저마다 다르게 대답할 것입니다. 질문들에 담긴 개념에 대하여 강하게 반론을 펼치려 하는 사람들이 있을 수도 있습니다. 그럼에도 저는 이 질문들 모두가 새 창조 세계에서 살아가기 위해서 어떤 몸이 필요할지 상상하는 과정에서 충분히 고민해볼 만한 가치가 있는 질문들이라고 생각합니다. 그 결과가 어떻게 나오든 말이지요.

제5장

생명을 주는 영

5. 생명을 주는 영

바울이 몸을 긍정적으로 이해하게 된 배경 안에서 영(Spirit/spirit)이 중요한 역할을 한다는 것이 이제 분명해졌습니다. 그런데 이렇게 되면 우리가 지금까지 먼 길을 떠나온 것이 겨우 다시 시작점으로 되돌아오기 위해서였나 하는 생각이 들 수도 있을 것입니다. 이 책의 「들어가는 말」에서 우리는 혼(soul)과 영(spirit)이 마치 동일한 단어인 양 쓰일 때가 많고, 그래서 사람들은 자주 두 단어 사이를 아무렇지 않게 오고간다는 점을 살펴봤습니다. 이러한 점을 감안하면 우리는 그저 시작점으로 돌아와서 단지 '혼'이라는 단어를 '영'으로 바꾼 것뿐이긴 합니다. 물론 우리가 생각하는 '혼'/프쉬케(*psuchē*)의 의미가 바울이 의도한 뜻이 아니었던 것처럼, 우리가 생각하는 '영'이라는 단어의 의미도 바울이 의도한 의미가 아니었다는 난제가 있습니다.

이 장에서는 바울이 영(Spirit/spirit)을 어떻게 이해했는지, 그리고 그것이 부활 전후의 몸과 어떻게 연관되는지에 관해 여러 실마리들을 한데 모아 자세히 살펴보겠습니다.[1] 앞 장에서 우리는 다가올 세대를 보는 바울의 시각에 영이 중심이 된다는 점을 관찰했습니다. 즉, 부활의 몸은 신령한 몸(spiritual body)일 것이고(고전 15:44), 마지막 아담인 그리스도는 생명을 주는 영일 것이며(고전 15:45), 하나님의 부활의 영이 우리의 죽을 몸에 생명을 줄 것이고(롬 8:11), 우리가 몸의 구속을 기다릴 때 우리에게 영(Spirit)의 첫 열매가 있을 것입니다(롬 8:23). 이제 이것이 무슨 의미인지 좀 더 자세히 살펴볼 시간이 되었습니다.

---

1 이 장에서 바울의 영(Spirit)에 대한 이해(성령론)를 철저히 다루지는 않습니다. 다만 영에 대한 바울의 해석에 조금 깊이를 더하고 몇 가지 생각할 여지를 주고자 할 뿐입니다. 바울의 성령론 연구는 방대하고 복잡한 영역입니다. 이 분야를 다루는 가장 중요한 연구서로는 다음 책들을 보십시오. James D. G. Dunn, *Jesus and the Spirit*, new edn (London: Trinity Press International, 1975); [=『예수와 영』(감은사, 근간)] Gordon D. Fee, *God's Empowering Presence: The Holy Spirit in the Letters of Paul*, reprinted edn (Peabody, MA: Baker Academic, 1994) [=『성령:하나님의 능력 주시는 임재』(새물결플러스, 2013)]; Finny Philip, *The Origins of Pauline Pneumatology: The Eschatological Bestowal of the Spirit Upon Gentiles in Judaism and in the Early Development of Paul's Theology* (Tübingen: Mohr Siebeck, 2005); Hermann Gunkel, *The Influence of the Holy Spirit: The Popular View of the Apostolic Age and the Teaching of the Apostle Paul* (Minneapolis, MN: Augsburg Fortress Press, 1979); Max Turner, *The Holy Spirit and Spiritual Gifts: In the New Testament Church and Today*, reprinted edn (Carlisle: Paternoster Press, 1996) [=『성령과 은사』(새물결플러스, 2018)].

하나님의 영(Spirit)인가 우리의 영(spirit)인가?

사소하면서도 상당히 중요한 문제 하나로 이야기를 시작하겠습니다. 앞에서 제가 대문자 영(Spirit)과 소문자 영(spirit)을 여러 차례 언급했다는 점을 알아차린 독자분들이 있을 것입니다. 이는 그리스어에는 없지만 영어에는 있는 특정한 쟁점을 보여주는데요, 바울이 그리스어 단어 **프뉴마**(*pneuma*, 영)를 쓰는 방식을 이해하고자 할 때 한 가지 큰 난제는, 그가 하나님의 영을 말하는 것인지 아니면 인간의 영을 말하는 것인지, 그것도 아니면 둘 모두를 말하는 것인지 확실하게 식별하기가 어렵다는 것입니다. 영어 번역자들은 바울이 하나님의 영을 말한다고 판단될 때는 대문자 S(Spirit)를 쓰고, 인간의 영을 말한다고 판단될 때는 소문자 s(spirit)로 표시했습니다. 그리스어에서는 이렇게 할 필요도 없고 이런 구별이 가능하지도 않습니다. 최초의 사본들은 오로지 대문자로만 기록되었고, 오늘날처럼 대문자와 소문자를 구별해서 쓰는 것은 중세 시대에야 도입된 방식이기 때문입니다.

따라서 바울이 기록한 원본도 하나님의 영과 인간의 영을 구별하지 않았을 것입니다. 이 구별은 훨씬 후대에 도입되어 영역본들에서 특별한 쟁점이 되었습니다. 따라서 영역본 신약성경에서 영(Spirit/spirit)이 나올 때는 이 점을 유념하는 게 좋습니다. 물론 바울이 인간의 영에 대해 말하고 있다는 게 아주 분명할 때가 있고("내가 … 내 심령[spirit]으로 섬기는 하나님"[롬 1:9 개역개정]), 하나님의 영에 대해 말하고 있다는 게 아주 분명할 때가 있습니다("예수를 죽은 사람들 가운데서 살리신 분의 영[Spirit]이 여러분 안에 살아 계시면"[롬 8:11]). 바울서신에 146회 등장하는 '영' 중에서 약 19회는 인간의 영을, 100회 이상은 하나님의 영을 가리킵니다.[2]

그럼에도 바울이 하나님의 영에 관해 말하는 것인지 인간의 영에 관해 말하는 것인지 판단하기가 상당히 어려운 구절들이 있습니다. 예를 들어, 고린도전서 14:15("그렇다면 어떻게 해야 하겠습니까? 나는 영으로 기도하고, 또 깨친 마음으로도 기도하겠습니다. 나는 영으로 찬미하고, 또 깨친 마음으로도 찬미하겠습니다")이 그렇습니다. 영으로 기도하고 찬미한다고 했을 때 바울이 머릿속에 그렸던 것은 인간의 영일까요, 아니면 하나님의 영일까요? 또한 바울은 고린도후서 4:13에서 "우리는 그와 똑같은 믿음의 영을 가지고 있으므로"라고 말하는데, 여기서 그는 우리가 가진 똑같은 믿음의 영을 하나님의 영으로 생각하는 것일까요, 아니면 우리의 영이라 생각하는 것일까요? 빌립보서 1:27에서 바울은 빌립보 성도들이 한 '영'(spirit, 개역개정에는 '마음' 새번역에는 '정신')으로 굳게 서 있다는 것을 알게 될 것이라 말하는데, 여기서 그가 가리키는 것은 과연 누구의 영일까요?

이 문제는 로마서 8장에서 가장 두드러지는데, 거기서 바울은 하나님의 영과 인간의 영 사이를 매끄럽게 오가는 것처럼 보입니다. 예를 들어, 아래 구절을 보세요.

---

2   James D. G. Dunn, *Theology of Paul the Apostle* (Edinburgh: T. & T. Clark, 1998), 76 [=『바울신학』(CH북스, 2019)]을 보십시오.

¹⁴ 하나님의 영(Spirit)으로 인도함을 받는 사람은 다 하나님의 자녀입니다. ¹⁵ 여러분은 종살이의 영(spirit)을 받고 다시 두려움에 빠지는 것이 아니라, 양자의 영(spirit)을 받았습니다. 우리가 "아빠, 아버지"라고 부를 때 ¹⁶ 우리가 하나님의 자녀임을 우리의 영(spirit)과 함께 증언하는 이가 바로 그 영(Spirit)입니다(롬 8:14-16 NRSV 역자 사역)³

바울이 가리키는 것이 하나님의 영인지 아니면 사람의 영인지 알 수 없을 때가 있다는 사실 때문에, 바울이 영을 어떻게 이해하는지와 관련된 중요한 특징 하나가 두드러집니다. 바울에게 영은, 그리고 영성(spirituality)은 개인의 소유가 아니라는 것입니다. 영성에 관한 현대의 논의는 각 개인이 더욱 고무되고 표현될 필요가 있는 '내면의 영성'을 지닌다는 개념에 초점이 맞춰져 있습니다. 그런데 바울이 생각하는 영성은 하나님에게서 오는 것, 곧 하나님의 영이 우리의 영을 어루만질 때 일어나는 만남·충족·얽힘·교통입니다.

바울서신에 등장하는 **프뉴마**(*pneuma*)의 상당수(거의 70%)가 명백히 하나님의 영을 가리키는 것은 결코 우연이 아닙니다. 바울이 가리키는 것이 하나님의 영인지 아니면 사람의 영인지 때로 알기 어렵다는 것 역시 결코 실수가 아닙니다. 이 두 가지 관측은 바울이 영과 영의 중요성에 관해 어떤 말을 하고 있는 것인지, 그 핵심으로 우리를 안내합니다. 즉, 영(Spirit)은 하나님에게서 오는데, 그리스도 안에

---

3   사실 NRSV의 번역 속 Spirit/spirit의 대문자 S와 소문자 s의 판단이 올바른가에 대한 의문이 있습니다.

있는 사람들의 삶에서 그 영은 인간의 영(spirit)과 얽히기 시작하여, 마침내 두 영을 따로 구분하여 말하기가 불가능할 정도가 된다는 것입니다.

생명을 주고, 영감을 주는 하나님의 영

이는 영의 본질로 우리를 안내합니다. 구약성경에서는 **네페쉬**(*nephesh*)와 **루아흐**(*ruah*, 영)가 의미 있게 중첩됩니다. 두 단어 모두 호흡, 즉 하나님에게서 오는 호흡이라는 뜻을 가집니다. 아담을 '네페쉬 존재'로 만든 것은 하나님의 호흡(네샤마[*nəshamah*])이었습니다(창 2:7). 하나님의 호흡이 아담에게 생명을 안겨 주었습니다. 마찬가지로 **루아흐**도 생명을 창조하시는 하나님의 호흡과 연관됩니다("주님은 말씀으로 하늘을 지으시고, 입김[루아흐]으로 모든 별을 만드셨다"[시 33:6]). 두 단어가 이처럼 밀접하게 중첩되기 때문에, 때로는 다음의 경우처럼 거의 동의어로 쓰이기도 합니다. "내게 호흡(네샤마)이 남아 있는 동안은, 하나님이 내 코에 불어 넣으신 숨결(루아흐)이 내 코에 남아 있는 한"(욥 27:3).[4]

영(Spirit)은 단순히 인간의 몸에서 발견되는 호흡하고만 연관되지 않습니다. 영(Spirit)은 보편적으로 세상 안에서도 발견됩니다. 그

---

4 구약성경에서 핵심적인 차이는, 호흡(네샤마)은 사람을 네페쉬로 만들어 주는 반면, 루아흐는 호흡을 뜻하는 또 다른 단어로 쓰일 수 있다는 것입니다.

결과, 구약성경의 다양한 구절에서 루아흐는 '바람'으로도 번역될 수 있습니다. 가장 잘 알려진 사례는 아마 창세기 1:2일 것입니다. KJV에서는 이 구절을 "하나님의 영이 물 위에서 움직였다"고 번역하지만, NRSV에서는 "하나님에게서 오는 바람이 수면을 휩쓸었다"고 번역합니다.[5] 여러분이 "어느 번역이 옳으냐?"고 질문한다면, 제 답변은 "둘 다 옳다"입니다. 하나님의 영은 세상에서 바람이나 호흡으로 경험되었습니다. 하나님의 영은 시간이 태동할 때 세상을 창조하고 그 이후 계속해서 세상을 활기 있게 하고 생명을 안겨 주었습니다. 그래서 바람이 부는 곳이면 언제든 어디서든 존재하면서 세상에 생명을 가져다주는 분으로 경험되었습니다. 요한복음에 명시적으로 서술되는 것이 바로 영(Spirit)에 대한 이러한 이해이며, 그래서 예수님께서는 "바람(프뉴마)은 불고 싶은 대로 분다. 너는 그 소리는 듣지만, 어디에서 와서 어디로 가는지는 모른다. 영(프뉴마)으로 태어난 사람은 다 이와 같다"(요 3:8)고 말씀하셨습니다.

바람으로서의 영(Spirit)과 호흡으로서의 영(Spirit) 사이에는 확실한 상관관계가 있습니다. 데일 마틴(Dale Martin)의 말처럼, "고대에는 인간의 몸이 소우주를 닮았다고 여겨진 것이 아니라, 그냥 소우주 그 자체"였습니다.[6] 다시 말해, 바람은 세상 전체에 생기를 주는 것

---

5   이에 대한 또 다른 사례는 창 3:8입니다. NRSV는 이 구절을 "주 하나님이 저녁 산들바람이 불 때에 동산을 거니시는 소리"라고 번역하는데, 이 역시 히브리어 루아흐를 번역한 것입니다. "저녁 루아흐가 불 때에."

6   Dale Martin, *The Corinthian Body*, new edn (New Haven, CT: Yale University Press, 1999), 16.

으로서 경험되었고, 이와 같이 호흡, 즉 몸의 바람 역시 인간의 몸에 생기를 주는 것으로 이해되었습니다. 둘 모두 하나님의 영이 과거에 하신 일을, 현재에 하고 있는 것이었습니다. 바로 하나님이 창조하신 세상에 생명을 불어넣는 일 말입니다. 현대인들의 경우 이 용어를 구별하여 혼동에서 벗어나고 싶어 합니다. 접하는 성경 구절들에서 '이것은 바람/호흡을 뜻하는가, 아니면 영(Spirit)을 뜻하는가?'라고 묻고 싶어 합니다. 대개 그 대답은 '그렇다'가 될 것입니다. 그만큼 둘 사이에서 어느 한 쪽을 선택을 할 필요가 없습니다.

구약성경에서 영(Spirit)의 역할은 아주 풍성하고 다면적이어서 여기서 그것을 다 탐구할 수는 없습니다. 그럼에도 창조 때의 영의 역할과 더불어 두드러지는 또 하나의 역할이 있는데요, 바로 영감(inspiration)입니다. 하나님의 영이 선지자들에게 "내리셔서" 그들에게 메시지를 주사 그것을 선포하게 하셨습니다. 예를 들어, 에스겔 11:5을 보세요. "그 때에 주님의 영이 내 위에 내리셔서, 내게 말씀하셨다. '너는 이스라엘 족속에게 일러라 …'" 물론 구약성경 안에서 영(Spirit)이 영감을 주는 역할을 할 때면, 말씀을 전하는 선지자들 위에 일시적으로 임했던 반면에(예를 들어, 삼상 10:10; 19:20), 신약성경 안에서는 오순절 때 영(Spirit)이 임하여 떠나지 않았다는 것이, 구약성경에서의 영과 신약성경에서의 영의 차이점입니다. 하지만 이 차이점을 지나치게 강조하지 않는 것이 아마도 지혜로운 태도일 것입니다. 사울에게서 하나님의 영이 떠난 것은 특이하고 보기 드문 징벌이었기 때문입니다(삼상 16:14). 그럼에도 이러한 차이점 때문에 사도행전

2장 이후 신약성경 전통에서 하나님의 영의 영속성이 지니는 중요성에 더욱 주목하게 되는 것이 사실입니다.

그리스도인들이 흔히 궁금해 하며 던지는 질문 하나는, "어떤 일이 정말 영(Spirit)에 속한 일인지 아닌지 어떻게 알 수 있느냐?"는 것인데요, 이에 대한 한 가지 대답은(결코 유일한 대답은 아니지만), 생명을 주시는 영(Spirit)의 본질을 보라는 것입니다. 앞서 여러 차례 확인한 것이지만, 영이 있는 곳에는 분명 생명이 있습니다. 영의 임재를 분별하는 기본 원리는, 그곳에 생명력이 있느냐의 여부입니다. 이는 상황이 좀 어려워지면 포기하라는 단순한 제안이 아닙니다. 무엇이 생명을 안겨 주고 무엇이 생명을 손상시키는지 깊이 분별하라는 이야기입니다.

영(Spirit)을 깊이 있게 분별하는 일을 능숙히 해내는 사람이 되는 데에는 여러 가지 방법이 있지만, 특별히 효과적인 것은 이그나티우스의 의식 성찰(Ignatian examen)이라고 알려진 방법입니다. 이그나티우스의 의식 성찰은 그 날 하루 동안 생명을 안겨 준 것은 무엇이고 생명을 감소시킨 것은 무엇인지 하루에 한두 번씩 생각하는 시간을 갖는 연습을 하라고 권면합니다. 이는 영을 분별하는 연습입니다. 이런 분별은 몇 주나 몇 달, 때로는 몇 년에 이르기까지 장시간에 걸쳐 진행됩니다. 그렇게 생명을 주시는 영을 일상생활 속에서 발견하여 가능한 한 어디에서든 생명을 주는 일을 추구하고 생명을 손상시키는 일은 피할 수 있게 하는 데 그 연습의 목적이 있습니다. 이런 연습은 삶을 변화시킵니다. 특히 꾸준하고도 의식적으로 하나님

의 임재 안에 있는 훈련을 하게 만들어 결국 우리 삶 가운데서 영의
일을 분별할 수 있도록 해줍니다.[7]

내가 너희 속에 내 영을 불어넣으리라

영(Spirit)의 역할들, 즉 호흡·바람·영감은 마른 뼈 골짜기를 상징
적으로 묘사하는 에스겔서 37:1-14에서 모두 찾아볼 수 있는데요,
여기서 루아흐(ruah)라는 단어가 모두 10회나 나타납니다. 처음 몇 구
절은 에스겔 앞에 펼쳐진 광경의 철저한 절망을 강조합니다.[8] 그곳
에는 뼈가 매우 많습니다(겔 37:1). 뼈들은 다 말라 있어서 최근에 죽
은 사람의 시체라고는 상상도 할 수 없었고(겔 37:2), 눈에 잘 보이는

---

7   서로 상당히 다르기는 하지만 유용한 의식 성찰 입문서 두 가지는 다음과 같
     습니다. Timothy M. Gallagher, *The Examen Prayer: Ignatian Wisdom for our
     Lives Today* (New York: Crossroad, 2006); Dennis Linn, Sheila Fabricant Linn
     and Matthew Linn, *Sleeping with Bread: Holding what Gives You Life* (Mahwah,
     NJ: Paulist Press, 1995).
8   실제 뼈들이 있는 실제 골짜기의 광경일 수도 있지만, 그보다 에스겔 환상
     이 지닌 상징적 위력이 이 예언의 주된 요점이라 할 수 있습니다. 에스겔은
     살아 있는 사람들을 향해 말했습니다. 포로 생활 중이지만 살아 있는 사람들
     이고, 그래서 그들은 뼈들이 아닙니다. 이 환상의 요점은, 절망적으로 보이
     는 상황에서도 소망을 주려는 것입니다. 이것이 부활에 대한 믿음을 가리키
     는지의 여부는 논쟁의 여지가 있습니다. 이에 대한 더 깊은 논의는 Daniel I.
     Block, *The Book of Ezekiel: Chapters 25-48*, New International Commentary
     on the Old Testament (Grand Rapids, MI: Eerdmans, 1998), 374을 보십시오.

곳에 놓여 있었습니다. 뼈들이 눈에 잘 보이는 곳에 있었다는 말의 중요성을 간과해서는 안 됩니다. 사람이 죽었을 때 격식을 갖춰 조상의 무덤에 매장하는 일의 중요성이 구약성경 안에서 시종일관 크게 강조되었다는 사실을 기억해야 합니다. 사람이 죽었는데 그 뼈가 땅에 묻히지 않은 채로 있다는 것은 곧 하나님의 저주의 표시였습니다(예를 들어, 왕하 9:34-35에서 이세벨의 최후를 보십시오).[9] 완전히 말라붙은 뼈들이 땅 위에 엄청나게 많았다는 것은, 전장에서 큰 패배를 겪고 꽤 오랜 세월이 지난 후에 에스겔이 그 전쟁터를 바라보는 광경을 떠올려 보라는 암시입니다.

이것이 무슨 의미인가 하면, 바로 에스겔 앞에 펼쳐진 광경에는 여러 이유로 모든 소망이 결여되어 있다는 것입니다. 그리고 다름 아닌 하나님의 영(Spirit)이 그런 황폐하고 절망적인 영역으로 새 생명과 새 소망을 가져오셨다는 것입니다. 뼈들이 인간으로 재구성되는 데에는 4가지 요소가 필요합니다. 먼저 뼈들이 모여야 하고, 그런 다음 힘줄이나 근육으로 연결되어야 합니다. 그리고 살로 덮여야 하고 마지막으로 피부가 씌워져야 합니다. 이는 부패 과정을 거꾸로 한 것인데요, 분해되는 몸은 이와는 역 순서로 소멸됩니다.[10]

---

9 매장의 중요성에 대해서는 특히 Elizabeth BlochSmith, *Judahite Burial Practices and Beliefs about the Dead* (Sheffield: Sheffield Academic Press, 1992), 110-121을 보십시오.

10 Block, *The Book of Ezekiel: Chapters 25-48*, 376을 보십시오. 이 점을 생각하면 바울이 부활의 몸을 부패가 역전되는 과정으로 묘사한 것이 떠오릅니다. 그가 겔 37장을 염두에 두고 쓴 것인지 궁금해지지 않을 수 없습니다.

이 단락은 에스겔이 환상 첫머리에서 영(Spirit)의 인도를 받아 마른 뼈들의 골짜기에 들어가는 체험으로 시작됩니다. 여기서 영은 에스겔이 환상을 보는 계기를 마련하고 그가 앞으로 예언하게 될 내용도 알려 줍니다. 여기에서부터 우리는 호흡과 바람으로서의 영을 계속해서 만나게 되는데요. 에스겔 37:6의 뼈들을 향한 예언에서 하나님은 "내가 … 너희 속에 생기(루아흐)를 불어넣어, 너희가 다시 살아나게 하겠다"고 말씀하시고, 이어서 "사람아, 너는 생기에게 대언하여라. 생기에게 대언하여 이렇게 일러라. '나 주 하나님이 너에게 말한다. 너 생기야, 사방에서부터 (바람이) 불어와서 이 살해당한 사람들에게 불어서 그들이 살아나게 하여라'"(겔 37:9)라고 말씀하십니다. 짐작했겠지만, 볼드체로 강조된 단어는 본래 루아흐입니다. 이 구절에서는 생기(breath) 혹은 바람이라고 번역되었습니다. 에스겔은 사방에서 하나님의 영, 즉 바람을 소환하여 재구성된 몸에 새 생명을 불어넣으라는 명령대로 대언했습니다.

선지자 에스겔에게 영감을 준 하나님의 영은 곧 사방에서 불어와 죽은 몸에 생기를 불어넣어 준 바람이었습니다. "불어넣어 준다"(inspire)는 말을 모든 체험에 다 쓸 수 있다는 점이 우리를 기쁘게 만듭니다. 그 단어에는 (마음의 생기든 몸의 생기든) 생기라는 의미가 있으니 말입니다. 영(Spirit)의 주된 역할은 불어넣는 일, 즉 필요한 곳마다 모든 생기를 불어넣는 일입니다.

더 살펴보기: 하나님의 영/그리스도의 영/성령

영에 관한 바울의 용어는 고정이 되어 있지 않습니다. 때로는 그저 '영'(Spirit)에 대해서만 이야기하고("영[Spirit]에 속한 것을 생각합니다"[롬 8:5]), 때로는 '하나님의 영'(Spirit of God)에 대해 이야기합니다("하나님의 영의 권능으로 이루어졌습니다"[롬 15:19]). 또 '그리스도의 영'에 대해 이야기하기도 하고("누구든지 그리스도의 영이 없으면, 그리스도의 사람이 아닙니다"[롬 8:9]), '성령'(Holy Spirit)에 대해 이야기하기도 합니다("여러분의 몸은 여러분 안에 계신 성령의 성전이라는 것을 알지 못합니까?"[고전 6:19]). '영'(spirit)에 관해 바울이 만들어내는 다른 표현들은 말할 것도 없고요(성결의 영, 종의 영 등).

영이라는 말을 바울이 어떻게 사용하는지 치밀하게 살펴서 그 단어의 다양한 용례들로부터 중요한 의미를 찾아내고 싶은 유혹이 들기도 하는데요, 하지만 제가 생각하기에 그러한 작업은 그다지 효과를 보지 못할 것입니다. 이미 살펴보았다시피, 바울은 그 단어를 유동적으로 사용함으로 더 큰 효과를 발휘합니다. 사실 바울은 그가 지금 하나님의 영에 대해 말하고 있다는 것을 독자들이 반드시 알아야 할 경우에는 그 용례를 분명히 밝힙니다. 반면에 바울이 영이라는 말을 암시적으로 사용한다면, 우리에게 하나님과 우리 자신이 교차되는 지점에 관해 더 창의적으로 생각해 보라고 도전하는 것입니다. 바울이 하나님의 영(Spirit of God), 그리스도의 영(Spirit of Christ), 성령(Holy Spirit) 사이를 별다른 어려움 없이 편하게 옮겨 다니는 모습은 상당히 흥미롭습니다. 그래서 그 용어들이 기술적인 용어들로 보이진 않습니다. 다만 바울이 이것을 본질적으로 구별하려 하지 않았다는 사실을 우리에게 일깨워 주며, 우리도 이를 구별하려 해서는 안 된다는 점을 시사합니다.

프쉬케와 프뉴마의 차이점

앞서 살펴봤다시피, 구약성경 안에서 네페쉬(*nephesh*)와 루아흐(*ruah*)는 상당히 중첩됩니다. 둘 모두 몸에 생명을 안겨 줍니다. 둘 모두 하나님에게서 왔습니다. 방식은 다르지만 둘 모두 살아 있는 몸의 생명력이라고 할 수 있습니다. 하지만 바울서신 안에서는 유사한 뜻을 가진 그리스어 단어 두 가지, 프쉬케(*psuchē*)와 프뉴마(*pneuma*)가 절대로 겹치지 않습니다. 실제로 고린도전서 2:13-14과 15:44 안에서 두 형용사, 프쉬키코스(*psuchikos*)와 프뉴마티코스(*pneumatikos*)가 어떻게 서로 명백히 대조되는지를 앞에서 이미 살펴보았습니다.[11] 바울은 두 단어가 중첩되지 않는다고 분명하게 주장하는 것처럼 보입니다. 바울이 생각하기에 두 단어는 서로 대조되는 두 가지 개념을 가리키는 것 같습니다. 바울은 '프쉬키코스 몸'을 '단지' 살아 있는 것과 연결시키는 데 반해, '프뉴마티코스 몸'은 생명으로 넘실거립니다.

앞 장에서 우리는 바울이 프쉬키코스라는 단어를 어떻게 사용하

---

11   이 책의 136-143쪽을 보십시오.

는지 알기 위해 고린도전서 2:13-14을 살펴보았습니다. 여기서는 바울이 영(Spirit)을 어떻게 그리고 있는지 이해하기 위해 다시 한 번 동일한 본문을 살펴보겠습니다. 다만 이번에는 그 범위를 조금 넓혀 보겠습니다.

[10] 하나님께서는 성령을 통하여 이런 일들을 우리에게 계시해 주셨습니다. 성령은 모든 것을 살피시니 곧 하나님의 깊은 경륜까지도 살피십니다. [11] 사람 속에 있는 그 사람의 영이 아니고서야, 누가 그 사람의 생각을 알 수 있겠습니까? 이와 같이 하나님의 영이 아니고서는, 아무도 하나님의 생각을 깨닫지 못합니다. [12] 우리는 세상의 영을 받은 것이 아니라 하나님에게서 오신 영을 받았습니다. 그것은 하나님께서 우리에게 은혜로 주신 선물들을 우리로 하여금 깨달아 알게 하시려는 것입니다. [13] 우리가 이 선물들을 말하되 사람의 지혜에서 배운 말로 하지 아니하고 성령께서 가르쳐 주시는 말로 합니다. 다시 말하면 신령한 것을 가지고 신령한 것을 설명하는 것입니다. [14] 그러나 자연에 속한 사람은 하나님의 영에 속한 일들을 받아들이지 아니합니다. 그런 사람에게는 이런 일들이 어리석은 일이며 그는 이런 일들을 이해할 수 없습니다. 이런 일들은 영적으로만 분별되기 때문입니다. [15] 신령한 사람은 모든 것을 판단하나, 자기는 아무에게서도 판단을 받지 않습니다. [16] 누가 주님의 마음을 알았습니까? 누가 그분을 가르치겠습니까? 그러나 우리는 그리스도의 마음을 가지고 있습니다(고전 2:10-16)

이 본문의 중요성은 바울이 영(Spirit)에 대한 그의 이해를 제시한다는 데 있습니다. 이는 고린도전서 안에서 영에 관해 바울이 하는 모든 말의 토대가 됩니다. 현재 본문에서 바울이 주장하는 내용의 핵심은, 영(Spirit)이 각각의 그리스도인들에게 영감을 주었다는 것입니다. 그들은 더 이상 특별히 선택된 한 사람의 예언적 목소리에 의존하지 않게 되었습니다. 저마다 영을 받았습니다. 이 영은 본래 하나님의 깊은 본질을 아는 영으로서 그들 모두에게 하나님의 지혜를 계시했습니다. 이 지혜는 인간의 지혜가 아니며(고전 2:13), 신령하지 않은 사람들(즉, 프쉬키코스 사람들)은 이해할 수 없습니다. 이는 "신령한"(spiritual) 사람들만 이해할 수 있는 지혜였습니다.

이 지점에서 우리는 "신령한"이라는 표현이 바울에게 어떤 의미였는지 깨닫기 시작합니다. 신령하다는 것은 특별한 개인적 속성이나 기호를 가리키지 않았습니다. 소유하거나 결핍될 수 있는 성질의 것도 아니었습니다. 이는 순전히 하나님의 영을 받고 그 영을 통해 하나님에게서 오는 지혜를 받은 사람을 가리켰습니다. 이 본문이 전개됨에 따라, 한 가지 분명해지는 점이 있는데요, 만약 바울이 영어 단어 '영성'(spirituality)을 사용했다면, (오늘날 흔히 그런 것처럼) 모호하고 포괄적인 방식이 아니라 아주 엄밀한 방식으로 사용했을 것이라는 점입니다. 바울에게 "신령한 것"은 하나님의 영에게서 오는 것을 가리키며, 따라서 영성은 (모호한 개념이 아니라) 그 영(Spirit)과 직접적으로 연관되는 일을 가리킵니다.

그러므로 "신령하지 않은"(프쉬키코스) 사람(새번역에는 "자연에 속한 사람")과 "신령한"(프뉴마티코스) 사람을 대비시키는 고린도전서 2:14의 대조가 온전히 이해가 됩니다. 프쉬키코스 사람은 하나님의 일에 대해 생각이 닫혀 있고 순전히 인간적인 차원에서만 살기 때문에 하나님의 지혜를 이해하지 못합니다. 바울이 명시적으로 말하지는 않지만 우리가 지금까지 살펴본 내용에 담긴 의미를 정리해 보면 이렇습니다. 곧 모든 사람에게는 하나님께서 주신 영(spirit)이 있으므로, 하나님의 영(Spirit of God)을 받고 그 영을 만나며 그 영으로부터 영감을 얻을 수 있다는 것입니다. 여기서 프쉬키코스 사람과 프뉴마티코스 사람의 차이점이 드러납니다. 전자는 인간의 영이 지닌 가능성을 실현하지 못한 채 오로지 인간의 차원에서 산다는 것입니다. 이들은 하나님의 영을 받을 수 있었지만 받지 못했습니다.[12] 로마서 8:9에서 바울은 그리스도에게 속하는 것과 영(Spirit)을 가지는 것 사이에 본질적인 상관관계가 있음을 분명히 밝힙니다. 이 둘은 서로 얽혀 있습니다. 그리스도 안에 있는 사람에게는 영(Spirit)이 있고, 그 영이 있는 사람은 그리스도 안에 있습니다. 한 가지 없이는 다른 한 가지를 가질 수 없습니다.[13]

---

12 바울이 말하는 구원은 암시적인 삼위일체 형식 안에 있음을 기억하는 것이 좋습니다. 즉, 우리는 하나님 앞에서 의롭다 여김을 받고, 그리스도에 참여하며, 또한 영(Spirit)을 받습니다. 이 장에서 우리는 하나님과 그리스도보다는 영에 더 초점을 맞추지만, 그렇다고 해서 바울신학에서 하나님과 그리스도가 덜 중요하다는 것은 아닙니다. 이 세 요소의 상호관계를 명쾌히 설명하는 유용한 연구로는 Dunn, *Theology of Paul the Apostle*, 334-441을 보십시오.

13 Dunn은 자신의 책에서 이 점을 분명히 하는데, 그리스도 안에 있는 사람은 모두 영(Spirit)을 받는다고 신약성경의 증거들을 통해 설득력 있게 주장합

영성(spirituality)은 중요합니다. 바울이 생각하기에 원리적으로 구속이 불가능할 정도로 "신령하지 않은" 사람은 없었습니다. 신령하지 않은 사람이란 그저 하나님의 영을 받지 않은 사람들이었습니다. 이러한 정의는 바울의 생각과 플라톤의 생각 사이에 또 한 가지 차이점을 이해하는 데 중요합니다. 플라톤에게는 정신(mind)이 혼(soul)의 가장 고상한 부분이요, 신과의 소통을 가능하게 하는 수단이었습니다. 그러나 고린도전서 2:10-16에 담긴 바울의 생각에 따르면, 하나님을 향해 열려 있는 부분은 정신이 아니라 영(spirit)입니다. 실제로 인간의 지혜에만 사로잡혀 사는 사람들(프쉬키코스들)은 결코 하나님의 일을 이해할 수 없습니다. 인간의 정신만으로는 하나님의 지혜를 파악하지 못합니다. 오직 영(Spirit/spirit)을 통해서만 이 큰 신비를 이해할 수 있습니다.

그래서 영(spirit)은 "인간이 하나님을 지향하는 차원",[14] 즉 우리를 구성하는 부분 중 하나님과 대면하는 부분입니다. 신령한 것은 영(Spirit)에게서 오며, 그 영이 우리에게 가르치는 일입니다. 영성이란 그 영의 빛 가운데 살며 하나님이 주신 선물을 깨닫고 체험하는 일입니다. 정신이 아니라 영(Spirit)을 통해 하나님과 관계를 맺는다는 바울의 견해는, 사람들과 그들의 영성의 가치에 관한 우리의 통찰에 많은 기여를 했습니다.

니다. James D. G. Dunn, *Baptism in the Holy Spirit: A Re-Examination of the New Testament Teaching on the Gift of the Spirit in Relation to Pentecostalism Today*, 2nd edn (London: SCM Press, 1984).

14 Dunn, *Theology of Paul the Apostle*, 77.

흔히 우리를 '우리'로 만들어 주는 것은 생각(mind, 사고)이며, 생각이야말로 하나님을 알 수 있게 해주는 부분이라는 가정에 빠지기가 쉬운데요, 지금까지 우리는 이 가정을 바늘땀 풀 듯 서서히 풀어 왔습니다. 여기서 분명한 점은, 바울에게 이 가정은 부수어 가루로 만들어야 할 가정이라는 것입니다. 하나님과 관계를 맺을 수 있게 해주는 것은 우리의 사고 능력도 아니고, 우리가 가진 말하는 능력도 아닙니다. 우리에게 부어지고 우리 자신의 영(spirit)과 한데 엮인 하나님의 영(Spirit)이 바로 그 일을 가능하게 합니다. 이는 이성적 능력을 쓸 수 없는 사람들을 돌보는 사람들에게 함축적 의미를 가집니다. 예를 들어, 치매 환자를 돌보려면 생각하거나 말할 수 있는 능력을 초월해서 사람을 바라보아야 합니다. 우리는 치매를 앓고 있는 사람들이 비록 우리가 '생각'이라고 부르는 것에 제대로 접근하지 못한다고 하더라도 그 자신의 영도, 그리고 하나님의 영도 잃지 않았다는 점을 인식해야 합니다. 찬양을 통해, 십자가를 지는 일을 통해, 예수님의 이름을 통해, 기도를 통해 아주 분명히 깨닫게 되는 것은, 치매 환자의 영성이 다른 사람들과 같이 예리하며 다른 사람들과 같이 돌봄이 필요하다는 것입니다. 그렇다면 우리 앞에 놓인 과제는, 어떻게 하는 것이 그 돌봄에 참여하는 최선의 방법인가 고민하는 것입니다.[15]

---

15 제가 읽은 책 중 치매를 신학적으로 고찰하는 가장 훌륭한 책은 John Swinton, *Dementia: Living in the Memories of God* (London: SCM Press, 2012)입니다.

영(Spirit)의 새 생명

영 안에 있는 새 생명은 그리스도인의 삶과 믿음에 관한 바울의 메시지의 본질적인 부분입니다. 우리는 영에 관한 기독교의 용어에 너무 익숙해져서 이 초기 신앙의 중심 기둥이 지닌 중요성을 간과하기 쉬운데요, 과장을 하지 않는 것이 중요하긴 하지만, 그럼에도 분명 포로 시대 후 하나님께서 이스라엘로부터 영(Spirit)을 거두셨다는 인식이 퍼져 있었다는 증거가 있습니다.[16] 이를테면, "우리에게는 어떤 징표도 더 이상 보이지 않고, 예언자도 더 이상 없으므로, 우리 가운데서 아무도 이 일이 얼마나 오래 갈지를 아는 사람이 없습니다"(시 74:9)와 같은 구절은, 자신들이 버려져서 더이상 소망이 없다는 인식을 암시하는 듯합니다. 그런데 여기서 요엘의 엄청난 소망의 예언을 보세요.

> [28] 그런 다음에 내가 모든 사람에게 나의 영을 부어 주겠다. 너희의 아들딸은 예언을 하고, 노인들은 꿈을 꾸고, 젊은이들은 환상을 볼 것이다. [29] 그 때가 되면 종들에게까지도 남녀를 가리지 않고 나의 영을 부어 주겠다(욜 2:28-29)

---

16 John R. Levison, 'Did the Spirit Withdraw from Israel? An Evaluation of the Earliest Jewish Data', *New Testament Studies* 43/1 (January 1997), 35-57에 실린 논의를 보십시오.

이것을 보면 분명 하나님께서 영(Spirit)을 주시는 것과, 자기 백성의 구속을 위해 세상에 최종적으로 개입하시는 것을 하나로 엮는 생각과 믿음이 있었던 것 같습니다. 그래서 초기 그리스도인들 역시 자신들이 (적어도 부분적으로) 이미 새로운 창조 세계 안에서 살고 있다고 믿었을 것입니다. 이는 예수님의 부활의 중요성과 나란히 서 있는 믿음입니다.

예수님의 부활과 더불어 우리는 그러한 믿음의 '현재성'(now)과 '미래성'(not-yet)을 염두에 둘 필요가 있습니다. 예수님은 죽은 자 가운데서 다시 살아나셨고, 초기 그리스도인들은 성령을 받았습니다. 즉, 새로운 시대가 온 것입니다. 하지만 그와 동시에 이 세상은 여전합니다. 여전히 우리의 몸은 전과 다름 없습니다. 여전히 죄가 만연합니다. 옛 시대는 아직 다 지나가지 않았습니다.[17] 대다수 바울서신들은 각 공동체들이 어떤 현실 속에서 살아가고 있는지 정확히 인식하기를 다양한 방식으로 권면합니다. 이를테면, 새 것이 왔으나 옛 것은 아직 지나가지 않았습니다. 그 공동체의 사람들은 옛 창조 세계와 새 창조 세계 사이에 있었습니다. 간단히 말해 바울의 메시지는 그리스도인은 이미 새 창조 세계에서 새 생명으로 부활한 것처럼 살아야 하지만, 그럼에도 아직은 옛 창조 세계에 얽혀 있기 때

---

17 고린도 성도들이 자신들은 이미 죽은 자 가운데서 부활했다고 생각했는지에 관해 학자들 사이에 광범위한 논의가 이루어져 왔습니다. 하지만 이 문제는 이제 거의 논의의 대상이 아닙니다. 이에 대해서는 David W. Kuck, *Judgement and Community Conflict: Paul's Use of Apocalyptic Judgement Language in 1 Corinthians 3.5-4.5* (Leiden: Brill, 1992), 16–31를 보십시오.

문에 이 세상과 끊임없이 싸워야 한다는 것입니다.

이러한 존재 방식의 '지금'(now)과 '아직'(not-yet)이라는 특성은 바울의 수많은 발언들 속에서 그가 정확히 무슨 말을 하고 있는지를 이해하는 데 중요합니다. 고린도전서 15:44로 잠시 돌아가 보면, 바울이 어떤 역학을 구축하고 있는지 더욱 선명하게 볼 수 있는데요, 이 구절에서 바울은 우리의 부활의 몸이 영(프뉴마티코스, 이는 프쉬키코스와 대조됩니다)으로 생기를 얻게 될 것이라 말하는데요, 사실 바울은 앞서 2:13-14에서 이미 **프뉴마티코스**인 우리에 관해 말한 바 있습니다. 두 이야기 모두 맞는 말입니다. 부활의 때 우리 몸은 전적으로 영(Spirit)에 의해 생기를 얻게 될 것입니다. 물론 지금도 우리는 하나님의 영을 받은 삶을 살고 있습니다. 하지만 지금의 삶은 여전히 **프쉬케**에 의해 생기를 얻는 삶이기도 합니다. 그리스도인답게 살라는 부르심은 새 창조의 지평, 곧 화평·공의·조화·참된 생명이 특징인 지평에 시선을 고정시키라는 부르심이요, 그 지평에 "부응하여" 훗날 우리 모두가 살게 될 새 창조 세계에 사는 것처럼 현재의 삶을 살기 위해 분투하라는 부르심입니다.

이처럼 바울은 '지금'과 '아직' 사이를 매끄럽게 오가는데요, 지금 우리는 영(Spirit)을 받은 상태지만, 아직은 영에 의해 완전히 생기 있게 되진 않았습니다. 지금 새 창조 세계는 여기 임했지만, 옛 창조 세계와 그 세계가 상징하는 모든 것들이 계속해서 우리를 거머쥐고 있습니다. 지금 영(Spirit)은 하나님의 지혜와 사랑을 우리 삶에 쏟아부어 주지만, 여전히 우리는 지속성도 없고 우리를 만족시키지도 못하는 이 세상의 유혹에 끌려 다닙니다. 우리가 받은 부르심은 이러한 역학을 알아차리는 것입니다. 즉, '아직'이라는 특성이 '지금' 하나님의 생명을 살아내고자 하는 우리의 바람을 압도하고 있기에 우리 모두에게 필요한 용서를 받아들이고, 그리스도 안에서 영의 권능을 통해 누릴 수 있는 것에 견고히 시선을 고정하는 것이 우리에게 주어진 부르심입니다.

바울은 우리가 이 부르심 안에서 신실하게 살려고 몸부림칠 때 그 영이 앞으로 임할 모든 일의 계약금(보증금 혹은 첫 할부금) 같은 역할을 한다고 일깨워 줍니다. 고린도후서 5:5(이 구절에 대해서는 다음 장에서 자세히 살펴보게 될 것입니다)에서 바울은 "그 보증으로 성령을 우리에게 주신" 하나님에 관해 이야기하는데요, 여기에 사용된 그리스어 아라본(arrabōn)은 원래 히브리어 단어였다가 그리스어로 전해진 것인데, 보통 상거래 때 구매자가 나머지 금액을 확실히 지불할 것을 보증하는 예치금이나 계약금을 가리킵니다. 하나님의 아라본으로서 영은 하나님께서 약속하신 모든 것을 보증합니다. 때로 하나님께서 멀리 계신 것처럼 느껴지고 또 우리가 엉뚱한 데 소망을 두고 헛된 꿈을 꾸고 있다고 느껴질 때, 우리가 그분의 영(Spirit)을 받았다는 사실은 우리를 안심시켜 주고 우리의 이상(理想)에 다시 한 번 집중하게 해줍니다.

체험과 의도

영(Spirit) 안에 있는 삶을 보는 바울의 시각에는 체험과 의도가 뒤섞여 있습니다. 초기 교회, 특히 고린도 성도들 사이에서는 영 안에 있는 삶의 체험이 반드시 필요했다는 점을 인식하는 게 중요합니다. 실제로, 고린도 성도들은 그러한 체험을 상당히 중요하게 여겼습니다. 바울의 가르침의 상당 부분, 특히 고린도전서 2:12-14에서의 가르침은 그들이 '영의 체험'을 표현하는 방식을 절제할 수 있도록 도와서 모든 사람에게 유익이 되게 하는 일에 그 초점이 맞춰져 있습니다.

영(Spirit)의 체험이라는 주제에 관해서는 두 가지 특징을 탐구해 볼 만합니다(사실 두 가지 외에도 탐구해 볼 만한 다른 많은 특징들이 있지만, 앞에서 언급했다시피 이 책은 주로 영을 이야기하는 책이 아니므로 그 특징들을 일일이 다룰 수는 없습니다). 첫 번째 특징은, 영의 발현 중 우리가 '황홀경'이라고 부를 만한 것을 바울이 확실히 체험했다는 것입니다. 로마서 15:18-19에서 바울은 자신의 "말과 행동"에 대해 이야기하는데, 이는 "표징과 이적의 능력으로, 하나님의 영(개역개정과 새번역에는 "성령")의 권능으로" 체험한 것이었습니다. 갈라디아서 3:5에서 바울은 영(Spirit)을 주시고 기적을 행하시는 하나님에 관해 이야기합니다. 여기에 더하여 고린도전서에서 방언과 예언에 관해 광범위하게 논의하는 내용을 떠올려 보면, 초기 그리스도인들 사이에서 영의 체험은 곧 황홀경의 체험이었음을 그 누구도 의심할 수 없을 것입니다. 영은 사람들의 삶속으로 들어가, 기적을 일으키고 예언이나 방언을 하게 하며 그 외다른 많은 행동을 하도록 영감을 주었습니다.

하지만 황홀경 체험이라는 표징이 없으면, 영(Spirit)이 부재하는 것이라고 결론내리는 것은 잘못된 일입니다. 영은 다른 방식으로도 사람들에게 영감을 주었습니다. 영은 하나님의 지혜를 드러냈고(고전 2:12), 사람들의 마음에 하나님의 사랑을 부어 주었고(롬 5:5), 하나님의 뜻에 따라 간구했으며(롬 8:27), 의와 평화와 기쁨을 안겨 주었고(롬 14:17), 사랑과 기쁨과 화평과 인내와 친절과 선함과 신실과 온유와 절제라는 열매를 맺었으며(갈 5:22), 치유에서 가르침에 이르기까지, 예언에서 믿음에 이르기까지 폭넓은 은사들도 주었습니다.[18]

영(Spirit)을 향해 열려 있는 사람들 및 교회가 되기 어려운 이유는, 인간의 성향 곧 같은 일이 반복되기만을 기대하고 또 무언가가 참이기 위해서는 우리가 만들어 놓은 틀에 들어맞아야 한다고 고집하는 우리의 성향 때문입니다. 그러나 요한이 지적하듯이, "영은 뜻하는 대로 불고, 여러분은 그 소리를 듣지만, 영이 어디에서 와서 어디로 가는지는 알지 못합니다"(요 3:8 저자 사역). 영은 영이고, 영이 바라는 일을 합니다. 영은 장엄하고 극적인 형태로 임재할 때도 있고, 생명을 주는 소망의 소리 없는 속삭임으로 숨을 내쉴 때도 있습니다. 우리가 할 일은, 생명을 주는 영의 임재를 언제 어디서 조우하든, 그것을 알아차리는 일에 숙달되는 것입니다.

우리는 다른 사람들에 비해 더 극적이고 황홀한 영의 체험을 하는 이들이 있다는 것을 인정할 필요가 있습니다. 그렇다고 해서 좀 더 극적인 체험을 하는 이들이 그렇지 못한 사람들보다 자동적으로 더 "신령하다"(spiritual)는 의미는 아닙니다. 앞서 언급했다시피, 그리

---

18 영(Spirit)의 은사들에 관한 더 자세한 내용은 이 책의 8장을 보십시오.

스도 안에 있는 사람들은 다 하나님의 영을 받았기 때문에 모두가 "신령합니다." 살다 보면 (어떤 형태로 임하든) 그 영의 권능을 더 강하게 느낄 때도 있지만, 하나님의 영은 언제나 우리와 함께 하면서 하나님의 사랑을 아는 지식으로 우리를 더 깊이 인도해 가십니다.

그래서 그 영(Spirit)은 갑자기, 예기치 못하게 체험되며, 또 체험될 수 있습니다. 이와 함께 바울은 의도의 중요성을 우리에게 상기시키는데요, 바울에 따르면 우리는 "성령을 따라"(롬 8:4) 행해야 하며 "성령에 속한 것을 생각"(롬 8:5)해야 합니다. 다르게 말하면, 우리는 영을 향해 열려 있는 방식으로 살 수도 있고 그렇지 못할 수도 있습니다. 우리는 생명을 주고 소망을 불어 넣어 주는 영의 임재에 따른 기쁨에 초점을 맞출 수도 있고, 모든 것을 소멸시키며 자기중심적이고 제한적이고 부패했고 또 부패시키는 육신(flesh)의 삶에 잠식될 수도 있습니다. 어떤 그리스도인도 다른 사람에 비해 "더 신령할" 수는 없지만, 영을 향해 더 열려 있고 영에 속한 것을 더 온전히 구할 수는 있습니다. 우리 각 사람에게 주어진 부르심은, 매일 매시간 매 순간 영(Spirit)과 영에 속한 일에 우리 존재 전체를 실어서, (폭풍 같은 힘으로 긴장을 일으키든 부드러운 산들바람으로 기분을 상쾌하게 하든) 영이 불어 올 때 기쁨으로 신속하게 화답하는 것입니다.

그렇다면 바울이 고린도전서 3장에서 고린도 성도들에게 다소 훈계조로 전하는 권면이, 우리 마음에 굳게 자리 잡게 하고 또한 우리의 영적 상태에 담긴 '지금'과 '아직'의 특성을 꾸준히 돌아보아야 합니다. 바울은 고린도전서 3장을 시작하면서 고린도 성도들을 향해 (자신이) 영에 속한 사람에게 하듯이 말하지 못하고, 육에 속한 사람(즉, 그리스도 안에서 어린 아이 같은 사람)에게 하듯 말하고 있다고 밝히는 데요,(고전 3:1). 바울이 보기에 고린도 성도들은 단단한 음식을 먹을 준비가 안 되어 있었고 그저 젖만 먹어야 하는 상태에 있었습니다. 실은 그 외에 다른 어떤 것에 대해서도 준비가 되지 않은 상태에 있었습니다. 그들 안에 시기와 다툼과 분쟁 때문에, 바울은 신령한 사람들에게 하듯 이야기할 수 없었습니다. 그들도 하나님의 영을 받긴 했지만 그에 걸맞은 사람들로 대접받을 수 있는 상태는 아니었습니다.

우리의 삶 속에서 영(Spirit) 안에서 자라고 영에 대해 열린 자세를 갖는 것이 대단히 중요합니다. 이것을 성화라고 부르든, 거룩함이 자라는 것이라고 부르든, 그것도 아니면 신화(theosis)라고(혹은 전혀 다른 무언가로) 부르든,[19] 우리 안에서 우리를 변화시키고 바꾸시는 영의 역사를 향해 열려 있는 것이 중요하다는 점을 인식해야 합니다. 우리 존재의 핵심부에서 영을 향해 열려 있지 않는 한, 고린도 성도들처럼 우리도 하나님에게서 오는 지혜 가운데 자랄 수 없는 위험에 빠지게 됩니다.

---

19 교파의 전통이 다르면 사용하는 단어도 다릅니다. 성화는 흔히 존 웨슬리의 영향력과 연관되고, 신화는 동방정교(Eastern Orthdox) 전통에서 사용되는 표현입니다. 한편, (제가 속한) 잉글랜드 국교회에는 이 개념을 가리키는 나름의 특정한 단어가 없다는 것이 오랫동안 제 호기심을 자아냈습니다.

결론적으로 생각해 보아야 할 것들

이 장의 상당 부분은 직접적으로든 간접적으로든 '영'(Spirit), '영에 속한(spiritual, 신령한)', '영성'과 같은 단어들에 초점을 맞추었습니다. 지금쯤이면 바울이 이 단어들을 오늘날 우리보다 훨씬 더 정제되고 엄밀한 방식으로 사용했다는 점을 분명히 알 수 있을 것입니다. 사실 '영에 속한'이라는 말도, 바울이 그 단어를 어떻게 사용했는지를 떠올리며 '성령에 속한'(Spiritual)이라고 쓰고 싶어지기도 합니다. 바울에게는 무언가가 하나님의 영에 속해 있다면 곧 성령에 속한 것이었습니다. 무언가가 하나님에게서 온 것이라면 곧 성령에 속한 것입니다. 무언가가 하나님의 지혜를 더 많이 드러낸다면 곧 성령에 속한 것입니다. 무언가가 하나님에게서 생명을 끌어온다면 곧 성령에 속한 것입니다. 심지어 우리의 몸까지도 성령에 속한 것일 수 있습니다. 이는 우리의 몸이 비물질적이기 때문이 아닙니다. 우리의 머리끝에서부터 발끝까지 우리가 영(Spirit)에 의해 생기를 공급받기 때문입니다.

실제로 바울이 영(Spirit)의 역사를 비물질적인 것으로 한정했다는 암시는 그 어디에서도 찾아 볼 수 없습니다.[20] 고린도전서에서 바

---

20 "그래서, 바울은 프뉴마의 작용에 대해 생각할 때 그 효력을 비물질적인 활동에 국한하지 않는다." N. T. Wright, 'Mind, Spirit, Soul and Body: All for One and One for All. Reflections on Paul's Anthropology in his Complex Contexts', unpublished, 2011.

울은 우리가 성령(Holy Spirit)의 전이라는 말을(먼저는 공동체로서, 다음으로는 개인으로서) 두 차례나 반복합니다(고전 3:16; 6:19). 우리가 몸을 가지고 하는 일은 우리의 몸이 하나님의 영(Spirit of God)의 성전이라는 지식에 부응해야 합니다. 즉, 우리의 몸은 영성에서 결코 없어서는 안 되는 부분입니다. 우리가 몸을 돌보지 않는다면, 즉 우리 몸이 낡아서 무너져가는 성전이 되게 방치한다면, 이는 하나님께서 주신 큰 특권을 소중히 여기지 않는 것입니다. 몸으로 구체화된 영성은, 우리가 몸을 가지고 하는 일과 몸에게 하는 행동이 세상에서 하나님의 영의 덕스러운 성전이 되어야 한다는 우리의 소명에 부합되기를 요구합니다. 또한 그 영성은 하나님의 영이 본질상 생명을 가져다준다는 점을 분명하게 인식하기를 요구합니다. 우리가 어떤 식으로든 자기 몸을 학대한다면(과로를 한다거나, 휴식을 취하지 않는다거나, 우리의 안녕에 관해 몸이 하는 말을 무시한다거나 함으로써), 이는 영(Spirit)이 우리 안에서 제대로 일하지 못하게 막는 것입니다. 우리의 몸, 즉 성령의 전을 적절히 돌보는 일은 기도 못지않은 영적인 훈련입니다.

제6장

진짜 나인 나

6. 진짜 나인 나

이제 이 책이 고찰하는 내용 이면에 숨어 있던 문제를 다시 꺼내어 살펴 볼 때가 되었습니다. 바울은 '혼'(soul)이라는 단어를 플라톤과는 다른 의미로 사용했다는 지금까지의 주장이 옳다면—즉, 바울 서신 안에서 그 단어가 몸을 포함한 생명 전체를 가리키며, 또한 바울이 그 단어를 우리가 죽은 후 일어나는 일을 가리키는 말로는 사용하지 않았다면—그렇다면 바울은 도대체 우리의 어떤 부분이 무덤 너머로까지 살아남아 마지막 때에 부활한다고 생각한 것일까요? 조엘 그린(Joel Green)의 표현을 빌려 말하자면, 진짜 '나'인 '나'는 어떻게 부활 생명으로의 전이(轉移)를 이루는 것일까요?[1]

---

1   Joel B. Green, *Body, Soul, and Human Life: The Nature of Humanity in the Bible* (Grand Rapids, MI: Baker Academic, 2008), 177.

진짜 '나'인 '나'에게는 죽음 이후 어떤 일이 생기는가?

이 질문은 크나큰 의견 충돌의 영역으로 우리를 던져 넣습니다. 바울의 혼(soul)에 관한 논의의 진가가 드러나는 곳이 바로 이 영역입니다. 사람들은 지금까지 이야기한 몇몇 쟁점들에 대해서는 의견의 다양성을 어렵지 않게 받아들입니다. 하지만 우리의 혼이 죽음 후에 존속되지 않는다고 말하면 크게 동요하며 당황스러워합니다. 이 쟁점을 이해하려면, 그리고 이 쟁점에 대해 자신이 어떤 입장인지 나름의 의견에 이르려면, 관련 주제들을 분해해서 좀 더 상세히 살펴 봐야 합니다.

이 쟁점을 제시하는 최선의 방식은 존 쿠퍼(John Cooper)[2]와 조엘 그린[3]의 견해차를 살펴보는 것입니다. 이 두 사람 사이에 발생한 의견 불일치의 본질은, 인간에게 무덤 너머로까지 존속하는 혼이 있느냐는 질문에 초점이 맞춰져 있습니다. 이들이 논쟁하는 문제는 몸의 부활이 있느냐의 여부가 아닙니다. 두 사람은 죽음 이후의 삶에 관해 이야기하는 다른 많은 신약학자들과 마찬가지로 실제로 몸의 부활이 있다고 믿습니다. 두 사람 사이에 벌어지는 논쟁의 요지는, 죽음과 부활 사이에 '몸을 벗어난 혼'이 죽은 자들로부터의 부활

---

2   특히 John W. Cooper, *Body, Soul, and Life Everlasting: Biblical Anthropology and the Monism–Dualism Debate*, new edn (Grand Rapids, MI: Eerdmans, 2000)을 보십시오.

3   Green, *Body, Soul, and Human Life*을 보십시오.

을 기다리는 중간 상태가 있느냐 하는 것입니다. 다른 식으로 표현하자면, 내가 죽은 후에 '나'의 '나' 됨에는 어떤 일이 생기느냐는 것입니다. 부활을 기다리는 동안 진짜 '나' 됨에 어떤 일이 일어나기는 하는 걸까요?

이 질문에 쿠퍼는 '그렇다'고 대답할 것입니다. 부활을 기다리는 동안, 즉 나의 나 됨이 하늘에서 하나님과 함께 부활을 기다릴 때, 몸을 벗어난 내 혼에 어떤 일인가가 일어난다고 말입니다.[4] 반면에 그린은 우리는 나뉠 수 없는 단일한 본질로 이루어진 존재로서, 죽을 때 이 본질은 "실제로 죽으며", 신적 간섭이 없다면 여전히 죽은 상태에 있을 것이라고 대답할 것입니다.[5]

이에 대한 성경의 증거는 불만스러울 만큼 복잡하고 혼란스럽습니다. 신약성경은 몸의 부활의 먼 미래를 논할 때는 만족할 만한 수준의 선명성을 유지하다가도, 우리가 현재와 먼 미래 사이에 일어날 수도 있고 일어나지 않을 수도 있는 어떤 일로 시선을 돌리는 순간 그 선명성을 잃어버립니다. 그 어떤 일을 흔히 '중간 상태'라고 표현합니다.[6] 목회와 관련해서 우리가 직면하는 문제는, 먼 미래의

---

4 Cooper는 자신을 전체론적 이원론(holistic dualism)을 믿는 사람, 강조해서 표현한다면 이원론적 전체론을 믿는 사람으로 밝혔습니다. 즉, 몸에는 두 가지 실체, 즉 몸과 혼이 있지만, 그 둘은 밀접하게 결속되어 있다는 것입니다. Cooper, *Body, Soul, and Life Everlasting*, xxvii–xxviii을 보십시오.

5 Green은 보통 존재론적 일원론(ontological monism)이라 불리는 견해를 옹호하는데, 이는 우리가 죽을 때 "실제로 죽는" 단 한 가지 실체로 이루어져 있다는 개념입니다. Green, *Body, Soul, and Human Life*, 179.

6 여기서 주의할 것은, 각기 다른 저자들이 각각 다른 의견을 내놓는다는 것입

선명성은 지금 사별을 겪은 사람들에게 별 도움이 되지 않는다는 것입니다. 그들은 세상을 떠난 사랑하는 사람에게 지금 무슨 일이 일어났는지를 알고 싶어 하지, 확정되지 않은 장래의 어떤 시점에 무슨 일이 일어날지를 궁금해 하지 않습니다.

여기서 문제의 일부는 대개 시간의 문제와 연관이 있습니다. 우리가 쓰는 모든 용어들('중간 상태', '지금 무슨 일이 일어났는가?', '부활은 언제 일어나는가?')은, 우리가 제기하는 질문들이 시간의 제한을 받는다고 전제하는데요, 이는 우리가 현재 존재하는 위치에서 앞을 향해 나아가는 직선형 시간을 상정합니다. 여기서 곰곰이 따져 보아야 할 난제 한 가지는, 하나님의 경륜에서 시간은 지금 우리가 사는 세상, 즉 시간의 제약을 받는 세상에서와 같은 방식으로 작동하지 않는다는 것입니다(예를 들어, "주님께는 하루가 천 년 같고, 천 년이 하루 같습니다"[벧후 3:8]라는 말을 생각해 보십시오). 그러므로 우리는 그저 잘못된 질문을 하고 있는 것인지도 모릅니다. 곧 세상의 시간에 매인 질문, 하나님의 관점에서는 실질적으로 답변될 수 없는 질문 말입니다.

이는 "죽은 사람이 과연 중간 상태를 경험하기는 할까?"라는 문제로 우리의 관심을 몰아갑니다. 우리의 관점에서 보면 당연히 그런 틈새가 존재할 것 같습니다. 죽음과 그리스도의 최종적 강림 사

니다. 부자와 나사로 비유나 십자가에서 예수님과 강도의 대화를 볼 때, 누가는 중간 상태 개념을 지지하는 듯이 보이지만, 신약성경의 다른 저자들의 경우 훨씬 모호한 시나리오를 제시합니다. 성경 내러티브에 제시된 몇 가지 선택안들을 논의한 내용으로는 Paula Gooder, *Heaven* (London: SPCK, 2011), 91-100 [=『마침내 드러난 하늘나라』(도서출판 학영, 2021)]를 보십시오.

이에는 분명 시차가 있으니까요.[7] 문제는, 죽은 사람이 그 틈새를 어떤 식으로든 체험하느냐의 여부입니다. F. F. 브루스(Bruce)는 그 틈새를 체험하지 않는다고 생각했습니다.

> 죽음과 부활 사이에 간격이 있다고 가정함으로써 발생하는 긴장은, 세상을 떠난 신자의 의식에는 그런 간격이 없다고 하면 완화될 수 있다 … 이 땅에 고착된 인류 역사의 달력으로 측정한 그 간격이 얼마나 길든 말이다.[8]

F. F. 브루스의 주장은 곧 죽은 사람은 죽음 후의 시간 경과를 의식하지 못할 수도 있다는 것입니다. 하지만 또 다른 가능성도 있습니다. 쉽게 납득할 수 없는 가능성이기는 하지만, 일단 이 세상의 시간 구조 밖에서는 시간이란 것이 별 의미가 없어서 죽은 사람은 이미 그리스도와 함께 새 생명으로 부활했다는 것입니다.[9] 일단 직선

---

7   Murray Harris는 이런 근거에서 중간 상태가 존재한다고 주장합니다. Murray J. Harris, *Raised Immortal: Resurrection and Immortality in the New Testament* (Grand Rapids, MI: Eerdmans, 1985).

8   F. F. Bruce, *Paul: Apostle of the Free Spirit* (Grand Rapids, MI: Eerdmans, 1977), 312. [=『바울 그의 생애와 사역』(CH북스, 2018)]

9   여기서 주의할 것은, '중간 상태'와 '중간 부활'과 나란히 Cooper가 절멸-재창조(extinction-recreation)라고 묘사하는 또 다른 가능성이 있다는 것입니다. 이는 다음과 같은 저자들의 글에서 찾아볼 수 있는 견해입니다. Green (Green, *Body, Soul, and Human Life*, 178-180을 보십시오), John Hick, *Death and Eternal Life* (San Francisco: Harper and Row, 1976).

형 시간 구조의 제약을 더 이상 받지 않는 상황을 가정하면, 시간에 매인 우리 세상 밖에서는 부활이 이미 발생했지만 우리 세상 안에서는 여전히 그 부활을 기다려야 한다는 상상이 가능합니다. 그리고 이러한 시나리오에서는 어떤 유형의 중간 상태도 가정할 필요가 없을 것입니다.

이러한 가능성이 도움이 된다고 생각하는 이들도 있고 그렇지 않다고 말하는 이들도 있습니다. 하지만 죽음과 부활 사이의 의식적인 중간 상태에 관해 어떤 견해를 갖든, 우리가 여전히 모든 문제를 풀지 못했다는 점은 변함이 없습니다. 특히 '나'의 어떤 부분이 부활의 몸으로 전이하느냐 하는 문제가 남아 있습니다. 지금까지 우리는 바울이 그러한 '나'의 부분을 설명하기 위해서 프쉬케/혼이라는 단어도, 프뉴마/영이라는 단어도 쓰지 않았다는 점을 살펴봤습니다. 그러면 우리에게 남은 문제는 "바울이 과연 어떤 단어를 써서 그 부분을 설명했는가, 그런 단어가 있기는 한가?"라는 문제입니다.

더 살펴보기: 데살로니가전서 5:23에서 말하는 영, 혼, 몸

인간의 정체성에는 세 부분, 즉 몸(body)과 혼(soul)과 영(spirit)이 있다는 것을 주장하는 데 흔히 사용되는 성경 구절은 바로 데살로니가전서 5:23입니다. 이 구절은 우리가 지금까지 살펴본 다른 모든 구절들과 그 의미가 상당히 다를 가능성이 있는 구절입니다. 이 구절이 영과 혼을 함께 언급하면서도, 다른 곳에서 바울이 사용한 대조 방식—프뉴마티코스와 프쉬키코스를 서로 대조시키는 방식—을 따르지 않기 때문입니다. 신약성경에서 영과 혼을 서로 나란히 인용하는 또 다른 구절은 히브리서 4:12뿐입니다. "하나님의 말씀은 살아 있고 힘이 있어서, 어떤 양날 칼보다도 더 날카롭습니다. 그래서, 사람 속을 꿰뚫어 혼과 영을 갈라내고, 관절과 골수를 갈라놓기까지 하며."

(대다수 신약학자들은 히브리서를 바울이 기록한 것으로 보지 않기에) 역설적으로 히브리서 4:12는, 바울이 데살로니가전서 5:23에서 혼과 영에 관해 한 말에 비해 훨씬 더 쉽게 이해됩니다. 히브리서 4:12의 요점은, 하나님의 말씀은 어떤 면에서 동일하게 보이는 것을 갈라놓을 수 있다는 것입니다. 지금까지의 논의에 비추어 볼 때 우리는 혼과 영의 차이를 실제적으로 어떻게 분별할 수 있는지 묻고 싶어집니다. 히브리서는 이것을 우리는 분별할 수 없지만 하나님의 말씀은 할 수 있다고 말하는 듯합니다(특히 히브리서가 기록된 하나님의 말씀과 인격체로서의 하나님의 말씀 사이를 오가며 이야기하고 있다는 점에 주목해 보면). 혼과 영은 서로 다르지만 그 차이는 오직 하나님만이 보실 수 있다는 것입니다.

반면, 데살로니가전서 5:23은 좀 더 복잡합니다.

> 평화의 하나님께서 친히, 여러분을 완전히 거룩하게 해 주시고, 우리 주 예수 그리스도께서 오실 때에 여러분의 영과 혼과 몸을 흠이 없이 완전하게 지켜 주시기를 빕니다(살전 5:23)

이는 바울이 인간이 별개의 세 부분으로 이루어졌다는 견해를 피력하는 것일 수도 있지만, 다른 바울서신에서는 이런 견해를 찾아볼 수 없으므로 먼저 이 구절을 다시 자세히 들여다보고 그가 정확히 무슨 말을 하고 있는 것인지 분별할 필요가 있습니다. 23절은 상반절과 하반절로 나누어집니다. 즉, 하나님께서 데살로니가 성도들을 완전히 거룩하게 해주시기를 바라는 부분과, 그들의 영과 혼과 몸을 흠 없이 완전하게 지켜 주시기를 바라는 부분입니다. 상반절과 하반절 각각에 완전함(혹은 온전함)을 가리키는 두 개의 다른 단어(홀로텔레스[holotelēs]와 홀로클레로스[holoklēros])가 사용되었습니다. 서로 다른 단어이기는 하지만, 그 의미는 거의 동일합니다.

이는 23절의 주된 강조점이 완전함에 있음을 시사합니다.[10] 실제로 주석가들은 하반절을 상반절의 반복과 확장으로 봅니다. 데살로니가 성도들의 완전한 거룩함은, 그들의 영과 혼과 몸이 완전하고 흠 없는 형태로 나타나리라는 것입니다. 그래서 바울은 그들의 존재를 구성하는 모든 것—하나님을 대면하는 부분, 인간을 대면하는 부분, 생기 있는 몸—이, 예수 그리스도께서 다시 오셔서 그들을 영광스러운 부활의 실존으로 변화시켜 주실 때까지 완벽한 조화를, 즉 거룩한 온전함을 유지할 수 있기를 기도하는 것입니다.[11] 이 구절

---

10 Earl J. Richard, *First and Second Thessalonians,* Sacra Pagina (Collegeville, MN: Michael Glazier, 2007), 288-289를 보십시오.

11 바울의 이 기도와 신 6:5에 기록된 "당신들은 마음을 다하고 뜻(soul)을 다하고 힘을 다하여, 주 당신들의 하나님을 사랑하십시오"라는 말 사이에는 뚜렷한 상관관계가 있습니다. 약간 다른 표현을 쓰고 있지만 둘 다 완전한 헌신

에 대한 몇몇 해석들 가운데 볼 수 있는 역설은, 바울이 여기서 그리스도 안에 있는 생명에 대한 표현으로서 완전한 연합과 일체(wholeness)를 이야기하고 있지만, 한편으로 이 구절은 인간 안에 별개의 세 부분이 존재함을 지지하는 구절로도 사용된다는 것입니다.

하지만 제가 보기에 데살로니가전서 5:23은 오히려 삼분설(trichotomism)에 반론을 제시하는 것 같습니다. 그리스도인의 소명은 분리가 아니라 연합이며, 세 부분으로 나뉘는 것이 아니라 일체라고 말입니다. 우리는 우리가 누구인지에 대해 이야기 할 때 분리가 아닌 완전한 통합을 추구해야 합니다. 영과 혼과 몸, 이 셋은 구별되고 분할되고 분리될 것이 아니라 함께 유지되어야 합니다.

떠나서 그리스도와 함께 있기

우리 안에 죽음 후까지 남는 부분에 대한 탐구를 시작할 지점은, 죽음 이후, 그러나 부활 이전의 존재라고 부를 수 있는 상태에 관하여 바울이 이야기하는 구절들입니다. 일단 그런 구절들 자체가 아주 드물다는 것을 인식하는 것이 중요합니다. 부활이라는 주제는 바울의 거의 모든 글 속에 촘촘히 들어가 있지만, 그와 달리 "부활 전의 '나'는 무엇인가?"에 관한 이야기는 극도로 제한되어 있습니

을 가리킵니다. James D. G. Dunn, *Theology of Paul the Apostle* (Edinburgh: T. & T. Clark, 1998), 57 [=『바울신학』(CH북스, 2019)]을 보십시오.

다. 이 주제가 바울에게는 가장 중요한 관심사가 아닙니다. 따라서 우리의 관심사 때문에 바울의 말을 우리가 답변을 원하는 질문의 모양으로 왜곡해서는 안 됩니다.

그럼에도, 짤막한 몇몇 구절들(빌 1:23; 고후 5:8; 살전 4:16)과 비교적 긴 구절 하나(고후 4:16-5:5)가 흥미로운 통찰을 제공해 줍니다. 먼저 짧은 구절들은 모두 '떠남'을 '그리스도와 함께 있기'와 연결시킵니다. 이를테면, 빌립보서 1:23에서 바울은 육신에 머물러 있기보다 "떠나서 그리스도와 함께 있"고자 하는 바람을 표현합니다. 고린도후서 5:8에서는 "주님과 함께 살기"에 관해 말하고, 데살로니가전서 4:16에서는 "그리스도 안에서 죽은 사람들"에 대해 이야기합니다. 세 번째 구절은 죽음 전(즉, 죽을 때 그리스도 안에 있는) 상태를 가리킬 수도 있지만, 죽은 상태에서 그리스도 안에 있었다는 것이 더 정확한 의미로 보입니다.[12]

이 목록에 두 가지 본문을 더 추가할 수도 있는데요, 바로 로마서 8:38-39과 골로새서 3:3-4입니다. 로마서 8:38-39은 제가 3장 초반부에서 언급한 구절입니다. 이 구절은 "우리를 우리 주 예수 그리스도 안에 있는 하나님의 사랑에서 끊을 수" 없는 것들의 목록에 죽음을 포함시킵니다.[13] 골로새서 3:3의 경우 골로새 성도들이 이미 죽었고 그들의 생명이 "그리스도와 함께 하나님 안에 감추어져" 있다

---

12   이는 Green, *Body, Soul, and Human Life*, 177-178에서 주장하는 내용이기도 합니다.

13   101-103쪽 참조

고 선언합니다. 물론 골로새 성도들은 죽은 상태가 아닙니다(그리스도와 함께 죽었다가 부활했습니다). 하지만 이 구절은 그들이, 그리고 우리가 죽을 때 생명이 그리스도와 함께 하나님 안에 감춰져 있을 것이라고 암시합니다.

이 모든 것으로 우리가 깨닫게 되는 점이 있습니다. 누군가 "죽은 사람이 지금 어디에 있느냐?"고 질문하면, 많은 사람들이 죽은 사람은 하나님의 자애로운 품 안에 있다고 본능적으로 답변하는데, 실은 바울 역시도 그렇게 답변했을 것이라는 점입니다. "죽은 사람들이 정확히 어디에 있고 그들이 체험하는 것의 본질이 무엇이냐?"라는 세부 질문이 아무리 중요하다고 해도, 그들이 그리스도와 함께 있고, 그리스도 안에 있으며, 하나님의 자애로운 품안에 안전히 감싸여 있음을 그저 인정하는 것만큼 중요하진 않습니다.

이와 같은 관계 중심의 답변은 우리가 자주 지나치게 개인적인 차원에서만 '죽음 후의 삶'을 표현하는 것을 바로잡아 줍니다. 이것이 우리에게 깨달음을 주는 부분이 있습니다. 곧 "내가 사랑하는 사람이 지금 어디에 있느냐?"는 질문에 대한 더욱 중요한 답변은 그 사람이 그리스도와 함께 있으며, 그 무엇도 그 사람을 그분의 사랑으로부터 끊을 수 없다는 것입니다.[14] 이 주제에 대한 우리의 논의를 왜곡시키는 것은 개인주의를 고집하는 우리의 태도일 수 있습니다.

---

14 누가 "그리스도와 함께" 있고 누구는 함께 있지 않은지의 문제가 많은 사람들에게 여전히 중요한 쟁점이라는 것은 압니다. 하지만 지면의 문제로 이 책에서는 더 이상 자세히 살펴보지 않으려고 합니다.

어쩌면 "'나'의 '나 됨'에 무슨 일이 일어나는가?"라고 질문의 틀을 짜는 것 자체가 전적으로 잘못된 출발점일지도 모릅니다. 만약 그리스도인으로서 우리가 "그리스도 안에서" 우리의 정체성을 찾는 것이 맞다면, 그리스도 안에서 만물이 존속하는 것이 맞다면(골 1:17), 그렇다면 '나의 나 됨'은 '그리스도 안에서 우리의 우리 됨'에 있는 것입니다.

"죽음 후에 어떤 일이 있느냐?"와 관련해 바울이 주로 쓰는 용어는 하나님 안에서 그리스도와의 관계에 초점을 맞추고 있습니다. 바울은 "자신의 어떤 부분이, 혹은 죽은 사람의 어떤 부분이 그리스도와 함께 있느냐?"에 관해 고민하지 않습니다. 그런 질문은 정체성을 파편화하는 것이며, 다른 곳에서와 마찬가지로 여기서도 바울의 강조점은 연합과 일치에 있지, 파편화에 있지 않습니다.

손으로 짓지 않은 집

이 부분에서 도움이 될 만한 구절이 하나 있습니다. 안타깝게도 내용이 복잡하기도 하고, 답변 못지않게 많은 의문도 남겨 주는 구절이기는 하지만요.[15] 고린도 성도들에게 보내는 두 번째 편지 4:16-

---

15 이 단락의 복잡성에 대한 자세한 논의로는 Victor P. Furnish, *II Corinthians*, Anchor Bible Commentary 32a (New York: Doubleday, 1984), 295-299; Ralph P. Martin, *2 Corinthians*, Word Biblical Commentary 49 (Carlisle: Paternoster Press, 1986), 97-108 [=『고린도후서』(솔로몬, 2007)]; Margaret

5:5인데요, 이 본문은 바울이 가진 부활의 소망에 관해 이야기합니다. 이는 인간의 연약함과 실패, 고난과 절망 중에도 바울이 포기하지 않는 이유를 설명하는 과정 중에 나타납니다(고후 4:1-15). 바울이 어려움을 견디는 이유는 그리스도의 고난에 동참해야 함을 알기 때문입니다. 바울이 고통을 견디는 이유는 자신의 연약함이 극대화될 때 하나님의 영광이 가장 밝게 빛남을 알기 때문입니다. 그리고 그것이 자신의 영광으로 여겨질 수 없다는 것을 알기 때문입니다. 마지막으로 바울이 고난을 견디는 이유는 자신 앞에 기다릴 만한 가치가 있는 일이 있음을 알기 때문입니다. 바로 "영원한 영광의 중한 것"(고전 4:17 개역개정) 말입니다.

> [16] 그러므로 우리는 포기하지 않습니다. 우리의 외적 본성은 수척해지나, 내적 본성은 날마다 새로워지고 있습니다. [17] 우리가 잠시 겪는 사소한 고난은, 크고 중하여 모든 척도를 초월하는 영원한 영광을 우리에게 이루어 주니 [18] 우리는 보이는 것이 아니라, 보이지 않는 것을 기대합니다. 보이는 것은 덧없지만, 보이지 않는 것은 영원하니까요. [5:1] 땅에 있는 장막 거처가 무너지면, 하나님께서 지으신 집, 사람의 손으로 짓지 않은, 하늘에 있는 영원한 집이 우리에게 있는 줄 우리는 알고 있습니다. [2] 우리는 하늘로부터 오는 거처를 덧입기를 갈망

E. Thrall, *2 Corinthians 1—7* (London: T. & T. Clark, 1994), 370–382를 보십시오. 또한 N. T. Wright, *The Resurrection of the Son of God* (London: SPCK, 2003), 364–370 [=『하나님의 아들의 부활』(CH북스, 2005)]도 보십시오.

하면서, 이 장막 집에서 탄식합니다. ³ 이 장막을 벗어도 우리는 벌거 벗은 상태가 아닐 것입니다. ⁴ 이 장막 안에 있는 이들이 짓눌려 신음 하는 것은, 우리가 옷을 벗는 게 아니라 더 입기를 바라기 때문이며, 반드시 죽을 것이 생명에 삼켜지기를 바라기 때문입니다. ⁵ 이런 일 을 위해 우리를 준비시키시고 그 보증으로 성령을 우리에게 주신 분 은 하나님이십니다(고후 4:16-5:5 저자 사역)¹⁶

이 본문의 가장 두드러진 특징 하나는, 바울이 어떤 복잡한 개념 을 전달하려고 할 때 흔히 그랬듯이 다수의 은유들 가운데로 들어 간다는 것입니다. 다섯 가지 은유(집, 전[temples], 장막[tents], 옷, 몸)가 경쟁 하듯이 나란히 등장하는데, 한 가지 은유의 의미 전달이 끝나면 바 로 그 다음 은유로 옮겨갑니다.

이 은유들에 담긴 이미지들을 하나로 묶어주는 것은 바로 거처 (居處)입니다. 지금 우리에게 있는 거처는 장막으로 묘사되는데요(고 후 5:1, 4). 이를 보면 하나님의 백성들이 약속의 땅을 향해 갈 때 광야 에서 유목민처럼 떠돌며 살다가 그 땅에 안착하여 마침내 영원한 거처, 즉 하나님이 거하실 성전을 지은 일이 떠오릅니다. 이는 바울 이 고린도전서에서 고린도 성도들을 하나님의 영이 거하는 전으로 묘사할 때 이미 두 차례나 사용한 표현을 차용한 것입니다(고전 3:16;

---

16 Dunn, *Theology of Paul the Apostle*; Green, *Body, Soul, and Human Life*; and Wright, *Resurrection of the Son of God*에서 통찰을 얻어 제가 직접 번역했습 니다.

6:19). 이렇게 보면 지금 우리의 몸은 장막, 즉 하나님의 영의 임시 거처이며, 이 거처는 영원한 처소로 대체될 것입니다. 우리의 부활의 몸은 현재 우리의 몸보다 더 '육체적'(physical)이고, 더 안전하고 또한 영구적일 것입니다.

이 영구적 거처는 이미 준비되어 있고, 그래서 장래에 대한 바울의 소망의 보증이 됩니다. 그 거처는 현재 우리의 '거처'가 소멸되면 곧 우리의 것이 됩니다. N. T. 라이트(Wright)는 우리가 장차 거할 곳의 현재 위치가 하늘이라는 말이, 그 거처(혹은 우리)가 당연히 하늘에 있게 되리라는 암시는 아니라고 주장합니다.[17] 우리의 부활 체험은 단순히 하늘이 아니라 새 하늘과 새 땅에서 발생할 것입니다. 흔히 그렇듯 이와 관련해서도 번역의 문제가 있습니다. NRSV는 고린도후서 5:2을, "하늘에 있는 우리의 처소"(our heavenly dwelling)로 옷 입기를 갈망한다고 번역하지만, 그리스어 원문을 좀 더 문자적으로 해석하면 "하늘로부터 오는 것"(the one from heaven), 즉 하늘로부터 오는 처소입니다. 다시 말해, 영구적인 새 처소가 하늘로부터 우리에게 와서, 우리가 준비되면 그 처소를 입을 수 있다는 것입니다.[18]

---

17 Wright는 우리의 주의를 환기시키는 비유를 써서 말하기를, 집에 올 손님들을 위해 샴페인을 냉장고에 넣어 둔다고 해서 손님들이 샴페인을 마시기 위해 냉장고에 들어가야 한다는 뜻은 아니라고 말합니다. Wright, *Resurrection of the Son of God*, 368.

18 고후 4:18에서 바울이 언급하는 "보이는 것"과 "보이지 않는 것"에 짤막한 주(註)를 덧붙이는 게 좋겠습니다. 바울이 고후 5장에서 계속해서 이야기하는 내용의 취지를 감안하면, 이 표현은 본질상 실체가 없고 눈으로 볼 수 없는 어떤 것보다는 지금 우리 눈으로 볼 수 있는 것과 지금 볼 수 없는 것으로

바울이 쓰는 용어가 가장 혼동을 일으키는 지점은 그가 장막과 집을 이야기하다가 슬그머니 옷 이야기로 넘어가는 부분입니다. 고린도후서 5:2에서부터 바울은 집과 함께 옷 이야기를 하면서 앞으로 일어날 일을 설명합니다. 그래서 바울은 하늘로부터 오는 처소를 '입는 일'에 관해 이야기하고(고후 5:2), 그 장막을 벗어도 우리는 벌거벗은 상태가 되지 않을 것이라 이야기합니다(고후 5:3), 그리고 우리가 옷을 벗기를 바라는 게 아니라 덧입기를 바란다고 말합니다(고후 5:4). 바울이 쓰는 단어들은 보통 옷을 입고 벗는 것을 설명할 때 사용하는 단어들입니다.

여기서 한 가지 분명하게 눈에 띄는 내용이 있는데요. 바로 '옷을 입는 것'은 분명 몸이라는 것입니다. 지금 우리가 지닌 몸이든 혹은 우리의 부활의 몸이든 말입니다. 바울은 벌거벗은 상태를 보인다는 생각에 유대인 특유의 두려움으로 반응합니다(고후 5:3). 구약성경 안에서 벌거벗은 상태는 보통 수치와 연관됩니다(창 2:23; 사 47:3; 겔 23:29). 몸에서 분리된 자아는 결코 바울이 염원하는 바가 아닙니다. 바울은 그런 것을 생각만 해도 두려움으로 몸서리쳤을 것입니다. 바울의 큰 소망은 절대 벗겨지시 않을 영원한 영광의 옷을 입는 것입니다. 바울은 몸이 없는 상태가 아니라 몸이 있는 상태를 갈망하고 있습니다. 이것은 바울이 고린도후서 5장 2절과 4절에서 흔치 않은 단어 에펜뒤오마이(*ependuomai*)를 반복해서 사용하는 것으로 강조

이해하는 것이 가장 타당합니다. 이 점에 관한 논의로는 Wright, *Resurrection of the Son of God*, 364-369을 보십시오.

됩니다. 이 단어는 단순히 옷을 입는 게 아니라 더 많이 입는 것, 옷을 추가로 더 입는 것을 가리킵니다.

이는 앞서 인용한 본문의 시작 부분에서 외적 본성과 내적 본성을 대조하는 핵심 문구로 되돌아가게 합니다(고후 4:16). 이때 사용된 그리스어는 '우리의 외면/내면'(호 에소 헤몬[ho esō hēmōn], 개역개정은 '겉사람'과 '속사람'으로 번역)입니다. 다른 서신에서 바울은 '속사람'(톤 에소 안트로폰[ton esō anthrōpon])을 두 차례 더 언급하는데요, 이를테면 로마서 7:22에서는 '가장 내밀한 자아'로 하나님의 법을 기뻐하는 것을 이야기하고,[19] 에베소서 3:16에서는 내면의 존재가 강건하게 되는 것에 대해 이야기합니다.[20] 이러한 용례가 흥미로운 이유는, 이것이 바울이 말하는 '나를 나로 만들어 주는 특성'에 가장 근접하기 때문입니다. 하지만 바울은 (그리스어로) '우리 안에 있는 것'이라는 표현을 모호하게 사용할 뿐, 어떤 정확한 호칭을 사용하지 않았습니다. 그 표현은 단 세 차례만 나타나는데, 결코 정확한 의미가 밝혀지지 않습니다. 고린도후서 본문을 읽고 '우리 안에 있는 것'이 결국 부활의 몸으로 옮겨간다는 내용이라고 추론할 수는 있지만, 이를 정밀한 이론으로 만들기에는 무리가 있습니다.

제가 생각하기에, 쿠퍼는 한 방향으로(몸이 없는 혼의 존재 쪽으로) 너무 멀리 가고, 그린은 다른 방향으로(죽을 때 우리에게는 잔존하는 부분이 전혀

---

19 여기 쓰인 그리스어는 **톤 에소 안트로폰**(*ton esō anthrōpon*), 즉 내면의 사람 (the inner person)입니다..

20 고전 5:12에서는 이 표현이 복수로 쓰여, '외부인들'과 대조되는 '내부인들'을 가리킵니다.

없다는 쪽으로) 너무 멀리 갑니다. 바울은 현재의 삶 이후까지 살아남아 부활의 때 새로운 생명으로 살아나는 그 무언가('우리 안에 있는 것')가 있다고 믿었습니다. 그 작지만 단단한 믿음을 더 발전시키진 않았지만 말이죠. 바울은 그 무언가가, 즉 '우리 안에 있는 것'이 그리스도와 함께 있게 될 것이며, 부활의 때까지 그분과 함께 감춰져 있을 것이라 믿었습니다. 또한 '우리 안에 있는 것'은 그리스도와의 관계에 의해, 우리 주변 사람들과의 관계에 의해 구체화됩니다. 이는 사실 바울 신학 안에서 사소한 부분이지 주요한 부분은 아닙니다. 실제로 바울은 '우리 안에 있는 것'에 분별 가능한 어떤 호칭을 붙여주진 않습니다. 하지만 분명 존재하지요.

하지만 그 개념을 지나치게 확장시키지는 말아야 합니다. 바울에게 '나를 나로 만들어 주는 부분'은 여전히 몸과 연관됩니다(고후 5:3에서 벌거벗은 채 발견된다는 생각에 두려움으로 몸이 떨린다고 말한 것을 기억할 필요가 있습니다). '나를 나로 만들어 주는 부분'에는 그리스도 안에서의, 그리고 그리스도와의 관계가 필요합니다. 또한 그 부분은 우리의 영이 하나님의 영과 뒤얽히는 것과 연관됩니다. 바울은 진짜 '나'인 내부의 핵심에 이르기까지 우리 '자아'의 층들을 양파 껍질 벗기듯이 벗겨낼 수는 없다고 생각합니다. 그렇게 했다가는 결국 벗겨져나간 그 층들과 함께 '진짜 나'를 잃고 말았다는 것을 깨닫게 될 가능성이 높습니다. 진짜 '나'는 그리스도의 사랑, 그리고 그리스도와의 관계에 뿌리를 내리고 토대를 둔, '내 존재 전체'에서 찾아야 합니다.

… 에 생각을 두기

이 책의 마지막 두 장에서 몸이라는 주제를 다시 살펴보기 전에, 우리가 탐구해야 할 '나를 나로 만들어 주는 부분'의 세 번째 요소는 바로 생각(mind, 사고)입니다. 서구 사상, 특히 서구 철학 사상에서 생각은 인간 정체성의 중심으로 여겨져 왔습니다. 이제는 하나의 상징이 된 데카르트의 말 "나는 생각한다, 그러므로 나는 존재한다"는 오늘날에도 인간의 정체성에 대한 우리의 이해에 영향을 끼치고 있습니다. 하지만 이 책을 여기까지 읽었다면, 바울에게 생각이 아주 중요하기는 해도 정체성 이해의 핵심은 아니라는 점을 인식해야 할 것입니다. 앞에서 살펴본 것처럼, 바울에게 지금 우리가 누구이며 또 앞으로 어떤 존재일지를 구체화하는 중심 기둥은 그리스도 안에 있는, 그리고 그리스도와의 관계입니다.

그렇다고 바울에게 생각이 중요하지 않다는 말은 아닙니다. 전혀 그렇지 않습니다. 바울을 깊이 있게 이해하려고 한 사람 중에 바울에게 생각이 중요하지 않다고 여긴 사람은 단 한 사람도 없습니다. 저 자신도 바울을 다음과 같이 요약합니다. 바울은 부활하신 그리스도를 한 번 이상 극적으로 만났습니다(다메섹으로 가는 길뿐만 아니라 다른 때에도 만났습니다. 예를 들어 고후 12:1-10을 보세요). 상당한 지성의 소유자였던 바울은 그 후 하나님의 아들 예수 그리스도가 세상에 어떤 변화를 일으켰는지, 이제 그에 비추어 우리는 어떻게 살아야 하는지 그의 지성을 활용해 깨달으려 애쓰며 살았습니다. 알베르트 슈바이처(Albert Schweitzer)는 그의 저서 『사도 바울의 신비주의』(*The Mysticism of Paul the Apostle*, 감은사 근간)에서 바울을 "기독교 사상의 수호 성인"(patron saint of thought in Christianity)이라고 유쾌하게 칭한 바 있습니다.[21]

슈바이처는 바울에게서 영(Spirit)의 체험(혹은 슈바이처라면 그리스도 안의 신비주의라고 칭했을 것입니다)과 합리적인 사고가 중요한 균형을 이루고 있다는 것을 깨달았습니다. 이는 슈바이처가 올바로 본 것입니다. 체험이란 우리가 하나님과 조우하는 방식입니다. 하지만 깊은 사고가 동반되지 않은 체험은 고린도 교회에서 일어난 문제들을 일으킵니다. 이것이 바로 바울이 다음과 같이 말한 이유입니다. "나는 영으로 기도하고, 또 깨친 생각(새번역에는 "마음")으로도 기도하겠습니다. 나는 영으로 찬미하고, 또 깨친 생각으로도 찬미하겠습니다"(고전 14:15). 생각은 우리가 하나님을 체험할 때 중요한 자리를 차지하는데도 우리는 자주 위험을 무릅쓰고 생각을 버리곤 합니다.

필연적으로 이는 바울서신에서 '생각'(mind)이라는 단어를 살펴보게 만듭니다. 먼저 주목할 점은, 바울서신에는 '생각'을 뜻하는 단어가 하나만 있지 않다는 것입니다. 바울은 여러 가지 단어들 사이

---

21 Albert Schweitzer, *The Mysticism of Paul the Apostle ··· Translated*, trans. William Montgomery (London: A&C Black, 1931), 377. 또한 Schweitzer는 "시대에 적합한 세계관의 사고 형식을 지적으로 이해할 수 있는 능력을 가지고 예수님을 믿게 만드는 사상가들이 예수님의 영 안에서 계속 생겨나야만, 기독교가 계속해서 다음 세대를 위한 살아 있는 진리가 될 수 있다"고 말합니다(377).

를 매끄럽게 오가는데, 그 단어들은 하나같이 동일한 의미를 반향합니다.[22] 바울이 사용하는 단어들의 다양성을 보면, 그가 그 단어들 중 어느 하나도 엄밀하고 기술적인 방식으로 사용하고 있지 않다는 유익한 사실을 깨닫게 됩니다. 그 단어들은 모두 이해에 초점을 맞추고 있습니다. 다시 말해, 우리가 세상을 보는 방식에 초점을 두고 있습니다. 따라서 그 단어들은 '단지' 합리적 견해 정도가 아니라, 그보다 훨씬 더 많은 것을 가리킵니다. 즉, 바울에게도 이성은 중요하지만, 그에게 있어 생각은 이성, 그 이상의 것과 연결됩니다.

마음과 생각

우리가 알아야 할 한 가지 중요한 특징은, 바울이 그러한 단어들을 폭넓게 사용할 때 히브리어의 영향을 강하게 받았다는 것입니다. 바울서신 안에서 '생각'을 뜻하는 단어들 중 아래 각주 22번에 언급되지 않은 단어는 마음(카르디아[kardia])이라는 단어입니다. 그렇지만 이 단어도 목록에 들어가야 합니다. 사실 바울이 '생각'(mind)을 가리키는 데 사용하는 주요 어휘가 카르디아라고 주장할 만한 논거가 있습니다. 누스(nous, 흔히 '지성'을 뜻하는 단어로 인용됩니다)는 바울서신에 21회 나타나는 반면, 카르디아는 52회 나타납니다. 바울은 구약성경에서 마음(heart)을 뜻하는 히브리어 단어(레브[leb])의 용례와 아주 비

---

22 누스(nous)가 지성(혹은 생각)을 뜻하는 말로 가장 흔히 사용되지만, 그 외에도 쉬네시스(sunesis), 디아노이아(dianoia), 노에마(noēma), 에노이아(ennoia), 프로네마(phronēma), 프로네시스(phronēsis)가 있습니다. .

숫한 방식으로 **카르디아**라는 단어를 사용합니다.

히브리 사상에서 마음은, 오늘날 우리의 경우와 마찬가지로 감정이 자리하는 곳이지만, 또한 깨달음이 발생하는 곳이기도 합니다("주님께서는 당신들에게 깨닫는 마음 … 를 주지 않으셨습니다"[신 29:4]). 마음은 의사 결정이 이루어지는 곳이고("나 주는 나의 마음 속에 뜻한 바를 시행하고 이룰 때까지, 분노를 풀지 않을 것이다"[렘 23:20]), 하나님의 법이 지켜지는 곳이며("나를 깨우쳐 주십시오. 내가 주님의 법을 살펴보면서, 온 마음을 기울여서 지키겠습니다"[시 119:34]), 묵상이 이루어지는 곳입니다("내 입의 말과 내 마음의 생각이 언제나 주님의 마음에 들기를 바랍니다"[시 19:14]). 바울의 글에는 이런 유형의 용례가 반영되고 있습니다. 이러한 맥락에서 바울은 "전해 받은 교훈의 본에 마음으로부터 순종함"에 관해 말하기도 했습니다(롬 6:17). 이러한 용례는 "하나님의 말씀이 마음에 있다"(롬 10:8), "마음의 뜻"(고전 4:5), 그리고 어떤 사람이 마음으로 결정을 내리고 그것을 고수한다(고전 7:37)는 표현에도 반영되어 있습니다.[23]

이렇게 마음(heart)을 사고, 의도, 목적, 그리고 감정이 자리하는 곳으로 보는 좀 더 히브리적인 용례는, 생각(mind)과 관련해 바울이 쓰는 용어를 더 넓은 배경에서 이해할 수 있게 도와줍니다. 우리는 생각과 감정을 분리하는 데 익숙합니다. 무언가가 머리에서 가슴으로 내려온다는 식의 표현들이 우리의 생각과 느낌은 별개라는 것을 설

---

23 고전 7:37에는 '마음'(heart)이라는 단어가 두 차례 나오기에 특히 흥미롭습니다. "그러나 결혼하지 않기로 마음을 굳게 먹은 사람이, 부득이한 일도 없고, 또 자기의 욕망을 제어할 수 있어서, 자기 약혼녀를 처녀로 그대로 두기로 마음에 작정하였으면, 그것은 잘하는 일입니다."

명하는 데 자주 사용됩니다. 심지어 생각과 느낌은 우리 몸의 각각 다른 부분에서 일어난다는 것을 설명하는 데 사용되기도 하고요. 그런 표현들은 바울을 곤혹스럽게 했을 것입니다. 바울의 견해로는 생각과 감정이 몸의 동일한 부분에서 일어났으며 또한 서로 얽혀 있었습니다. '생각'을 이렇게 이해하면 이성에 관한 우리의 관점이 바뀌고, 어떤 결정에 이르는 방식과 그 의사 결정에서 무엇이 중요 한지에 관한 관점도 달라집니다.

의사 결정 과정에서 이성과 감정을 다시 통합할 수 있다면, 우리 가 무엇을 깨닫게 될지 궁금합니다. 제 생각에, '올바른' 의사 결정 과정에서 감정이 배제되어야 한다는 주장은 곧 감정이 아무런 설명 과 중간 조정 절차도 없이 뒷문으로 숨어들 수 있다는 의미인 것 같 습니다. 의사 결정은 흔히 감정으로 이루어집니다. 하지만 대개 이 것은 받아들일 수 없는 일로 여겨지기 때문에, 의사 결정을 이루는 감정에는 아무런 이름도 붙여지지 않습니다. 그리고 때로는 처음부 터 받아들였을 경우에 비해 훨씬 더 큰 영향력을 갖기도 합니다.

더 살펴보기: 마음을 다하고 뜻을 다하고 힘을 다하여

바울서신에서 마음(heart)과 생각(mind)을 가리키는 데 사용된 용어 는 신명기 6:4-5의 상징적 구절을 떠올리게 합니다(유대인들에게는 쉐마 로 알려진 구절인데요, 이는 그저 "들으라"는 뜻의 히브리어입니다).

⁴ 이스라엘은 들으십시오. 주님은 우리의 하나님이시요, 주님은 오직 한 분뿐이십니다. ⁵ 당신들은 마음을 다하고 뜻을 다하고 힘을 다하여, 주 당신들의 하나님을 사랑하십시오(신 6:4-5)

여기 쓰인 세 가지 단어들 중 두 단어, 즉 마음(히브리어로 레브[leb])과 혼(네페쉬[nephesh], 위 본문에서는 '뜻'으로 번역됨 - 역주)은 이제 친숙할 것입니다. '힘'으로 번역된 세 번째 히브리어 단어(머오드[mə'od])의 경우 여러모로 호기심을 자아냅니다. 이 단어는 보통 '바로 그, 참된'이나 '많은'을 뜻하는 형용사로 사용되지만, 여기에서처럼 독자적으로 '능력' 혹은 '힘'으로 번역되어 사용되기도 합니다. 저는 이 단어를 '많은 부분'으로 이해하여, 여러분들의 '많은 부분'으로 하나님을 사랑하라는 뜻으로 번역하고 싶습니다. 여러분들의 모든 활력을 다해, 여러분이 가진 모든 것을 다해, 어린 시절의 표현을 빌리자면 힘껏 하나님을 사랑하라는 것입니다. 그래서 하나님을 사랑하라는 명령은 우리가 생각하고 마음으로 느낄 때 동원하는 것, 즉 몸을 포함하여 우리의 생명력(네페쉬)과 우리의 힘을 활용하기를 요구합니다. 다시 말해, 이 명령은 생각, 감정, 생명력, 몸, 힘 등 우리를 '우리'로 만들어 주는 모든 것으로 하나님을 사랑하라는 명령입니다. 우리를 창조하신 하나님은 그에 대한 화답으로 우리의 전부를 요구하십니다.

이러한 내용을 감안할 때, 이 상징적인 명령이 복음서에서 그리스어로 어떻게 번역되었는지를 살펴보는 일은 상당히 흥미롭습니다. 복음서 안에서 신명기의 구절은 율법을 요약하는 말로 여러 차례 인용되었습니다. 아래 구절들 안에 번역된 핵심 단어들에 어떤 그리스어가 쓰였는지 일일이 괄호 속에 표시했습니다.

> 네 마음(카르디아)을 다하고 네 목숨(프쉬케)을 다 하고 네 뜻(디아노이아)을 다하여 주 너의 하나님을 사랑하여라(마 22:37)

> 네 마음(카르디아)을 다하고 네 목숨(프쉬케)을 다하고 네 뜻(디아노이아)을 다하고 네 힘(이스퀴스)을 다하여 너의 하나님이신 주님을 사랑하여라 (막 12:30)

> 또 마음(카르디아)을 다하고 지혜(쉬네시스)를 다하고 힘(이스퀴스)을 다하여 하나님을 사랑하는 것과(막 12:33)[24]

> 네 마음(카르디아)을 다하고 네 목숨(프쉬케)을 다하고 네 힘(이스퀴스)을 다하고 네 뜻(디아노이아)을 다하여 주 너의 하나님을 사랑하여라(눅 10:27)

---

24 마가복음 인용문은 예수님과 서기관의 대화 중 일부입니다. 막 12:30은 예수님의 말씀으로 알려져 있고, 막 12:33은 서기관의 대답으로 알려져 있습니다. 이것이 바로 동일한 문구가 반복되는 이유입니다. 물론 약간 다른 그리스어 단어가 사용되기는 했습니다. 이렇게 표현이 다른 것은 이 상징적인 히브리어 단어를 그리스어로 어떻게 번역하는 것이 최선인지에 대한 논의가 있었음을 시사합니다.

그리스어 **카르디아**(*kardia*)는 네 인용문 모두에 사용되고 있습니다. 그리스어 **프쉬케**는 세 인용문에서 히브리어 **네페쉬**의 번역어로 사용되었습니다. (신명기에서 '힘'으로 번역되는) 히브리어 **머오드**('많음')의 경우 복음서에서도 '힘'으로 번역됩니다. 하지만 마태는 이 단어를 전혀 사용하지 않았습니다. 생각(mind)을 뜻하는 그리스어 단어, **디아노이아** 혹은 **쉬네시스**는 네 인용문 모두에 사용되었습니다. 이는 예수님의 시대에는 '마음'이라는 단어가 그리스어권에서 쓰이는 것처럼 '생각'이라는 개념을 온전히 포괄하지 못했음을 시사합니다. 그리고 '마음'이라는 단어가 역사적으로 유명한 관용적 표현에 자주 사용될 정도로 상당히 중요하게 여겨졌음을 시사합니다.

이러한 현상은 분명 바울의 용례와도 일치합니다. 바울에게 '마음'은 '생각'을 뜻하는 다른 어떤 단어들보다도 더 중요했습니다. 물론 바울은 '생각'을 뜻하는 다른 단어들을 사용했지만요.

영의 사고방식

특별히 두 본문이 그리스도인의 영적 생활에서 생각(mind)이 하는 역할에 대한 바울의 견해를 알려줍니다. 첫째, 로마서 8:5-6입니다. 이는 영어로 옮기기에 더욱 까다로운 구절로 손꼽히는 본문인데요, 아래는 저의 번역인데, 본문이 얼마나 까다로운지 조금이라도 느낄 수 있도록 의도적으로 최대한 거칠게 옮겼습니다. 5절에 쓰인 동사는 **프로네오**(*phroneō*, 생각하다, 의견을 갖다, 혹은 마음을 정하다)이고, 6절에서는 이와 관계된 명사 **프로네마**(*phronēman*, 사고방식, 뜻)가 쓰입니다.

⁵ 육신을 따라 사는 사람은 육신의 일들에 생각을 두지만, 영을 따라 사는 사람은 영의 일에 생각을 둡니다. ⁶ 육신의 사고방식은 죽음이 지만, 영의 사고방식은 생명과 화평입니다(롬 8:5-6 저자 사역)

바울이 하는 말에 담긴 핵심 중 하나는 바로 행동과 생각을 연결시킨다는 것입니다. 혼(soul)에서 몸(body)을, 반대로 몸에서 혼을 분리시키는 세상의 시각은, 행동과 생각 사이에 근본적인 차이가 있다고 이야기합니다. 그러나 바울은 그러한 차이나 구분은 없다는 점을 분명하게 밝힙니다. 바울에 따르면 내 행동은 내 생각에 영향을 끼치고, 내 생각은 내 행동에 영향을 끼칩니다. 둘은 서로 얽힌 일체입니다. '육신'(flesh, 이 세상에 속한 것, 즉 돈·권력·지위·미모·젊음처럼 결국 끝이 있는 것들)에 지배되는 삶을 산다면, 생각도 그것을 따를 수밖에 없습니다. 반면 영(Spirit)의 일들(사랑, 기쁨, 화평, 인내 등)에 지배되는 삶을 산다면, 생각도 그것에 영향을 받아 형성됩니다. 이것이 아마도 예수님께서 산상설교 가운데 우리의 행동 못지않게 우리가 가진 생각에 대해서도 힘주어 말씀하신 이유일 것입니다. 무엇을 생각하느냐는 우리가 어떻게 행동하느냐에 대하여 실제적인 차이를 만듭니다. 반대로 어떻게 행동하느냐는 무엇을 생각하느냐에 영향을 끼칩니다.

앞 장 끝부분에서 우리는 그리스도인의 삶에서 영(Spirit)을 향하여 열려 있는 자세가 중요하다는 점을 살펴보았습니다. 체험뿐만 아니라 의도 면에서도 말입니다. 이 주제가 정말 중요해지는 곳이 바로 이 지점입니다. 영(Spirit)이 우리에게 틈입할 수 있고 실제로 틈입하여 우리가 세상을 보는 방식을 변화시키지만, 그와 동시에 영의 인도를 받은 생각과 행동으로 스스로를 빚어가는 삶을 사는 것은 우리의 의무입니다. 유혹하는 듯 우리를 부르는 세상의 일들에 매이면 매일수록, 생명을 주시는 영이 일으키는 변화를 체험하기는 더욱 어려워집니다.

둘째, 빌립보서 2:5입니다. 이 구절은 흔히 빌립보 성도들의 '그리스도 찬가'라고 불리는, 스스로를 내어주시는 그리스도의 본성을 묘사하는 아름다운 시(詩)를 소개하기 시작합니다. 우리가 흔히 이 '찬가'를 오로지 그리스도만을 찬양하는 내용으로 읽는 것은 사실이지만, 실은 그 못지않게 이 '찬가'가 우리에 관한 내용, 곧 우리가 어떤 존재로 부르심을 받았는가에 관한 내용임을 깨닫는 것이 중요합니다. NRSV에서는 이 구절을 "그리스도 예수 안에 있던 바로 그 생각(mind)이 여러분 안에 있게 하십시오, 그분은…"이라고 번역합니다. 다시 말해 우리는 삶의 방식으로, 곧 우리가 행하는 일뿐만 아니라 세상을 보는 방식에서도 그리스도를 본받아야 합니다. 빌립보서 2:5 그리스어 원문에는 NRSV가 옮긴 명사("바로 그 생각이…있게 하십시오")가 아니라, 동사 **프로네오**(생각을 두다 혹은 뜻을 품다)로 되어 있습니다. 이것이 중요합니다. 그리스도께서 "어떤 생각을 두셨다" 혹은 "어떤 뜻을 품으셨다"는 것은 곧 여러분도 그분과 같이 생각을 두고 뜻을 품으라는 것입니다. 흥미로운 점은, 이 찬가가 계속해서 태도(하나님과 동등함을 이용 대상으로 여기지 않으심, 자기를 낮추심, 죽기까지 순종하심 등)를 행동(자기를 비우심, 종의 모습을 취하심 등)과 뒤섞는다는 것입니다.

이러한 모습은 에베소서 4:17-24에서도 나타납니다. 이 에베소서 본문은 이방인들의 '무지와 마음의 완고함', 곧 그들의 지각을 어둡게 만든 무지의 결과를 살피고 있습니다(엡 4:18). 그러한 지각의 결핍은 이방인들의 행동에도 영향을 미칩니다("그들은 수치의 감각을 잃고, 자기들의 몸을 방탕에 내맡기고…"[엡 4:19]). 이와 대조적으로 '그리스도를 배운' 에베소 성도들에게는 '생각(mind)의 영'(새번역에는 '마음의 영')을 새롭게 하고 참 의로움과 참 거룩함으로 옷 입으라는 권면이 주어집니다(엡 4:23-24). 여기서도 우리는 생각과 행동이 근본적으로 연결되는 것을 보게 됩니다. 생각은 단지 우리의 생각만이 아니라 행동에도 영향을 끼칩니다. 그리스도의 생각을 품기, 영(Spirit)에 생각을 두기는 내 행동에도 영향을 끼칩니다. 그리고 그리스도께서 사셨던 대로 사는 일은 내 뜻이나 사고방식에도 영향을 끼칩니다.

결론적으로 생각해 보아야 할 것들

우리는 대체로 영성(spirituality)을 행동과는 결부시키지 않는데요, 바울이 '생각'이라는 단어를 어떻게 사용하는지를 보면, 영성과 행동을 결부시켜야 한다는 것을 알 수 있습니다. 흔히 영성은 우리의 기도 생활만을 가리키는 말로 사용되곤 합니다. '내면의 삶'이라는 말이 종종 영성과 관련해서 사용되고요. 그런데 여기서 충분한 주의를 기울이지 않으면 자칫 영성이 우리의 '외면의 삶'과는 별 관련이 없다는 뜻이 됩니다. 하지만 바울은 영성과 행동이 서로 없어서는 안 될 만큼 긴밀히 연결되어 있음을 말하고 싶었던 것 같습니다. 영(Spirit)에 생각을 두는 것은, 우리 내면의 삶뿐만 아니라 외면의 삶(우리의 행동)에도 큰 영향을 끼칩니다. 또한 그리스도의 생각을 품는 것은, 우리의 생각뿐만 아니라 우리의 행동 방식에도 영향을 끼칩니다. 내면의 삶을 순결하게 하는 것만으로는 충분하지 않습니다. 행동과 사랑을 통해 밖으로 표출되어야 합니다. 더 큰 문제는, 계속해서 영이 아닌 다른 기준으로 살아가게 되면, 결국엔 우리의 내면 세계도 변한다는 것입니다.

우리는 종종 "별 의미 없었어요"라는 식으로 자기 행동을 변명하고 싶을 때가 있는데요, 여기에는 내가 한 행동은 맞지만 그 행동이 내가 실제로 어떤 사람인지에는 영향을 끼치지 않는다는 생각이 담겨 있습니다. 그러나 바울은 우리의 행동에는 언제나 어떤 의미가 있다고 이야기합니다. 우리가 사는 삶, 우리가 하거나 하지 않은 행동, 우리가 하는 생각, 이 모든 것은 영(Spirit) 안에 있는 삶으로 우리를 더 가까이 끌어들이거나 혹은 더 멀리 밀쳐냅니다. 그 모든 것이 다 의미가 있습니다. 그리스도인의 삶을 살라는 부르심은 우리의 '생각'을 고치는 일이며, 이는 곧 우리의 행동뿐만 아니라 우리의 지각을 영(Spirit)의 일과 그리스도의 길에 고정시켜 하나님의 생명을 향해 전진하라는 것입니다. 물론 그럼에도 우리는 때로 잘못을 저지를 것입니다. 또한 우리가 사는 옛 창조 세계는 여전히 죄와 죽음이 지배하는 세상이며, 그런 잘못이 특징인 세상입니다. 하지만 앞서 말한 부르심을 향한 노력이 그다지 중요하지 않다거나 그다지 의미가 없다고 말해서는 안 됩니다. 그것은 언제나 중요하고 의미가 있습니다.

이 장에서 우리는 진짜 '나'인 '나'의 문제를 탐구했습니다. 이 문제에 답하기 위해 우리는 진액으로 남은 참된 '나'를 발견할 때까지, 우리 정체성의 층들을 모두 다 벗겨내고 농축시키고 싶다는 생각을 하기도 하는데요, 그러나 바울은 그러한 생각은 번지수를 잘못 찾은 것이라고 대답합니다. 우리가 정말로 어떤 존재인지는 (정체성의 층들을 벗겨내고 분할시킨) 가장 작은 단위에서가 아니라, 가장 큰 단위에서만 깨우칠 수 있습니다. 우리의 몸, 우리의 행동과 생각, 그리스도 안에 있는, 그리고 그리스도와 맺는 관계, 영(Spirit) 안에서 사는 삶, 이 모든 것이 진짜 '나'를, 아니 좀 더 정확히 말해 진짜 '우리'를 구성합니다. 바울에게 참 정체성이란 '나의 나 됨'에서가 아니라 '우리의 우리 됨'에서 찾아야 하는 것이기 때문입니다. 이 주제에 대해서는 이 책의 후반부에서 다시 살펴보겠습니다.

제7장

아름다운 몸?

7. 아름다운 몸?

이제 이야기를 처음 시작했던 지점으로 되돌아가야 할 때가 되었습니다. 바라기는, 이제 새로운 발견을 바탕으로 신선한 관점에서 그 지점을 살펴보았으면 합니다. 바울이 몸을 적대한다고 전제하는 것, 몸(body)과 육신(flesh)이 마치 하나의 단어인 양 융합하는 것, 그리고 우리를 참으로 우리로 만드는 것이 혼(soul)이며 혼은 죽을 때 우리 몸에서 쉽게 제거될 수 있다고 가정하는 것은, 바울을 몸에 대해 부정적이었던 사람으로 보게 만듭니다. 하지만 바울이 그와 관련된 핵심 단어들을 우리의 가정과는 다르게 사용했다는 것, 그리고 우리가 일반적으로 논의를 시작하는 지점과 매우 다른 곳을 출발점으로 삼았다는 것을 알게 되면, 모든 퍼즐 조각들이 움직이면서 다른 순서로 관련 논의를 바라보게 됩니다. 우리 몸을 영성(spirituality)에 부수적이며 중요하지 않은 것으로 보는 것이 아니라, 영성에 없어서는 안 되는 것으로 보게 만드는 순서 말이죠.

이 책을 여기까지 읽은 독자분들이라면, 바울서신에서 몸에 관한 어떤 핵심 구절을 이해하기 위해서는 바울이 그리스어 소마(*sōma*)를 어떤 의미로 썼는지를 먼저 살펴봐야 한다는 것을 눈치챘을 것입니다. 이 책에서 탐구해 온 다른 많은 개념들과 마찬가지로, 바울은 소마라는 단어를, 우리가 '몸'이라는 단어를 쓸 때보다 더 폭넓고 더 다양한 방식으로 사용합니다. 확실히 이 소마는 물질로 이루어진 몸(physical body)을 뜻하면서도, 단순히 살과 뼈가 아니라 그 이상의 무언가를 포괄합니다. 일단 바울서신 곳곳에서 '몸'이라는 단어가 '물질적인 몸'을 가리키는 말로 쓰인 분명한 사례들을 어렵지 않게 찾아 볼 수 있는데요, 예를 들어, 남편과 아내는 서로의 몸에 대해 상호 권한을 가진다고 말하는 구절이 있습니다(고전 7:4). 또한 바울은 몸으로 함께 하지 못하는 상태에 관해 말하기도 하고(고전 5:3), 자기 몸에 그리스도의 흔적을 지닌 것에 대해 말하기도 합니다(갈 6:17). 하지만 바울이 소마를 더 광범위하고 더 유동적으로 사용한 다른 사례들도 있습니다.

몸을 드리라

이와 관련된 대표적인 사례는 로마서 12:1-2입니다. 로마서 12장은 바울의 서신들 중 가장 복잡한 이 서신에서 중심축 역할을 합니다. 로마서 1-11장에서 바울은 하나님께서 그리스도 안에서, 영(Spirit)

을 통해 (인류를 위해) 행하신 일을, 그의 열정과 힘을 다해 설명합니다. 그리고 12-16장에서는 "그리스도인들이 어떻게 하면 하나님의 압도적인 자비(를 아는 지식) 안에서 살아갈 수 있는가?" 하는 질문으로 그 방향을 돌립니다. 학자들은 로마서 12장의 1-2절이 12-16장 전체의 제목 내지는 요약 역할을 한다고 이야기합니다.[1] 쉽게 말해, 12장 1-2절은 12-16장의 내용이 자리 잡고 앉을 수 있도록 돕는 역할을 한다고 보면 됩니다. 12장 1-2절은 큰 그림에 해당하고, 그 다음 네 개의 장은 그것을 자세히 설명하는 내용입니다.

> [1] 그러므로 형제자매 여러분 나는 하나님의 자비하심을 통해 여러분에게 권합니다. 여러분의 몸을 살아 있고 거룩하고 더할 나위 없이 만족스러운 제물로 드리십시오. 이것이 여러분이 드릴 합당한 예배입니다. [2] 여러분은 이 시대를 본받지 말고 생각(mind)을 새롭게 함으로 변화되어 선하고 아주 만족스럽고 완전한 하나님의 뜻이 무엇인지 알아볼 수 있도록 하십시오(롬 12:1-2 저자 사역)[2]

로마서 12:1은 바울 특유의 "그러므로"라는 표현으로 시작됩니다. 이 문맥에서는 "그러므로"를 1-11장 전체에 비추어 이해하는 것이 합리적입니다. 로마서 1-11장에서 바울은 자신이 생각하는 '하나

---

1   Robert Jewett, *Romans: A Commentary*, Hermeneia (Minneapolis, MN: Augsburg Fortress Press, 2006), 724의 논의를 보십시오.

2   제 번역은 Jewett, *Romans*, 724-735의 논점 몇 가지를 반영합니다.

님의 자비'가 무엇인지 꼼꼼하고 상세하게 설명했습니다.[3] 그리고 12-16장에서 바울은 그 자비에 화답하라고 로마의 성도들에게 권면합니다. 로마서 12:1-2에서 바울은 로마의 성도들이 정확히 어떻게 화답해야 하는지를 요약하는데, 특별히 두 가지 행동이 요구됩니다. 먼저 자기 몸을 바쳐야 하고(롬 12:1), 생각(mind)을 새롭게 함으로 변화 혹은 변모되어야 합니다(롬 12:2).

두 가지 행동은 지금 우리의 논의와 아주 정확히 맞닿아 있으므로 그 의미를 고찰해 보는 것이 좋겠습니다. 첫 번째 행동은 (유대식이든 그리스식이든) 성전 예배를 강하게 반향합니다. 당시 성전에서는 예배의 한 표현으로 제물이 바쳐졌습니다. 그런데 지금 바울은 로마의 성도들에게 그들의 몸을 바치라고 강권하고 있습니다. 제임스 던(James Dunn)이 짓궂게 지적한 것처럼, 바울이 지금 로마의 성도들에게 그들의 사지를 잘라 제단에 올려놓아야 한다는 뜻으로 말한 것은 아닐 것입니다.[4] 바울의 말은 그들의 전부―그들의 삶, 그들이 맺고 있는 모든 관계들, 그들의 온갖 행동들 등―를 하나님께 드려야 한다는 뜻이었습니다.

바울은 하나님께 혼(soul)이나 영(spirit), 혹은 마음(heart)을 드리라고 하지 않고, 몸(body)을 바치라고 말했습니다. 그것이 '일종의' 예배

---

3   여기서 자비를 뜻하는 단어는 조금 특이한 오이크티르모스(oiktirmos)라는 단어입니다. 흔히 이 단어는 단순히 자비로운 태도보다는 자비를 실제적으로 실천하는 것을 가리키는 말로 쓰입니다.

4   James D. G. Dunn, *Theology of Paul the Apostle* (Edinburgh: T. & T. Clark, 1998), 58. [=『바울신학』(CH북스, 2019)]

라고 선언하면서요. 이것은 정확히 어떤 예배를 가리키는 것일까요? NRSV는 이 부분을 '영적 예배'(spiritual worship)라고 번역합니다. 이 번역의 문제는 여기서 '영적'이라는 단어를 들으면, 바울의 다른 글에서 보게 되는 '영적'이라는 단어, 즉 프뉴마티코스(pneumatikos)를 떠올리게 된다는 것입니다. 실은 그 단어가 사용되지 않았는데 말이죠. 바울이 로마서 12:1에서 특정한 유형의 예배를 묘사하려고 사용한 단어는 그리스어 로기코스(logikos)입니다. '논리적'(logical)이라는 영어 단어가 여기에서 나왔고, 보통 '합리적이다' 혹은 '이치에 맞다'라는 의미로 사용됩니다. 이것을 감안하면 바울의 진술이 더욱 더 흥미롭게 느껴집니다. 하나님께 대한 적절한 화답은 언제나 예배인데, 로마서 1-11장에서 드러난 하나님의 압도적인 자비에 대한 적절한 화답으로 제시된 것이 바로 우리의 몸을 바치는 것이기 때문입니다.

바울이 로마서 12:1에서 한 말에 얼마나 힘이 실렸는지는, 하나님께 바치는 '제물'의 본질을 설명할 때 그가 사용한 세 가지 단어를 통해 분명하게 드러납니다. 바울은 우리 몸을 "살아 있고, 거룩하고, 더할 나위 없이 만족스러운 제물로" 하나님께 드리라고 말했습니다. 첫째 단어 "살아 있는"(living)은 단순히 죽은 몸을 하나님/신들에게 바치는 일반적인 희생 제사 체계를 교정하려는 시도일 수 있습니다. 사실 나머지 단어들이 훨씬 더 중요한데, 이는 특히 유대인들의 제사 체계에 비추어 볼 때 그렇습니다. 유대 사회 안에서 몸, 특히 여자의 몸은 대개 부정하고 불쾌한 것으로 여겨졌습니다. 유대인들의 제사 체계는 몸을 정결하게 하여 최고로 거룩하신 하나님께 최대한 불쾌감을 드리지 않으려는 노력을 토대로 만들어졌습니다. 유대인들의 생각에 몸은 불결해지기가 아주 쉬웠습니다. 그렇다면 따로 정결하게 할 필요 없이 정확히 있는 그대로의 몸이 거룩하며 하나님을 기쁘시게 한다는 바울의 말은 엄청나게 의미심장합니다. 이는 곧 하나님께서는 우리 안에서 일상생활로 더럽혀지지 않은 부분, 이 세상에 속하지 않은 부분을 원하시는 것이 아니라는 뜻입니다. 그것이 혼이든, 영이든, 아니면 다른 어떤 부분이든 말이죠. 하나님께 대한 가장 합당하고 분별 있는 화답의 예배란 우리 몸을 있는 그대로 드리는 것입니다. 하나님께서는 우리의 있는 그대로의 몸을 거룩하게 받아들이시고 또한 기뻐하실 것입니다. 몸에 관하여 이보다 더 긍정적인 말은 없을 것 같습니다.

바울이 로마의 성도들에게 권면하는 행동은 이뿐만이 아닙니다. 둘째, 그들은 몸을 바쳐야 할 뿐만 아니라 또한 변화 혹은 변모해야 합니다. 여기에 사용된 그리스어 단어는 **메타모르포**(*metamorphō*)입니다(영어 단어 '변태'[metamorphosis]가 여기에서 나왔습니다). **메타모르포**는 신약성경 안에 단 4회 나타납니다. 두 번은 복음서에서(마 17:2; 막 9:2) 변화산의 예수님에게 일어난 일을 가리키는 말로 사용되었고, 또 두 번은 바울서신, 로마서 12:2과 고린도후서 3:18에서 사용되었습니다. 고린도후서 본문은 바울이 우리가 영광에서 영광으로 변화하는 것에 관해 이야기하는 맥락입니다. 흥미로운 점은, **메타모르포**가 그리스도에게 쓰일 때(변모[transfigured])와, 우리에 대해 쓰일 때(변화[transformed])가 각기 다르게 번역된다는 것입니다. 이렇게 번역이 다른 데에는 중요한 의미가 함축되어 있습니다. 변모라는 말에는 형상이나 외형이 달라져 그 안의 실체를 드러낸다는 의미가 담겨 있습니다. 반면에, 변화라는 말은 특정한 방식으로 읽을 경우 오로지 내면의 변화만을 의미합니다.

로마서 12:2에서 바울이 **메타모르포**를 둘 중 어떤 의미로 썼느냐고 묻는다면, 그 대답은 둘 다 염두에 두었다는 것입니다. 바울의 두 가지 권면(우리 몸을 하나님께 드리라는 것과, 생각을 새롭게 하여 변화/변모하라는 것)은 별개의 두 명령이 아니라 서로 연결된 두 명령입니다. 우리 몸을 하나님께 드린다는 것은 곧 우리의 존재와 우리의 행동을 하나님의 돌봄과 지켜주심에 맡기는 것입니다. 그렇게 한 뒤에는 우리의 생각이 이 세대—즉, 사라져버릴 낡은 창조 세계—와, 이 세대에 속한 모든 염려에 사로잡히지 않도록 해야 합니다.[5] 만일 우리의 생각이 이 세대에 사로잡히도록 놔둔다면 우리는 결국 이 세대가 이끄는 대로, 육신에 속한 일들이 정한 대로 행동하게 될 것입니다. 우리 몸을 하나님께 드렸다면, 반드시 생각을 새롭게 하여 새 창조 세계에서 살아가기 위한 준비를 해야 합니다.[6] 생각을 새롭게 한다는 것은 내면의 지속적 변화를 수반하며, 이를 통해 우리 삶도 변모될 수 있

---

5   아쉽게도 "본받지(conformed) 말고… 변화되라(transformed)"는 단어 유희는 영어만의 단어 유희이며 그리스어 원문에는 나타나지 않습니다.

6   "새롭게 한다"는 단어(아나카이노시스[*anakainōsis*])는 우리가 새 창조 세계 (카이네 크티시스[*kainē ktisis*]를 염두에 두어야 함을 암시합니다. 우리는 옛 창조 세계의 사고방식이 아니라 새 창조 세계의 사고방식을 가져야 합니다.

습니다. 하나님의 뜻을 분별하는 것도 그러한 변화/변모의 일부분 입니다. 그때 우리는 하나님께서 우리에게 원하시는 것이 무엇인지 알 수 있게 됩니다. 외적 변모 가운데 드러나는 내적 변화가 바울이 여기서 염두에 두었던 것인 듯합니다. 그렇다면 또다시 바울은 내 적·외적 정체성의 일치, 그 둘이 서로를 지탱하는 부분에 초점을 맞 추고 있다고 말할 수 있겠습니다.

몸, 정체성, 관계

바울이 로마서 12:1-2에서 사용하는 소마(sōma)라는 단어는 실제 물질적인 몸(physical body)을 가리키지만, 단순히 물질적인 몸만을 가 리키는 것은 아님이 분명합니다. 소마는 우리가 삶으로 구현하는 우 리 존재 전체의 요약 내지는 상징의 역할을 합니다. 우리의 몸을 하 나님께 드릴 때 우리는 단지 우리의 물질적인 몸만이 아니라 우리 의 존재 전체를 드립니다. 몸 자체와, 몸으로 하는 우리의 행동도 드 립니다. 물론 이것이 다가 아닙니다. 바울에게 몸은 그 이상의 무언 가를 반향합니다. 우리의 몸은 우리의 정체성을 형성할 뿐만 아니 라 또한 세상 속에서 우리가 다른 사람들과 관계를 맺는 방식의 토 대가 되기도 합니다.[7] 앞 장에서 우리는 '관계'라는 것이 어떤 식으

---

7   더 자세한 내용은 Robert Jewett, *Paul's Anthropological Terms: A Study of their Use in Conflict Settings* (Leiden: Brill, 1971), 301-304을 보십시오.

로 우리의 정체성을 형성하는지 살펴보았습니다. 즉, "나는 정말로 누구인가?"라는 질문은 그리스도 안에, 그리고 그리스도와 함께 있는 사람이라고 대답할 수 있는 내용을 살펴보았습니다.

이 주제가 바울이 몸에 관해 하는 이야기 속에서 계속 이어집니다. 예를 들어, 로마서 12-16장에서 우리 몸을 하나님께 바칠 때 필연적으로 수반되는 일들에 관해 상세히 설명할 때, 바울은 그리스도 안에 있는 관계들에 대해 이야기합니다(롬 12:4-19; 15:1-3). 이 주제는 고린도전서에 재차 등장하며, 바울이 고린도전서에서 하는 이야기 대부분의 토대가 됩니다. 우리는 종종 신약성경을 세분화된 방식으로 읽는데요, 그와 같은 방식으로 읽다 보면, 자칫 특정 본문에서 거듭해서 등장하는 주제를 놓치기 쉽습니다. 예를 들어, 고린도전서 12장에는 그리스도의 몸에 대한 바울의 장중한 독백이 나오는데, 이것이 앞 장들에서 이미 준비되어 왔다는 사실을 잊어버린 채 고린도전서를 읽어나가는 것입니다.

몸을 노래하는 푸가(fugue)로서의 고린도전서

사실 저는 고린도전서의 상당 부분이 몸에 관한 푸가라고까지 주장하고 싶습니다. 음악이라는 분야에서 푸가는 어떤 주제가 각기 다른 방식들과 악기들로 소개되고 모방되다가, 한 차례 이상 그 과정을 되풀이하는 작곡법을 가리킵니다. 다시 말해, 푸가는 어떤 주제를 발전시키다가 한동안 가만히 놓아 둡니다. 그러고나서 듣는 이들이 알아차릴 수 있을 정도로만 형식을 조금 바꾸어 연주를 되풀이합니다. 고린도전서에서 바울은 5장 이후부터 몸이라는 주제를 다루기 시작하는데요, 이후 이 주제를 매혹적일 만큼 다른 모습으로 재차 등장시킵니다.

우리가 잠시 혼란스러움을 느끼다가 비로소 알아차리게 되는 한 가지는, 바울이 몸에 관해 이야기한 다양한 주제들—이를테면 개인의 물질적인 몸과 그리스도의 몸이라는 공동체, 개인적 관계와 공동체 관계, 그리고 마지막 만찬 때의 그리스도의 몸과 그분의 몸인 교회라는 주제들—사이를 유연하게 옮겨 다닌다는 것입니다. 그러한 바울의 움직임에 약간의 현기증마저 느껴질 정도인데요, 하지만 그 움직임이 바로 중요한 열쇠입니다. 바울은 그리스도 안에 있는, 그리고 그리스도를 통한 우리의 관계들이라는 관점에서 우리의 정체성을 이해합니다. 그 관계들이 개인을 공동체 안으로 엮어 들이지만, 상황이 잘못될 경우 도리어 공동체를 파괴할 수도 있습니다. 우리는 그리스도 안에서 우리의 참 정체성을 찾고 소속감도 느끼지만, 갈등이 생겼을 때 바로 제어하지 않으면 그리스도의 존재 자체가 갈가리 찢겨버릴 위험이 있습니다. 우리가 떼는 빵, 즉 그리스도의 몸은 우리를 끌어당겨 그분의 몸에 참여하게 합니다. 고린도전서에서 몸은, 아무런 의의가 없기는커녕 오히려 바울이 그리스도 안에 있는 생명에 관해 말하는 내용의 핵심에 자리 잡고 있습니다. 내 몸, 우리의 몸, 그리스도의 몸은, 정체성·관계·일체의 문제를 여는 열쇠입니다. 따라서 몸의 문제를 소홀히 다루면 우리는 아주 소중한 것을 잃게 됩니다.

고린도전서 5장부터 15장에 이르기까지의 주제를 추적해 보면 바울이 골라내는 몇 가지 강조점이 드러납니다. 5장은 한 남자가 자기 계모와 성적 관계를 갖는 특별한 상황을 다루는데요.

> [1] 여러분 가운데 음행이 있다는 소문이 들립니다. 자기 아버지의 아내를 데리고 사는 일까지 있다고 하니 그러한 음행은 이방 사람들 가운데서도 볼 수 없는 것입니다. [2] 그런데도 여러분은 교만해져 있습니다. 오히려 여러분은 그러한 현상을 통탄하고 그러한 일을 저지른 자를 여러분 가운데서 제거했어야 하지 않았겠습니까?(고전 5:1-2)

고대 세계에서도 이런 관계는 역겹다고 여겼는데, 그 이유는 아마도 상속법과 관련된 문제를 초래했기 때문이었을 겁니다.[8] 여기서 눈에 띄는 것은 바울이 '개인'을 두고 염려한 것 못지않게 공동체의 안녕도 똑같이 염려했다는 점입니다. 고린도 성도들의 무감각과 안일함이 바울을 괴롭게 만들었습니다.[9] 이는 이어지는 장들에서

---

8 Cicero는 그런 관계를 "믿을 수 없는 (관계)"라고 칭했고(*Pro Cluentio* 5.27) Catullus는 로마의 기준으로 보아도 느슨한 도덕의식을 가진 사람이었음에도 불구하고 이를 혐오스럽다고 말했습니다(*Poems* 74 and 88-90). 본격적 논의는 Anthony C. Thiselton, *The First Epistle to the Corinthians* (Carlisle: Paternoster Press, 2001)에서 보십시오.

9 이런 정도의 안일함이 어디에서 비롯되었는지에 대한 유익한 자료를 보고 싶다면 A. D. Clarke, *Secular and Christian Leadership in Corinth: A Socio-Historical and Exegetical Study of 1 Corinthians 1-6* (Leiden: Brill, 1993), 73-88을 보십시오.

되풀이해서 등장하는 한 주제와 연결되는데요, 바로 개인의 행위는 결코 개인의 행위로 그치지 않는다는 것입니다. 한 사람의 행동은 전체에 영향을 끼칩니다. 관계들과 정체성은 서로 긴밀히 얽혀 있어서 한 사람이 자기 몸으로 한 행동은 공동체 전체의 안녕에 영향을 끼칩니다.

21세기를 사는 우리는 이것을 잘 이해하지 못합니다. 우리는 대체로 개인주의가 특징인 세상에 살고 있습니다. 나는 '나'이고, 내 몸은 '내 것'이며, 내가 하는 행동은 '내 일'일 뿐 다른 누구도 신경 쓸 일이 아니라는 것입니다. 여기서 우리가 직면하는 문제는, 기독교가 등장한 세상은 이와 거의 정반대의 생각을 특징으로 하는 세상이었다는 것입니다. 당시 세상에서 개인의 정체성은 그 사람이 속한 공동체에 의해 형성되었습니다. 무엇보다 중요한 바울의 신학은, 우리가 아담의 공동체에서 그리스도의 공동체로 이동해 간다고 보는 신학입니다. 그런 이동은 관계뿐만 아니라 정체성도 달라지게 합니다. 그리스도인들이 현재 속한 공동체는 그리스도의 몸으로서, 각 사람의 행동에 의해 구체화되고, 그 다음에 그 공동체가 그들이 어떤 존재인지를 결정짓습니다. 이는 비(非) 서구 사회에서 훨씬 더 깊이 있게 이해되는 내용입니다. 남아프리카의 우분투 신학(Ubuntu theology)은 데카르트의 "나는 생각한다, 그러므로 나는 존재한다"라는 금언을 거부합니다. 그 대신에 "나는 소속되어 있다, 그러므로 나는 존재한다", 혹은 "우리이기 때문에 내가 있고, 그분이기 때문에 우리가 있다"는 금언을 지지합니다.

기독교가 현대 서구 세계 안에서 자연스러운 터전을 찾는 데 고전하는 이유는, 기독교가 공동(체)의 정체성 이해를 토대로 두고 있기 때문입니다. 기독교 안에서 내가 실제로 어떤 사람인지는 '따로 분리되어서'가 아니라 오직 '함께'를 기준으로만 이해될 수 있습니다. 서구 세계는 이러한 정체성 이해에서 멀어졌기에 이 결정적인 신학의 조각은 더 이상 이 시대에 맞지도 않고 또 이해하기도 어려워졌습니다. 기독교의 정체성 이해가 더 이상 시대에 맞지 않아 보일 수 있지만, 실은 그렇지 않습니다. 우리가 그리스도 안에서 함께 연결되어 있다는 관점에서, 우리 자신과 우리의 공동체를 이해해야 할 부분들이 여전히 많이 남아 있습니다. 다만 이를 말과 행동으로 좀 더 잘 표현해 낼 필요가 있습니다. 그리스도를 닮은 사랑에 우리의 정체성이 내재된 '참된 삶의 공동체'는 의심과 외로움으로 분열된 세상에 우리가 줄 수 있는 가장 값진 선물입니다. 하지만 이 선물은 우리가 우리의 공동체를 믿고 삶으로 구현해 내야만 비로소 효과를 발휘할 것입니다.

더 살펴보기: 육신의 멸망

여러분은 그러한 자를 당장 사탄에게 넘겨주어서, 그 육신은 망하게 하고 그의 영은 주님의 날에 구원을 얻게 해야 할 것입니다(고전 5:5)

우리가 지금 이야기하고 있는 내용과 직접적인 관련은 없지만, 고린도 성도들이 (계모와 관계를 맺는) '이 사람'을 사탄에게 넘겨주어 육신(flesh)은 망하게 해야 한다는 말은 너무나도 놀랍고 충격적이기에 잠시 생각해 볼 만한 문제인 것 같습니다. 일부 주석가들은 그 사람을 추방시켜 죽게 만들어야 한다는 뜻으로 해석합니다.[10] 하지만 이러한 해석은 그 사람의 영(spirit)이 구원을 받았으면 하는 바울의 바람과는 앞뒤가 맞지 않습니다.

바울이 그의 글에서 '사탄'이라는 단어를 사용할 때는 대개 '하나님과 하나님의 뜻을 대적하는 자'라는 전통적인 히브리 개념을 반영합니다(히브리어로는 '참소하는 자'라는 뜻입니다). 그러므로 '이 사람'을 사탄에게 넘겨준다는 말은 하나님의 뜻이 작동하는 공동체 밖으로 나가게 한다는 의미이며, 바울은 고린도전서 5:13에서 이 점을 분명히 밝히고 있습니다. "여러분은 그 악한 사람을 여러분 가운데서 내쫓으십시오." 지금까지 우리는 조심스럽게 육신(flesh)과 몸(body)을 나누어 왔으므로, 여기서 바울이 하는 말은 그 사람의 몸을 죽이라는 의미가 아님이 분명합니다. 그보다는 그 사람의 육신의 한 부분—현재 함부로 날뛰고 있는 부분—이 멸망해야 영적인 부분이 구원을 받을 수 있다는 의미로 보아야 할 것입니다. 여기서 바울은 그 사람의 궁극적인 구원을 염두에 두고 있는 것으로 보입니다. 그러나 어

---

10 예를 들어, Hans Conzelmann, *1 Corinthians: A Commentary on the First Epistle to the Corinthians*, ed. Georg W. MacRae, trans. James W. Leitch, Hermeneia (Philadelphia, PA: Fortress Press, 1975), 97을 보십시오.

떻게 그런 일이 있을 것이라 보는지는 불확실합니다.[11] 여기서 한 가지 눈에 띄는 점은, 서로 대비되는 용어가 육신과 영이며, 전자는 옛 창조 세계에 속하고 후자는 새 창조 세계에 속한다는 것입니다. 바울의 소망은, 옛 세계에 속한 것이 망하여 그 사람이 새 창조 세계에서 무엇에도 구애받지 않고 생명을 얻는 것입니다.

소마라는 단어가 바울에게는 '관계'와 연관된다는 점을 감안한다면, 그가 근친상간 문제를 말하다가 곧바로 공동체 안에서 갈등과 비행을 다루는 법으로 화제를 옮겨가는 모습이 그다지 놀랍지 않을 것입니다(고전 6장). 고린도전서 6장을 시작으로 우리는 바울의 지성이 작동하여 마침내 12장에서는 그리스도인 공동체가 그리스도의 몸이라고 열정적으로 이야기하는 것을 보게 됩니다. 이것은 바울에게 갑자기 떠오른 은유가 아니었습니다. 바울이 세심하게 선별하여 고린도전서의 다음 여섯 개 장들 전체에 걸쳐서 전개해 나가는 은유입니다. 우리는 우리의 몸을 통해 타인과 사회적 관계를 맺습니다. 관계와 상호작용은 사실 우리 몸에 없어서는 안 되는 요소이며, 서로 관계를 맺고 있는 사람들의 그룹을 가장 잘 묘사하는 표현이 바로 몸입니다. 그리스도의 몸은 우리 개인의 몸과 마찬가지로 외부적으로도 관계를 맺고 내부적으로도 관계를 맺습니다. 우

---

11   이 구절을 가장 설득력 있게 탐구하는 글은 Judith M. Gundry Volf, *Paul and Perseverance: Staying in and Falling Away* (Tübingen: J. C. B. Mohr, 1990)에서 볼 수 있습니다.

리 자신의 몸을 외부와 올바로 관계를 맺게 하는 것이 그리스도인으로서의 소명인 것처럼, 우리는 그리스도의 몸을 세상과 올바로 관계를 맺게 해야 하는 소명을 가지고 있습니다. 즉, 우리가 우리의 몸을 통해 우리 외부에 있는 이들과 관계를 맺듯이, 그리스도의 몸도 그렇게 세상과 관계를 맺습니다.

고린도전서 6장에서 바울은 개인의 몸과 공동체의 몸이라는 주제 앞뒤를 오가며 자신의 이야기를 엮어 나갑니다. 오늘날의 많은 사람들과 마찬가지로, 고린도 성도들은 결국 몸은 언젠가 마지막을 맞게 될 것이므로, 그들 자신의 몸을 가지고 어떤 행동을 하든 그다지 중요하지 않다고 생각한 듯합니다.[12] 내 행동은 사실 내가 정말로 어떤 존재인지에 그다지 영향을 끼치지 않는다고 말입니다. 그러나 바울은 그러한 생각에 동의하지 않았습니다. 정체성이 관계와 깊이 연관되어 있다면, 내 몸이 하는 행동은 나 자신의 정체성만이 아니라 내가 속한 공동체에 있는 모든 이들의 정체성에까지 영향을 끼칩니다. 바울이 직접 예를 들어 말하는 식으로 표현하자면, 내가 그리스도께 속해 있으면서도 매춘부와 한 몸이 된다면 이는 그리스도

---

12 고전 6장과 7장을 해석할 때의 난제는, 바울이 고린도 성도들이 써서 보낸 편지에서 중요한 부분을 인용한 것처럼 보이는데, 그가 그 내용에 동의하지 않는다는 것입니다. 그리스어 원문은 어디서부터 어디까지가 인용문인지 알려주지 못하기에 이를 추정하는 일은 오롯이 우리의 몫입니다. 이에 관한 논증은 Jerome Murphy-O'Connor, 'Corinthian Slogans in 1 Cor. 6:12-20', *Catholic Biblical Quarterly* 40 (1978), 391-396에 잘 제시되어 있습니다. 물론 Thiselton, *First Epistle to the Corinthians*, 462-479에서도 도움을 받을 수 있습니다.

도 매춘부와 한 몸이 되게 만드는 것입니다(고전 6:15). 그 결과 그리스
도의 몸에 속한 다른 모든 지체들도 그 영향을 받게 됩니다.[13] 하나
님의 영의 전(殿)이 된다는 것은(고전 6:19), 우리 몸을 어떻게 쓸 것인
지를 깊이 있고 견실하게 생각해야 한다는 의미입니다. 우리의 몸
은 하나님께 속해 있으니까요(고전 6:15).

고린도전서에는 다른 주제들도 자주 등장하지만, 그 중에서도
몸이라는 주제는 때로 떠오르기도 하고 때로 가라앉기도 하면서 계
속해서 울려 퍼집니다. 고린도전서 7장에서 바울은 한 아내와 남편
사이의 구체적 관계 및 그 두 사람이 결혼을 통해 몸으로 서로 관계
를 맺는 방식에 대해 이야기합니다. 그리고 8-9장에서는 음식과 관
련하여 먹어도 되는 것과 먹어서는 안 되는 것을 이야기합니다. 10
장에서는 우리가 떼는 빵에 참여함으로써 이루어지는 그리스도의
몸 안에서의 교제 및 친교에 대해 고찰합니다. 11장에서는 먼저 몸
의 특정 부분, 즉 머리의 이미지를 택하여, 하나님, 그리스도, 남자,
여자 사이의 관계에 대해 이야기합니다. 그 후에는 주의 만찬과 우
리가 그리스도의 몸과 피를 먹고 마시는 것에 대해 다시 설명합니
다. 이렇게 해서 마침내 12장에서 '그리스도의 몸으로서의 교회'에
관한 바울의 유명한 독백에 이르기까지, 우리는 우리의 몸과 그리
스도의 실제 육체적인 몸(physical body)과, 마지막 만찬 때의 그리스도
의 몸, 그리고 그리스도의 몸 된 공동체라는 주제가 서로 깊이 연관

---

13   더 많은 논의는 Dale Martin, *The Corinthian Body*, new edn (New Haven, CT:
     Yale University Press, 1999), 176를 보십시오.

되어 있음을 확인할 준비를 차곡차곡 해 온 셈입니다. 사실 이와 관련된 내용들이 너무 많아서 어느 주제가 어디에서 끝나고, 또 어느 주제가 어디에서 시작되는지 파악하기가 매우 어려울 수 있습니다.

한편, 몸에 관한 바울의 논의는 여기서 끝나지 않고 15장에서 부활의 몸(부활의 몸이 어떤 모습일지)에 관한 이야기로 계속해서 이어집니다. 몸에 관한 고린도전서의 푸가는 몸에 관한 바울의 생각을 정의한다기보다는, 그저 몸을 가지고 연주를 한다고 봐야 합니다. 바울이 몸이라는 주제를 장황하게 이야기함에 따라 우리는 그 주제를 여러 가지 다른 각도에서 보게 되는데요, 그 모든 각도는 우리의 몸이 우리의 정체성을—즉, 그리스도 안에서, 그리스도를 통해 서로 간의 관계를—형성하는 도구라는 사실을 상기시킵니다. '우리의 우리 됨'은 우리의 몸으로 보여 주는 사랑을 통해 형성됩니다.[14] 하지만 '우리의 우리 됨'은 우리의 몸을 가지고 하는 행동(무엇을 먹는지, 누구와 동침을 하는지, 갈등 중에 어떻게 처신하는지)에 의해 완전히 무너져 내릴 수도 있습니다. 정리하자면, '우리의 우리 됨'은 그리스도 안에서 그 중심을 찾을 수 있으며, 그리스도의 한 몸 안에서 몸을 통해 서로 간에 결속되는 것입니다.

---

14 사랑을 주제로 한 바울의 아름다운 시가 몸에 관한 독백 바로 뒤에 나온다는 점이 인상적입니다. 이 둘은 그의 마음속에서 연결되어 있음이 확실합니다.

두 가지 까다로운 쟁점

바울이 고린도전서 12장에서 그리스도의 몸에 관해 무슨 말을 했는지 다시 상세히 알아보기 전에, 잠시 간략하게 살펴보아야 할 두 가지 문제가 있습니다. 하나는 성(sex) 문제이고 다른 하나는 몸 죽이기(mortification) 문제입니다. 두 문제 다 바울의 글에서 몸에 관한 내용을 발견할 때 곧바로 머릿속에 떠오르는 주제들입니다. 지금까지 이 책에서 저는 이 두 가지 문제에 앞서, 먼저 우리 머릿속에 떠올라야 하는 다른 많은 주제들이 있음을 보여주고자 노력했습니다. 그럼에도 이제 이 두 가지 문제를 간략하게나마 다루지 않고 넘어갈 수는 없을 것 같습니다.

성(sex)

바울과 몸에 관한 책을 쓰면서, 성에 관한 이야기는 단 한 마디도 하지 않고 넘어간다면 어떨까 하는 생각을 잠시 해본 적이 있는데요, 그만큼 성은 그리스도인들도 워낙 자주 이야기하는 주제라, 그 문제에 관해서는 차라리 완전히 입을 닫는 것이 나름의 균형을 맞추는 것이 아닐까 하는 생각을 해보았습니다. 그러다가 절충안으로 생각해 낸 것이, 언급은 하되 간략하게 하자는 것이었습니다.[15]

---

15 제가 전혀 손댈 생각이 없는 사안은 동성애에 대한 바울의 태도 문제입니다. 이 주제는 다른 여러 곳에서 폭넓게 탐구되어 왔으므로 여기서도 굳이 다룰 필요는 없을 것 같습니다.

때로 사람들이 바울을 언급하는 방식을 보면, 마치 바울이 성에 관해 말할 때마다 늘 부정적으로만 이야기한다는 인상을 받을 수 있는데요, 제가 진작에 입증하고 싶었던 것은 바울이 성에 관해 하는 말은 몸을 긍정적으로 바라보는 관점에서 이해되어야 한다는 것입니다. 또한 우리는 바울이 우리의 행위가 공동체 전체의 삶에 영향을 끼친다고 믿었고, 음식 문제나 올바로 해결되지 않은 갈등 문제도 동일하게 '몸'의 문제로 제시했다는 점을 기억해야 합니다.

그럼에도 바울은 성에 관한 견해 면에서 많은 오해를 받아 왔습니다. 고린도전서 7:1에서 바울은 "여러분이 적어 보낸 문제를 두고 말하겠습니다. '남자는 여자를 가까이하지 않는 것이 좋습니다'"라고 말하는데, NRSV의 번역이 암시하는 것처럼 학자들은 작은 따옴표 안의 구절이 고린도 성도들이 바울에게 보낸 편지로부터 인용된 구절이라고 생각합니다. 하지만 바울은 동의하지 않았던 내용이라고요.[16] 실제로 바울은 그들의 말이 옳지 않다고 여겼고, 성생활을 금하지 않는 것이 더 좋다고 생각했습니다. 부부는 흔쾌히 서로에게 서로를 내 주어야 합니다. 고린도의 일부 성도들과는 달리, 바울은 '신령한(spiritual) 사람'은 성생활을 금해야 한다는 말에 동의하지

---

16 신약학자들 사이에서는 이제 이것이 사실이라는 폭넓은 합의가 이루어지고 있습니다. 예를 들어, Raymond Collins, *First Corinthians*, Sacra Pagina 7 (Collegeville, MN: Michael Glazier, 1999), 252, 258; Martin, *The Corinthian Body*, 205; Antoinette C. Wire, *The Corinthian Women Prophets: A Reconstruction through Paul's Rhetoric* (Eugene, OR: Wipf & Stock, 2003), 87을 보십시오.

않았습니다. 바울에게 성은 선하고 건전한 것이었으며, 신령한 사람은 그 신령함을 철저히 몸으로 구현하는 사람이었습니다. 티슬턴(Thiselton)은 바울이 다음과 같은 점을 분명히 지적했다고 말합니다.

> 시대를 훌쩍 앞서 가는 긍정적이고 섬세한 기독교의 결혼관 … 고대세계에서 성행위는 (어떤 경우) 생육을 위한 의무나 (또 어떤 경우) 남자를 위해 여자가 제공하는 기분 좋은 체험으로 간주되었다. 바울은 그런 '쾌감'이 상호적일 수 있다고 기록한 최초의 인물로 보인다.[17]

바울이 고린도전서 7:9에서 하는 말("욕정에 불타는 것보다는 결혼하는 편이 낫습니다")도 성이 쾌감을 주는 것일 수 있음을, 서로에게 헌신한 관계 안에서는 성이 전혀 나쁜 것이 아님을 인정합니다.

또한 고린도전서 7장 후반부(25-40절)에서 바울은 만일 지금 결혼하지 않은 상태라면 그 상태 그대로 있는 게 아마 더 나을 것이라고 말하는데, 그러면서도 바울은 결혼을 한다 해도 전혀 잘못이 아니며 결혼에서 쾌락을 얻는 것도 전혀 잘못이 아니라는 점을 분명히 밝힙니다. 바울이 이 말을 했던 때가, 결혼이 특히 여자들에게는 거의 의무였던 시대라는 점을 인식하는 게 중요합니다. 그러므로 바울은 지금 진정한 자유를 표현하고 있었습니다. "누구나 결혼을 할

---

17 Anthony C. Thiselton, *1 Corinthians: A Shorter Exegetical and Pastoral Commentary* (Grand Rapids, MI: Eerdmans, 2006), 101-102. [=『고린도전서』 (SFC출판부, 2016)]

수 있지만, 그리고 결혼을 한다고 해도 전혀 잘못이라 할 것이 없지만, 그렇다고 반드시 결혼을 해야 할 필요가 있는 것도 아니다, 만일 결혼하지 않는다면 복음을 선포할 때 얼마나 더 자유롭게 선포할 수 있을지 상상해 보라." 바울이 반대한 것은 상대에 대한 집착과 학대를 조장하는 그런 종류의 성관계였으며, 음행(포르네이아[porneia])과 행음자(포르노스[pornos])라는 말이 이런 맥락 속에서 자주 사용됩니다. 바울이 보여 주는 태도는 성 자체를 정죄하지 않습니다. 다만 성이 무기로 쓰이거나 성에 대한 집착이 발생할 때만 정죄합니다.

문제는 기독교 전통이 성을 포함해 몸과 관련된 모든 것을 전반적으로 배척하는 바람에, 성이 상호 선(mutual good)이 되지 못하고 타락하기 시작할 때 어떤 결과가 나타나는지에 대해 세상 속에서 영향력을 갖고 발언할 수 있는 능력을 잃었다는 것입니다. 오늘날 사람들은 그리스도인이라면 어떤 유형의 성이든 다 반대할 것으로 예상합니다. 그래서 선하고 건전하고 기분 좋아야 할 성이 오용될 때 그것을 정죄하기가 더 힘들어졌습니다. 제가 생각하기에 바울은 성 문제에 전혀 집착하지도 않았고 또 성을 격렬히 반대하지도 않았습니다. 오히려, 복음을 전해야 할 소명에 너무 열심이라 성에 대해 유동적인 태도를 보였습니다. 하지만 바울은 성이 타인에게 격정과 쾌락을 준다는 것을 잘 알고 있었습니다. 그만큼 성에 관한 바울의 견해는 미묘하고 섬세했습니다. 그러나 후대 필자들의 해석은 그렇지 못했습니다.

몸 죽이기

성 문제는 우리에게 몸 죽이기 문제를 남깁니다. 특히 성경에서 두 구절이 그런 견해를 낳는데요.

여러분이 육신을 따라 살면 죽을 것입니다. 그러나 여러분이 성령(Spirit)으로 몸의 행실을 죽이면, 살 것입니다(롬 8:13)

[26] 그러므로 나는 목표 없이 달리듯이 달리기를 하는 것이 아닙니다. 나는 허공을 치듯이 권투를 하는 것이 아닙니다. [27] 나는 내 몸을 쳐서 굴복시킵니다. 그것은 내가 남에게 복음을 전하고 나서 도리어 나 스스로는 버림을 받는 가련한 신세가 되지 않으려는 것입니다(고전 9:26-27)

이 두 구절은 흔히 성경이 금욕주의를 지지한다는 근거로 여겨져 왔는데요, 일단 바울에게는 플라톤식 이원론이 없고 몸(그리고 몸을 통해 삶을 구현하는 것)에 대해 압도적일 만큼 긍정적 태도를 보인다는 것을 기억한다면 이미 이 구절들이 다르게 보일 것입니다. 다만 몇 가지 내용을 더 지적하는 것이 우리에게 유익할 것 같습니다.

영어로 바울의 글을 읽을 때 자주 부딪치는 문제는, you라는 단어가 단수일 수도 있고 복수일 수도 있다는 것입니다. 우리가 앞에서 살펴본 개인주의를 감안해보면, 오늘날 우리는 바울이 you를 단수로 쓰고 있다고 자연스럽게 전제하는 것 같습니다. 바울이 you라는 단어를 쓰는 대부분의 경우가 그렇듯이, 로마서 8:13에서도 you 는 복수이지 단수가 아닙니다.[18] 이렇게 보면 이 구절이 KJV의 번역 인 "너희가(ye) 성령을 통해 몸의 행실을 죽이면"과는 아주 다르게 들립니다. 로버트 쥬엣(Robert Jewett)은 다음과 같이 지적합니다.

> 바울이 염두에 두고 있는 죽음은 집단의 죽음이다. 명예와 관련된 전 통적 의무, 고질적으로 진실을 억압하는 행태, 그리고 치명적 경쟁이 빚어낸 육신의 행동 양식은 가정 교회나 일반 교회에 속한 모든 이들 을 망치는 역병과 같다.[19]

그러나 (그리스도의) 몸에서 그런 행실을 죽이면 오직 영(Spirit)만 안 겨 줄 수 있는 화합 가운데 살게 될 것입니다.

반면에 고린도전서 9:26-27은 바울 자신의 몸에 관한 이야기임 에 분명합니다. NRSV에서 "벌하다"(punish, 새번역에는 "쳐서")라고 번역 된 동사에 대해 그간 학자들은 많은 논의를 해왔습니다(NRSV는 9:27을 "그러나 나는 내 몸을 벌하니, 남에게 [복음을] 전하고 나서 나 자신은 실격되지 않도록 하기 위해서입니다"라고 번역한다 - 역주). 이 동사, 휘포피아드조(hupōpiadzō)는 누군 가의 눈을 멍들게 한다는 의미입니다.[20] 그렇지만 이 동사는 대개 은

---

18   이 구절이 포함된 단락을 더 충분히 논의하는 내용이 궁금하다면 이 책의 151-154쪽을 보십시오.

19   Jewett, *Romans*, 494.

20   Walter Bauer et al., *A Greek–English Lexicon of the New Testament and Other Early Christian Literature*, 3rd edn (Chicago and London: University of

유적으로 사용됩니다. 흥미롭게도 이 단어는 누가복음 18:5에서 불의한 재판관 앞에서 호소하는 여인의 행동을 묘사하는 말로 쓰입니다. 여인의 호소에 재판관은 말합니다. "이 여인에게 공평을 베풀어야겠다, 그래야 자꾸만 찾아와서 나를 지치게 하지(휘포피아드조) 않을 것이다." 재판관이 정말로 여인에게 맞아 눈두덩이가 멍들까 걱정한 것은 아닐 것입니다(만약 그랬다면 이야기가 더 스릴이 있었겠지만). 재판관은 아마 자기 명성과 명예가 손상되지 않을까 걱정했을 것입니다.

바울이 이 단어를 은유로 사용하는 것에도 비슷한 울림이 있습니다. 바울은 가장 중요한 경주(競走)에 계속해서 참가하기 위해 구타, 투옥, 난파 등 치욕으로 여겨질 수 있는 일이 자기 몸에 닥치는 것을 감당할 준비가 되어 있습니다. 고린도전서 9장 25절 이후를 쉽게 풀어 써 보면 바울이 무슨 말을 하는 것인지가 더욱 분명해집니다. 운동선수들은 썩어 없어질 월계관을 받기 위해 절제를 훈련합니다. 그런데 바울은 그보다 훨씬 더 중요하고 썩지 않는 월계관을 받기 위해 경주하고 있습니다. 바울은 아무 목적 없이 달리거나 허공을 치는 '훈련'을 하지 않습니다. 실은 그의 삶 전체가 복음을 위한 경주입니다. 운동선수가 계속해서 몸을 단련하고 점검하듯이 바울도 계속해서 훈련을 하고 있습니다. 이는 훨씬 더 중요한 경주에서 실격되지 않기 위해서입니다. 그런 훈련 중에 설혹 치욕을 당하는 일이 있다고 해도, 그렇게 해야 경주를 계속할 수 있다면 바울은 기꺼이 그 일을 겪어낼 것입니다. 이는 여기서 '벌하다'(치다)라는 표

Chicago Press, 2000), 1043.

현이 적절한 표현이 아님을 암시합니다. 운동선수는 자기 몸을 벌하거나 가혹하게 다루지 않습니다(잘못된 훈련이 아닌 한). 운동선수는 자기 몸에서 최대한의 결과를 얻어내려고 몸을 만들고 체력을 기릅니다. 다시 한 번 말하지만, 바울의 말은 부정적인 진술이 아니며 몸이 아무 의미가 없다거나 혐오스럽다는 것이 아니라, 오히려 지극히 중요하다는 말입니다.

이것은 여러 면에서 바울이 고난을 대하는 태도와 연결됩니다. 바울은 자신이 복음을 위해 어떤 일을 겪었는지에 대해 거듭 이야기하는데요(고후 4:8-11; 11:23-30; 갈 6:17; 골 1:24), 이를 보고 바울의 말을 잘못 해석해서 "뭐든 다 덤벼!" 식으로 바울이 남자다움을 과시하고 있다고, 고난을 자랑하고 있다고 해석하기 쉬운 것 같습니다. 하지만 제가 보기에 이런 해석은 바울이 무슨 말을 하려는 것인지 잘 포착하지 못한 것입니다. 특히 고린도후서는 거의 처음부터 끝까지 바울이 자신의 소명을 위해 어떤 대가를 치렀는지를 기록하고 있는 서신입니다. 이는 즐겁고 기분 좋게 치른 대가가 아니라, 힘겹게 감당할 각오를 하고 치른 대가였습니다.

바울이 정확히 무슨 말을 하고 있는 것인지 이해하는 열쇠는 예수님의 죽음과 부활입니다. 죽음과 고난은 두려워서 멀리하는 것이 인간의 본능이지만, 몸의 부활은 인간의 가장 기본적인 본능을 재검토할 것을 요구합니다. 몸의 부활은 죽음이 끝이 아니라고, 고난은 지나갈 것이라고 우리에게 말해줍니다. 물론 그렇다고 해서 어떤 피학적인 태도로 고난을 즐겨야 한다는 뜻은 아닙니다. 다만 죽음 너머에 생명이 있음을, 고난 너머에 기쁨이 있음을, 고통 너머에 하나님의 영원한 사랑이 있음을 언제나 확신할 수 있다는 뜻이지요.

이 확실한 소망은 그리스도께서 우리보다 앞서 그 길을 가셨음을 깨닫게 합니다. 그리고 마침내 우리의 고난이 끝나면 상상을 초월하는 풍성한 생명이 기다리고 있음을 깨닫게 하여, 견고한 시선으로 고난을 들여다볼 수 있는 용기를 줍니다.

결론적으로 생각해 보아야 할 것들

고린도전서 1장에 바울이 써내려가는 몸에 관한 푸가에서(그리고 다른 서신에서 바울이 몸이라는 단어를 쓰는 방식에서) 서로 맞물리는 두 가지 주제가 있는데요, 하나는 우리의 몸이 서로 관계를 맺는 수단이라는 주제이고, 다른 하나는 우리가 몸을 가지고 하는 행동은 우리와 관계를 맺는 사람들에게 영향을 끼친다는 주제입니다.

어떤 면에서 이것은 누구나 알 수 있는 분명한 사실이지만 또 어떤 면에서는 우리가 일상생활에서 깨닫고 또 깨달아야 할 교훈입니다. 우리의 몸은 우리가 지닐 수 있는 가장 소중한 선물을 제공해 주고, 또한 서로를 만지고 서로에게 닿을 수 있게 해줍니다. 따라서 몸을 통해 맺는 관계의 선물은 아주 소중히 여겨야 할 선물입니다. 우리의 몸은 몸이 없이는 불가능했을 관계망 속으로 우리를 넣어 주며, 우리가 서로에게 닿는 방식은 우리가 누구인지에 큰 영향을 끼칩니다. 정체성과 관계가 서로 연결되어 있다면, 우리가 관계 속에서 무언가를 주고받는 방식은 우리가 누구인지에 영향을 끼칩니다. 사랑이 깃든 다정한 손길은 우리를 성장시키고 번성하게 하지만, 권력을 휘두르며 학대하는 손길은 우리 존재를 위축시키고 죽게 만듭니다.

바울이 우리에게 전하는 메시지는 여전히 우리 귓가에 크게 울리고 있습니다. 우리는 우리가 타인과 관계 맺는 방식이 낳은 결과를 더욱 중대하게 받아들여야 합니다. 오늘날 많은 사람들이 다정한 손길이 충분치 못한 데서 오는 마음의 아픔과 외로움으로 고통당하고 있습니다. 그런데 그보다 더 심각한 것은, 그리스도의 몸의 지체들이 타인을 학대해 왔다는 사실 때문에, 세상의 그리스도인 공동체들이 끊임없이 부끄러움을 느끼며 살고 있다는 것입니다. 이는 몸을 진지하게 받아들이려 하지 않은 기독교 전통의 유해한 약점입니다. 만일 바울의 말대로 우리의 정체성이 관계에 의해 형성되는 것이라면, 그런데 그 관계가 오용되어 왔다면, 그와 함께 그리스도의 몸도 망가지고 유독(有毒)해집니다.

아름다운 몸의 특징은 외모가 아니라 내면과 외면의 통합에 있습니다. 바울서신에 나타나는 주제들 중 하나는, 내 몸에는 '나의' 물질적인 몸(physical body)이 포함되지만, '나의' 몸에서 끝나지 않는다는 것입니다. 바울이 설명하는 '몸'은 단순히 내 물질적인 몸을 넘어 다른 사람들을 만나고, 존중하고, 사랑을 표현하는 것에까지 이릅니다. 나의 몸은 관계를 통해 함께 직조되는, 우리의 몸입니다. 아름다운 몸을 만드는 것은 바로 통합입니다. '그 몸'은 다양한 측면으로 이루어져 있습니다. 물질적인 부분, 인간의 삶을 지향하는 부분, 하나님을 지향하는 부분, 생각과 행동, 우리가 타인과 관계 맺는 방식, 타인이 우리와 관계 맺는 방식 등 광범위한 측면으로 이루어져 있습니다. 아름다운 몸은 이 모든 요소들이 완벽한 조화를 이루는 몸입니다. 사실 이것은 우리가 어느 정도 본능적으로도 알 수 있는 내용인데요, 자기 자신과 타인에게 편안함을 느끼는 사람은 외모가 어떻든 눈에 띄게 아름답습니다. 반대로, 아름다움의 일반적인 기준에 부합하는 용모를 지녔으나 자기 자신과 타인에게 불편함을 느끼는 사람은 그 아름다움을 손상시킵니다.

이것을 바탕으로 각 사람마다 곰곰이 생각해 보아야 할 중대한 문제는, "나는 얼마나 아름다운가?"라는 문제입니다. 내가(혹은 우리가) 더욱 아름다워지려면 무엇이 필요할까요? 최고의 영성은 우리 안에 앞서 언급한 통합된 모습을 확립하거나 회복시키는 것입니다. 그리고 바로 이 지점에서 용서가 개입합니다. 어떤 수준의 통합이든 자기 혼자 힘으로 통합을 이룰 수 있는 사람은 없습니다. 사실 누구나 다 이런 저런 계기로 타인과의 관계를 손상시키는데요, 그럼에도 우리 모두가 "각 마디를 통하여 연결되고 결합"(엡 4:16)하는 사람들이 되는 것이 우리 삶에 주어진 하나님의 명령이요, 우리 각 사람 안에서 영(Spirit)께서 하시는 일입니다.

제8장

그리스도의 몸

8. 그리스도의 몸

앞서 몸을 주제로 한 푸가(fugue)를 살펴봤습니다. 그 푸가는 이제 몸에 관한 바울의 핵심적인 탐구로 우리를 안내합니다. 바로 그리스도의 몸에 관한 탐구입니다. 그리스도의 몸이라는 이미지가 친숙한 나머지 우리는 그 이미지가 바울에게 갖는 중요성을 놓치기 쉽고, 또한 그 이미지가 바울이 몸에 관해 말하는 내용들과 어떻게 연결되는지를 놓치기 쉽습니다. 그리스도의 몸은 은유로서 고린도전서 12장에서 광범위하게 다루어집니다. 하지만 성경의 다른 곳, 이를테면 로마서 12:4-8, 에베소서 5:23, 골로새서 1:18과 2:19에서도 찾아볼 수 있습니다. 사실 이 구절들은 그 은유를 기정사실로 받아들이며, 또한 그 은유가 어떻게 작동하는지 사람들이 이미 다 알고 있다는 것을 전제합니다. 이는 적어도 바울의 공동체들 안에서 그리스도의 몸이라는 은유가 "공동체로서 자신들은 누구인가?"에 관해서 심오한 교훈을 드러내기 위해 널리 사용되었음을 가리킵니다.

그리스도의 몸에서 이해 당사자가 되기

우리는 앞 장에서 고린도전서 12장이 바울이 몸(body)/소마(sōma)라는 단어를 처음 언급한 곳과는 거리가 멀다는 점에 주목했습니다. 그리고 바울이 고린도전서 대부분을 통해 힘들여 구축한 논증의 극적인 절정이 12장이라는 것을 인식할 때에야 비로소 그가 12장에서 말한 내용을 정확히 이해할 수 있다는 점을 살펴보았습니다. 바울이 교회를 그리스도의 몸이라는 이미지로 표현하기 시작한 넓은 문맥은 고린도전서 5장(혹은 그 이전)입니다. 좁은 문맥은 바울이 그리스도의 몸과 마지막 만찬이라는 주제를 펼쳐놓기 시작하는 10-11장입니다. 바울이 12장에서처럼 그리스도의 몸에 관해 말할 수 있는 틀을 설정하는 부분은 10:16-21인데요.

> [16] 우리가 축복하는 축복의 잔은 그리스도의 피에 참여함이 아닙니까? 우리가 떼는 빵은 그리스도의 몸에 참여함이 아닙니까? [17] 빵이 하나이므로 우리가 여럿일지라도 한 몸입니다. 그것은 우리가 모두 그 한 덩이 빵을 함께 나누어 먹기 때문입니다. [18] 육신상의 이스라엘 백성을 보십시오. 제물을 먹는 사람들은 그 제단에 참여하는 사람이 아닙니까? [19] 그러니 내가 무엇을 말하려는 것입니까? 우상은 무엇이고, 우상에게 바친 제물은 무엇입니까? [20] 아무것도 아닙니다. 이방 사람들이 바치는 제물은 귀신에게 바치는 것이지, 하나님께 바치는 것이 아닙니다. 여러분이 귀신과 친교를 가지는 사람이 되는 것을 나

는 바라지 않습니다. [21] 여러분은 주님의 잔을 마시고 아울러 귀신들의 잔을 마실 수는 없습니다. 여러분은 주님의 식탁에 참여하고 아울러 귀신들의 식탁에 참여할 수는 없습니다(고전 10:16-21)

여기서 바울은 친숙한 주제로 다시 돌아갑니다. 바로 몸으로 하는 행동이라는 주제인데, 이 경우에는 무엇을 먹는가가 공동체 전체의 정체성과 관계들에 영향을 끼친다는 이야기입니다. 주의 만찬에서 빵을 먹고 잔을 마시는 행위는 수직적 관계와 수평적 관계, 즉 그리스도와의 관계와, 서로와의 관계 모두를 확립합니다. 코이노니아(koinōnia, NRSV은 '나눔'[sharing]으로, 새번역은 '참여함'으로 번역)라는 단어는 신약학은 물론 교회론 안에서도 광범위하게 논의되어 왔습니다.[1] 코이노니아의 적합한 번역어를 찾기가 어려운 이유는 이 단어가 가진 수직적이고 수평적인 울림 때문입니다. '친교', '회'(society), '공동체', '나눔' 등과 같은 표현들은 관계의 수평적인 측면(사람 대 사람)을 잘 드러내지만, 이들 중 어떤 표현도 관계의 수직적인 측면을 담아내지 못하는 것 같습니다. 마찬가지로, 그리스도에게 참여한다는 표현은 수직적인 측면은 나타내지만 수평적인 측면은 가리키지 못합니다.

---

1   이런 논의 중 가장 중요한 것으로는 George Panikulam, *Koinōnia in the New Testament: A Dynamic Expression of Christian Life* (Rome: Biblical Institute, 1979); J. Paul Sampley, *Pauline Partnership in Christ: Christian Community and Commitment in Light of Roman Law* (Minneapolis, MN: Fortress Press, 1980); Lionel Spencer Thornton, *The Common Life in the Body of Christ* (London: Dacre Press, 1946)가 있습니다.

손턴(Thornton)은 코이노니아 개념에 유용한 추가 요소를 담아 '주주'(shareholder) 또는 '이해 당사자'(stakeholder)라는 표현을 제시합니다. 사실 바울이 지금 말하려는 것을 제대로 전달하기 위해서는 코이노니아라는 단어가 '그리스도의 몸'과 별개로 사용되어서는 안 됩니다. 우리에게는 그냥 코이노니아가 아니라 그리스도의 몸의 코이노니아가 있습니다. 우리가 떼는 빵은 우리가 그리스도의 몸에서 이해 당사자가 되는 수단입니다. 이를 통해서 우리는 그리스도에게, 그리고 서로에게 참여합니다.

몸을 분별하기

바울이 11장에서 계속 이야기했던 것처럼, 이것이 바로 주의 만찬을 기념하는 방식에 관해 우리가 곰곰이 생각해 보아야 하는 이유입니다. 빵을 뗄 때 수직적으로는 그리스도에 대해, 그리고 수평적으로는 서로에 대해 이해 당사자가 되는 것이라면, 어떻게 "어떤 사람은 배가 고프고, 어떤 사람은 술에 취"한 상태로 만찬을 계속해 나갈 수 있습니까?(고전 11:21). 최근에 이루어진 고고학적 발견(및 그 발견에 대한 의견)은 고린도에서 무슨 일이 있었으며 고린도전서 11장에서 바울을 그렇게 화나게 만든 것이 무엇이었는지에 관한 흥미로운 사실을 알려주는데요.[2]

---

2   이 쟁점에 관한 가장 유익한 의견은 Jerome Murphy-O'Connor, *St. Paul's*

가장 먼저 알아야 할 것은, 자기 집을 소유한 부유한 사람이 귀빈들을 초대해 연회를 베푸는 것이 당시의 관행이었다는 점입니다. 그런 연회는 트리클리니움(*triclinium*), 즉 식당에서 열렸습니다. 바울 시대 사람들은 긴 안락의자에 비스듬히 누워서 식사를 했습니다. 이 안락의자들은 탁자를 중심으로 하여, 사람들의 머리는 방 가운데로 향하도록 하고 다리는 벽 쪽을 향하도록 배치되었습니다(이것을 알면 눅 7장에서 여인이 왜 예수님의 발을 씻겨 드렸는지 설명이 됩니다. 예수님은 탁자 앞에 비스듬히 누워 계셨으므로 여인이 방에 들어서서 가장 먼저 닿을 수 있는 부분이 바로 예수님의 발이었습니다). 안락의자를 이렇게 배치하면 식당에 최대 약 9명까지 들어갈 수 있었습니다. 중요도가 덜한 손님들이 추가될 때에는 식당 밖 아트리움(*atrium*), 곧 현관 안뜰 같은 공간에 수용했습니다.

또한 귀빈들에게는 좋은 음식을 대접하고 덜 중요한 손님들에게는 값싼 부스러기 음식을 제공하는 것도 당시의 관행이었습니다. 로마의 연회는 사회적 차별을 보여 주는 사례였습니다. 연회 때 어느 자리에 앉아 어떤 음식을 먹느냐에 따라 그 사람이 얼마나 중요한 사람인지를 정확하게 알 수 있었습니다. 바울이 고린도전서 11장에서 하는 말로 유추해 볼 때, 이 관행은 초기 그리스도인들이 모여

Corinth: Texts and Archaeology, 3rd edn (Collegeville, MN: Michael Glazier, 2002), 153-161; Gerd Theissen, Social Setting of Pauline Christianity, trans. J. H. Schutz (Edinburgh: T. & T. Clark, 1982), 145-174; Ben Witherington, Conflict and Community in Corinth: A Socio-Rhetorical Commentary on 1 and 2 Corinthians (Grand Rapids, MI: Eerdmans, 1996), 247-252에서 볼 수 있습니다.

258 마침내 드러난 몸

주의 만찬을 기념할 때도 되풀이되었던 것처럼 보입니다. 이는 삶으로 구현되는 **코이노니아**를 보여 주는 행동이 결코 아니었고, 바울은 고린도 성도들의 그런 행동에 분노가 치밀었던 것이 분명합니다. 그래서 바울은 다음과 같이 외쳤습니다.

> ^{27} 그러므로 누구든지 합당하지 않게 주님의 **빵**을 먹거나 주님의 잔을 마시는 사람은 주님의 몸과 피를 범하는 죄를 짓는 것입니다. ^{28} 그러니 각 사람은 자기를 살펴야 합니다. 그런 다음에 그 **빵**을 먹고, 그 잔을 마셔야 합니다. ^{29} 몸을 분별함이 없이 먹고 마시는 사람은 자기에게 내릴 심판을 먹고 마시는 것입니다(고전 11:27-29)

제가 참석해 본 성찬식들 중 참석자들이 술에 취해 방종에 가까운 잔치를 벌이는 경우는 단 한 차례도 없었지만, 그렇다고 해서 우리가 꼭 이런 위험에서 자유로운 것은 아닙니다. 교파와 상관없이 현대 교회의 성도들은 자기가 얼마나 중요한 사람으로 여겨져야 하는지를 고린도의 성도들 못지않게 교묘하고 능숙하게 표현합니다.

물론 이보다 더 중요한 것은, 바울이 몸을 분별하는 일에 관해 말했을 때 과연 어떤 의미로 그 말을 했느냐 하는 문제입니다.[3] 바울의 요점 중 하나는, 성찬 때 어떤 행동을 하느냐는 아주 중요한 일이

---

3   이 문구의 의미에 관해서는 폭넓은 논의가 진행되어 왔습니다. 의견 전체에 대한 평가는 Anthony C. Thiselton, *The First Epistle to the Corinthians* (Carlisle: Paternoster Press, 2001), 891-894을 보십시오.

기에 신중하고 세심하게 행동해야 한다는 것입니다. 우리는 빵을 먹고 잔을 마시기 전에 자신을 점검해야 합니다. 또한 우리는 그리스도의 몸의 수직적 관계와 수평적 관계를 자세히 살펴 볼 필요가 있습니다. 바울이 '몸'이라는 말을 유동적으로 사용하는 것을 보면, 우리가 빵을 먹고 잔을 마실 때 그리스도뿐만 아니라 서로를 생각하기도 해야 한다는 의도가 담겨 있음이 분명합니다. 물론 몸을 분별한다는 것은 우리 가운데서 그리스도의 임재를 의식한다는 의미이지만, 그와 동시에 그리스도의 몸에 속한 다른 사람들을 분별한다는 의미이기도 합니다. 고린도전서의 정황은 "몸에 있어야 하는데 보이지 않는 사람이 누구인가?" 역시 우리가 해야 할 질문임을 시사합니다. 고린도 교회의 경우, 만찬의 자리에 없는 사람이 있었다는 것은 곧 식사를 먼저 시작한 사람들이 있었기 때문입니다. 우리 역시 "우리의 행동이나 행동 방식 때문에 이 자리에 없는 사람이 누구인가?"를 되물어야 합니다. 이는 결코 편안한 질문은 아니지만, 11장에서 바울이 분명히 밝혔듯이 아주 중요한 질문입니다.

한 몸

이 모든 것을 감안하면, 그리스도인들이 서로 관계를 맺는 방식을 묘사하기 위해 바울이 사용한 주된 은유가 '몸'이라는 사실이 이제는 별로 놀랍지 않을 것입니다. 바울은 내면과 외면이 통합되어야 하고, 생각과 행동은 연결되어 있으며, 성령이 전체에 생명을 안겨다 준다는 의견을 모두 강조하면서, 자신의 신학에 핵심적인 한 가지 개념, 곧 이 모든 것이 몸으로 구현되어야 한다는 개념을 취했습니다. 그리고 이것이 함께 모인 그리스도의 공동체를 향한 자신의 이상과 완벽히 일치한다고 보았습니다. 각 사람의 (개별적인)몸들이 깊이 있게 통합된 전체가 되는 것이 (개별적 몸들을 향한) 바울의 이상이었는데요, 이는 또한 그리스도의 공동체를 향한 바울의 이상이기도 했습니다. 우리의 개별적인 몸들이 타인과 관계를 맺는 방식인 것과 마찬가지로, 공동(체)의 몸은 그리스도께서 세상에 닿는 방식입니다. 또한 영(Spirit)은 우리의 개별적인 몸들에 생명을 안겨 주는 것처럼 공동(체)의 몸에도 생명을 안겨 줍니다.

제 기능을 다하는 전체를 묘사하기 위해 바울이 몸이라는 은유를 사용하는 것은 그의 편지를 받는 수신자들에게 그다지 놀라운 일은 아니었을 것입니다. 플라톤(Plato), 플루타르코스(Plutarch), 에픽테토스(Epictetus)와 같은 그리스 철학자들은 하나같이 몸이라는 은유를 사용하여 사람들이 조화롭게 함께 일하기를 장려했습니다. 고린도전서 1장과 로마서의 맥락에서 이 은유를 흥미롭게 사용하는 사례가, 로마 역사가 리비우스(Livy)의 글에서 발견됩니다. 리비우스는 몸의 이미지를 사용하여 노예들에게 지배자들을 위해 더 많은 식량을 산출하라고 촉구했습니다. 리비우스는 강한 자를 보살피는 것이 약한 자의 책임이라고 보았습니다.[4] 하지만 고린도전서 12:22과 로마

---

4   이에 대한 광범위한 논의는 Dale Martin, *The Corinthian Body*, new edn (New

서 15:1에서 바울은 그와 정반대로 이야기합니다.

> 그뿐만 아니라, 몸의 지체 가운데서 비교적 더 약하게 보이는 지체들
> 이 오히려 더 요긴합니다(고전 12:22)

> 믿음이 강한 우리는 믿음이 약한 사람들의 약점을 돌보아 주어야 합
> 니다. 우리는 자기에게 좋을 대로만 해서는 안 됩니다(롬 15:1)

바울에 따르면, 몸의 목적은 강한 사람이 약한 사람에게 편익을
제공받는 것이 아니라, 약한 사람이 강한 사람에게 돌봄을 받고 존
귀한 자리를 부여받는 것입니다.

바울은 이런 식으로만 이 은유를 뒤집은 것이 아닙니다. 고대의
모든 작가들에게 몸은 그저 정체불명에 이름도 없는 '몸'일 뿐이었
습니다. 그러나 바울에게 몸은 그저 '어떤 몸'(any body)이 아니라 그
리스도의 몸을 가리켰습니다. 이는 바울의 편지를 받은 사람들에게
충격으로 다가왔습니다. 고린도전서 15장을 통해 우리가 알고 있듯
이, '그리스도의 몸'을 본 사람들이 여기저기 많았고(고전 15:5), 그들
은 예수님이 어떻게 생겼는지 알고 있었습니다. 예수님의 키가 얼
마나 큰지, 머리카락과 눈동자는 무슨 색인지 등 말입니다. 그렇기
에 그들을 향해 "이제 여러분은 그리스도의 몸입니다"라고 한 바울
의 말은 엄청난 충격을 안겼을 것입니다. 그들은 그저 노쇠한 몸을

Haven, CT: Yale University Press, 1999), 94-105을 보십시오.

향해 부르심을 받지 않았습니다. 자신의 삶과 죽음과 부활로 세상을 변화시킨 분의 몸이 되라고 부르심을 받았습니다. 소속을 은유하는 이미지들 중에 이보다 더 강렬한 이미지는 없을 것입니다.

당시 그리스도인 공동체에 주어진 부르심은 불과 몇 십 년 전 갈릴리와 유대 땅을 돌아다닌 사람의 몸이 되라는 것이었습니다. 그것이 실제 사람의 몸이었다는 사실 때문에, 그리스도의 몸이라는 이미지가 더욱 울림을 갖게 되었습니다. 다르게 표현하자면, 공동체에 속한 사람들의 겉으로 드러나는 행동과 말은 세상 속에서 그리스도의 행동과 말이되어야 했습니다. 이것이 바로 연합과 일치가 그토록 중요한 이유였습니다. 산산이 조각난 몸은 아무런 영향력도 갖지 못하기 때문입니다(고전 12장). 또한 이것이 바로 사랑이 중요한 이유였습니다. 그리스도께서 세상 안에서, 그리고 세상을 향해서 존재하셨던 방식이 바로 사랑이었기 때문입니다(고전 13장). 그리고 이것이 바로 방언을 꼭 해석자가 있을 때 행해야 하는 이유였습니다. 아무도 이해할 수 없는 몸의 말이 무슨 소용이 있겠습니까?(고전 14장)

자칫 그리스도의 몸에 관한 바울의 언어를 우리 내부에서만 쓰는 은유로 읽기 쉬운데요. 이러한 독법은 그리스도의 몸이라는 은유를 우리가 그 몸 안에서 서로 관계를 맺는 방식에만 연결시킵니다. 하지만 이 은유의 핵심은 외부를 향하는 관계입니다. 우리의 몸은 타인과 관계를 맺는 수단입니다. 그리고 그리스도의 몸은 그리스도의 공동체가 그 공동체 밖의 사람들과 관계를 맺는 수단입니다. 우리가 내부의 효율적인 질서 안에 머물 필요가 있는 것은, 그래야 공동체 주변 사람들과 관계를 맺을 수 있기 때문입니다. 일치와 연합은 그 자체로 중요한 것이 아니라 선교를 위해서 중요합니다. 연합하지 못하고 갈등을 겪는 것은 교회의 선교에 큰 피해를 끼칠 수 있습니다. 자기 다리를 물어뜯는 데 여념이 없어 보이는 이들과 누가 한 몸이 되고 싶겠습니까?

'그리스도의 몸'에는 그리스도의 실제 육체적인 몸과, 바울 자신의 몸과 마찬가지로 이 세대에 살면서 겪은 고난과 고통의 흔적이 있습니다. 바울이 고린도 교회의 갈등 앞에서 괴로워한 것은 그리스도인 공동체가 온화함과 빛으로 가득 차 있을 것이라는, 혹은 가득 차 있어야 한다는 비현실적인 기대 때문이 아니었습니다. 그가 괴로워한 이유는 그들이 '그리스도의 몸'에 끼치는 피해에 전혀 관심이 없었기 때문입니다. 이 때문에 바울은 다소 기상천외한 비유적 표현을 사용하여 상황의 중대성을 전달하고자 했습니다. 우리는 종종 몸에 관한 바울의 은유가 고린도전서 12장 중반부에서 얼마나 우스꽝스러워졌는지 잊곤 합니다. 지금의 우리는 이 은유가 아주 친숙해서 그저 평범해 보이지만, 사실 당시에는 그렇지 않았습니다. 나는 손이 아니라고 하면서 발이 몸과 나누는 대화, 혹은 귀와 눈이 나누는 대화는 터무니없는 은유였습니다. 하지만 바로 그 터무니없는 은유가 바울의 주장을 더욱 분명히 전달해 줍니다. 한 몸에서 손이나 발, 눈이나 귀, 발가락이나 코가 다른 부위보다 더 필요하거나 덜 필요한지 어떻게 판단하겠습니까? 당연히 그런 판단은 결코 할 수 없습니다. 마찬가지로, '그리스도의 몸' 안에서 두 사람 사이에 누가 더 중요하고 덜 중요한지도 결코 판단할 수 없습니다. 두 사람은 똑같지 않지만 몸은 둘 모두를 필요로 합니다. "나는 몸에 별로 중요하지 않다"고 말할 수도 없고(고전 12:15-16), 몸의 다른 부분을 향해 "너는 불필요하다"고 말할 수도 없습니다(고전 12:21).

바울이 사용하는 은유는 물질적인 몸에 대한 그의 생각을 드러내기도 하는데요, 그에게 확실한 한 가지는 바로 몸은 하나로 되어 있다는 것입니다. 몸은 통합된 전체로서, 구성 요소들로 분할될 수 없습니다. 이것이 바로 이 은유가 바울에게 그토록 중요했던 이유입니다. 우리가 우리의 실제 몸을 쪼갤 수 없는 것처럼, '그리스도의 몸' 역시 쪼갤 수 없습니다. 몸은 몸입니다. 단일하고 완전한 통일체지요.

영의 일

고린도전서 12장에서 바울은 그리스도인 공동체를 '그리스도의 몸'으로 은유하는 내용을 더욱 확장하여 자세히 설명합니다. 하지만 12장의 진짜 핵심은 바로 영(Spirit)입니다. 12장에서 바울은 전에 다루었던 주제 하나를 다시 꺼내어 그것을 몸에 관한 그의 언어 속에 엮어 넣습니다. 즉, 바울은 고린도전서 3:16과 6:19에서 성령의 전으로서의 몸에 관해 이야기했는데요.

여러분은 하나님의 성전이며 하나님의 성령이 여러분 안에 거하신다는 것을 알지 못합니까?(고전 3:16)

여러분의 몸은 여러분 안에 계신 성령의 성전이라는 것을 알지 못합니까? 여러분은 성령을 하나님으로부터 받아서 모시고 있습니다. 여러분은 여러분 자신의 것이 아닙니다(고전 6:19)

고린도전서 3:16에서 바울이 은유로 사용하는 개념은 공동체적인 반면 6:19에서는 개인적입니다.[5] 하나님의 영(Spirit)/성령(Holy Spirit)은 공동체로서의 고린도 성도들과, 개인으로서의 고린도 성도들 안에 거하십니다. 고린도전서 곳곳에서 몸에 관한 용어를 쓸 때와 마찬가지로, 여기서도 바울은 그 둘 사이를 매끄럽게 오고갑니다. 위의 두 가지 서술은 모두 참입니다. 성령님은 공동체를 정결하게 하시고 생명을 안겨 주십니다. 이는 곧 영(Spirit)이 각 개인들에게 생명을 안겨 주는 것과 마찬가지입니다. 또 다른 한편, 공동체는 각 개인들에게 빛을 비추어 주고, 각 개인들은 공동체에 빛을 비추어 줍니다.

고린도전서 12장에서도 바울은 성령의 전이라는 개념을 취하는데요, 그렇지만 방식이 조금 다릅니다. 저는 고린도전서 12장을 읽으면 읽을수록, 바울이 에스겔 37장을 머릿속에 그리며 기록했다는

---

5   고전 3:16에서 바울은 건물과 관계된 표현을 쓰고, 6:19에서는 사람들의 몸과 관련된 표현을 씁니다.

확신이 점점 더 강해집니다. 이 책의 6장에서 살펴봤듯이, 에스겔 37장은 몸이 어떻게 살아나는지를 상세히 묘사합니다. 뼈와 힘줄과 살이 합쳐지되 오직 하나님의 영이 (그 몸에) 생명을 불어넣을 때에야 비로소 몸은 살아납니다. 고린도전서 12장에서 영(Spirit)에 관한 표현과 '그리스도의 몸'이라는 표현이 융합된 것은 결코 우연이 아닙니다. 무엇이 몸을 살게 합니까? 늘 그랬듯이 영(Spirit)이 살게 합니다.

오늘날의 번역들은 바울의 미묘한 핵심을 덮어서 가릴 위험이 있습니다. 현대어 성경들은 거의 예외없이 고린도전서 12:1이 신령한 은사들(spiritual gifts)을 다루는 것처럼 번역합니다. "형제자매 여러분 신령한 은사들에 대하여 여러분이 모르고 지내기를 나는 바라지 않습니다." 신령한 은사들이 바울의 논증에서 상당히 중요하기에 오늘날 역본들이 왜 그렇게 번역하는지 어렵지 않게 이해할 수 있지만, 그럼에도 그것은 바울이 의도한 뜻이 아닙니다. 이 부분의 그리스어 원문은 문자적으로 "이제 영(Spirit)의 일들에 관하여" 혹은 "영의 일"(Spirit stuff)입니다.[6] 다시 말해, 바울은 단순히 신령한 은사들에 관해서가 아니라 영 전반에 관해 이야기하고 있습니다. 이것은 해당 본문 자체만으로도 분명하게 알 수 있습니다. 바울은 신령한 은사들에 대해 곧바로 이야기를 이어가지 않고, 사람이 어떻게 "예수는 주님이시다"(고전 12:3)라고 말할 수 있는지로 이야기를 이어갑니다. 그리고 성령으로 그렇게 할 수 있다고 말합니다. 바울은

---

6   Thiselton은 이 부분을 "이제 '영[Spirit]에게서 오는' 일들에 관해"라고 번역합니다. Thiselton, *First Epistle to the Corinthians*, 907.

12:4에 이르러서야 다시 화제를 돌려 '은사들'에 관해 이야기하며, 여기서 처음으로 **카리스마**(*charisma* 혹은 은사)라는 단어를 도입합니다. 이것은 중요해 보입니다. 바울은 '신령한 은사들'에 관해 이야기하기는 하지만, 그것은 사실 영(Spirit)에 관한 더 넓은 논의의 맥락 속에서 이야기하는 것입니다. 그리고 영에 관한 그 논의는 12장뿐만 아니라 13장과 14장에까지 이어집니다.

제가 보기에 바울이 고린도전서 12장에서 숙고하고 있는 것은 "과연 무엇이 '그리스도의 몸'에 생명을 가져다 주느냐?"라는 문제입니다. 영(Spirit)이 물질적인 몸(physical body)에 생명을 가져다 주듯이, '그리스도의 몸'에도 생명을 가져다 줍니다. 이는 신령한 은사들과 관련된 논의에 새로운 빛을 던져 줍니다. 물론 신령한 은사들을 활용하는 것은 좋은 일이지만 활용하지 않는다고 해서 나쁜 일은 아니라고 흔히들 생각하기 쉬운데요. 바울은—각 사람이 어떻게 신령한 은사들을 받는지에 관해서(고전 12:7-11), 어떻게 '그리스도의 몸'이 다른 여러 부분들로 이루어져 있는지에 관해서(고전 12:12-14),[7] 어떤 이유로 그 누구도 자신이 그 몸에 불필요한 존재라고 말할 수 없는지에 대해서(고전 12:15-20), 어떤 이유로 다른 사람을 가리켜 필요하지 않은 존재라고 말할 수 없는지에 대해서(고전 12:21), 하나님께서 각 지체에게 명예가 주어지는 방식으로 움직이신다는 것에 대해서(고전 12:22-24), 그리고 고통이 어떻게 그 몸 전체로 전해져서 한 지체가 아

---

7   여기서는 '지체'(members)보다 '부분'(parts)이라고 옮기는 것이 더 좋은 번역일 수 있습니다. '지체'라는 말은 영어에서 그 의미를 거의 상실했습니다.

프면 모든 지체가 고통을 겪는지에 대해서(고전 12:26)─조심스럽게 논증을 펼쳐나가는데, 이는 곧 영(Spirit)이 신령한 은사들의 형태로 '그리스도의 몸'에 생명을 안겨 준다는 것을 보여줍니다. 영이 주는 은사들을 활용하는 것은 단순히 유익하거나 바람직한 차원에 그치는 일이 아닙니다. 그것은 반드시 필요한 일입니다. 신령한 은사들은 '그리스도의 몸'에 호흡과 생기를 줍니다. 신령한 은사들을 활용하지 않으면 호흡과 생기가 줄어듭니다. 호흡에 어려움을 겪는 사람이라면 숨을 제대로 쉴 수 없을 때 몸이 제대로 기능하기가 얼마나 어려운지 알 것입니다. '그리스도의 몸'은 거기에 속한 모든 지체들이 영이 준 모든 은사들을 가지고 제대로 기능해야 합니다. 그래야 그 몸이 살 수 있습니다.

신령한 은사들

'그리스도의 몸' 안에서 모든 이들이 동등한 가치를 갖는다는 사실에 대해서, 그리고 각 은사들의 지극히 중요한 본질에 대해서 바울이 한 단계 한 단계 꼼꼼히 논증을 펼쳐나갔음에도 불구하고, 2000여 년이 지난 지금의 우리는 바울의 메시지를 중대하게 받아들이는 데 여전히 어려움을 겪고 있습니다. 우리는 당연히 더 매력적인 은사를 열망해야 한다고, 은사에도 등급이 있다고 가정합니다. 더 신령한(spiritual) 사람일수록 더 좋은 은사를 가져야 한다고 말입니다. 이것은 분명 어리석은 생각입니다. 심지어 우리는 더 매력적인 은사들을 열망하는 도중에도 그것이 얼마나 어리석은 생각인지 깨달곤 합니다. 영(Spirit)의 은사들에 대해서는 이미 많은 책들이 논의해 왔습니다. 이 책은 그 논의에 무언가를 더하려는 책이 아닙니다.[8] 따라서 여기서는 관련 내용을 간략히 살펴보는 것만으로 충분할 것입니다.

성경에서 바울이 '은사들'(gifts)을 열거하는 곳은 네 군데입니다. 바로 로마서 12:6-8, 고린도전서 12:8-11; 12:27-28, 그리고 에베소서 4:11입니다. 각 본문에 기록된 은사들의 목록이 모두 동일하지는 않습니다. 이는 그 목록이 은사들을 총망라한 것이 아니라 일부분을 예시한 것임을 시사합니다. 다시 말해, 바울은 우리가 주변에서 볼수 있을 것 같은 유형의 은사들을 제시하기도 하지만, 그 외에도 다른 여러 가지 은사들이 있습니다. 여러분이 가진 은사들이 '유효'한지 확인하기 위해서 바울이 제시한 목록들을 점검할 필요는 없습니다. 우리가 알아야 할 중요한 사실은, 영(Spirit)이 내게 (한 가지에 지나지 않을지라도) 은사를 주었고, 그 은사가 무엇인지 발견하는 것이 그리스도의 몸의 안녕을 위해 아주 중요하다는 점입니다. 그렇게 하지 않으면 그 몸은 최선의 상태로 기능하지 못할 것입니다. 인간의 기준으로 볼 때 어떤 은사가 화려하지 않을 수도 있고, 또 '중요하지' 않을 수도 있지만, 하나님의 기준에 따를 때는 모두가 반드시 필요한 은사들입니다.

은사가 주어지는 것은 그 은사를 받은 사람을 기쁘게 하기 위해

---

8   이와 관련된 다양한 입장에 대한 가장 명확한 목록은 Thiselton, *First Epistle to the Corinthians*, 937 이하에서 볼 수 있습니다.

서가 아니라, 그리스도의 몸을 세우기 위해서입니다. 어느 한 사람이 그 몸에 필요한 은사를 모두 다 가질 수는 없습니다. 발은 매우 중요하지만 몸이 제대로 기능하려면 발만 있어서는 안 됩니다. 이를 확장하자면, 아무리 탁월한 지도자라 할지라도 그리스도의 몸이 필요로 하는 은사들을 혼자 다 갖지는 못합니다. 또한 동일한 은사를 가진 사람들로만 구성된 몸은, 다양한 은사들을 지니지 못해 결국 제대로 기능하지 못할 것입니다.

문제는 우리가 신분과 가치의 차이를 여전히 구별하지 못하고 있다는 것입니다. 그리스도의 몸 안에서 신분은 중요하지 않고 가치는 중요한데 말입니다. 더 정확히 말해서, 바울이 고린도전서 11-14장에서 하는 일은 일반적으로 받아들여지는 계급 질서를 돌리는 일입니다. 가장 중요한 것을 가장 하찮게 만들고 가장 하찮은 것을 가장 중요하게 만들어, 모든 것을 다시 거꾸로 돌리는 일입니다. 우리는 지금 가장 중요하고 또 앞으로도 여전히 중요한 것이 무엇인지 파악할 수도 없고, 그것을 붙잡을 수도 없습니다. 왜냐하면 바울이 계급 질서를 영영히 근본적으로 뒤집었기 때문입니다. 예를 들어 사도 신분을 생각해 봅시다. 바울은 고린도전서 12:28에서는 사도 직분을 가장 앞에 놓지만("하나님께서 교회 안에 몇몇 일꾼을 세우셨습니다. 그들은 첫째는 사도요"), 고린도전서 3:5과 3:6-8에서는 사도들을 가리켜 종이요, 농사짓는 일꾼이라고 불렀습니다(즉, 전혀 중요하지 않은). 또한 고린도 성도들에게 방언은 중요한 것이었음이 분명한데, 바울은 이를 은사 목록의 맨 끝에 둡니다("···둘째는 예언자요, 셋째는 교사요, 다음은 기적을 행하는 사람이요, 다음은 병 고치는 은사를 받은 사람이요, 남을 도와 주는 사람이요, 관리하는 사람이요, 여러 가지 방언으로 말하는 사람입니다"[고전 12:28]).[9]

마찬가지로 바울은 고린도전서 11:3에서는 아내의 "머리"인 남편에 대해 말했는데,[10] 12:23에서는 "덜 명예스러운 것으로 여기는 지체들"에게 더 큰 명예를 준다고 말했습니다. 이것이 좀 혼란스럽게 느껴지는 것도 당연합니다. 고린도 성도들은 지위와 권력을 사랑한 것이 분명하며, 그것은 우리도 못지않습니다. 그래서 바울은 다른 것보다 '더 중요한' 것이 무엇인지 확신할 수 없을 때까지 계급 질서를 계속해서 뒤집습니다. 이는 계급 질서가 존재하지 않는다는 말이 아니라, 그 질서를 믿어서는 안 된다는 말입니다. 계급 질서는 하나님의 지혜에서 아무런 영향력이 없으므로 우리는 그 질서에 사로잡히지 말아야 합니다. 하나님의 경륜에서 통용되는 것은 중요도가 아니라 가치입니다. 우리는 다 가치 있는 존재이며, 만약 스스로를 중요한 사람으로 생각한다면 조심하십시오. 왜냐하면 곧 밑바닥이 될 수 있으니까요.

이해하기 어려운 주제이므로 다시 한 번 정리하겠습니다. 그 어

---

9   이 점에 대한 특별히 유용한 논의는 Martin, *The Corinthian Body*, 102-103입니다.

10   '머리'는 권위를 뜻한다는 일반적인 해석에도 불구하고, 그것은 바울이 여기서 의도한 뜻이 결코 아님이 분명합니다. 이 책의 6장에서 살펴봤듯이, 생각이 발생하는 곳이 마음이라면, 바울에게 두뇌는 우리가 생각하는 것처럼 권위가 자리하는 곳이 아닙니다. 이에 대한 흥미로운 탐구는 Philip B. Payne, *Man and Woman: One in Christ* (Grand Rapids, MI: Zondervan, 2009)에서 볼 수 있습니다.

떤 신령한 은사도 다른 은사보다 더 중요하지 않습니다. 모든 은사는 다 가치 있습니다. 그리스도인의 사전에서 지워 버려야 할 단어는 '그저'(just)입니다. "내 은사는 '중요하지' 않아요, 난 '그저' 사람들 말을 경청하고, 그들을 위해 기도하고, 격려하고, 후하게 베푸는 일 정도만 할 수 있습니다." 하나님의 경륜에서, 영(Spirit)이 내게 준 은사에는 헤아릴 수 없을 만큼 큰 가치가 있습니다. 이 은사가 없으면 그리스도의 몸은 숨을 헐떡이게 됩니다. 최대한 가치 있게 내가 받은 은사를 활용하십시오, 그리스도의 몸의 생명이 온전히 거기에 달려 있습니다.

결론적으로 생각해 보아야 할 것들

그리스도 안에 있는 사람들이 함께 모인 공동체를 나타내려고 바울이 주로 사용하는 이미지가 몸이라는 것, 특히 그리스도의 몸이라는 것은 결코 우연이 아닙니다. 몸은 우리가 그리스도인으로서 함께 살아나가는 방식에 관해 바울이 설명하고자 했던 내용을 전달해 줍니다. 곧 몸을 통해 우리는 다른 사람들과 관계를 맺습니다. 몸을 통해 우리는 우리가 어떤 사람인지를 배웁니다. 몸을 통해 우리는 하나님께서 창조하신 세상에서 온전히 살아나갑니다. 여기에 더하여, 함께 일하는 사람들에 관해 이야기할 때 그리스 철학자들도 몸이라는 이미지를 사용했다는 사실, 그리고 에스겔 37장에서 죽은 뼈가 다시 살아나는 것을 묘사할 때도 그런 연상적인 이미지를 사용했다는 사실을 떠올려 봅시다. 그러면 바울이 수직적으로는 그리스도 안에, 수평적으로는 서로에게 뿌리를 둔 정체성을 발견하는 삶을 사는 것이 어떤 모습인지 이야기하고자 했을 때, 유일하게 선택 가능한 이미지가 바로 몸이였음을 알 수 있을 것입니다. 바울이 그리스도 안에 있는 모든 사람들의 통합성, 일체성, 정체성, 그리고 관계에 대해 이야기하고자 했을 때, 몸은 그 이야기를 가능하게 해 주는 유일한 이미지였습니다.

또한 바울이 교회 안에서 영(Spirit)의 역할을 깊이 탐구할 수 있도록 해준 것도 바로 몸입니다. 영은 우리 각 사람의 몸에 생명을 안겨 줄 뿐만 아니라 또한 그리스도의 몸에도 생명을 안겨 줍니다. 영은 우리에게 호흡을 불어넣어 주는 것처럼 교회에도 호흡을 불어넣어 줍니다. 이것을 떠올리면 우리는 결코 영을 우리가 원할 때만 상대하는 우리 삶의 부가적인 대상으로 볼 수 없습니다. 영은 교회의 호흡에 없어서는 안 되며, 영의 은사는 몸이 생명을 주는 온전한 숨을 호흡하는 수단입니다. 더 중요한 것은, 영의 은사가 없으면 교회는 숨이 가빠 헐떡이게 되고 마땅히 해야 할 역할을 하기 힘들어진다는 것입니다. 그리스도의 몸은, 우리 각 사람의 몸과 마찬가지로 영이 있어야 살 수 있습니다.

나가는 말

이 책을 집필하는 동안, 몸(body)에 대한 바울의 시선이 우리가 우리 자신과 세상을 바라보는 방식에 어떤 영향을 미치는지 이따금씩 생각해 봤습니다. 이 책을 읽은 여러분은 이제 바울이 몸을 보는 시선이 몸에 대한 우리의 생각, 죽음 이후의 삶에 대한 이해, 무엇이 나를 '나'로 만들어 주는지, 또한 무엇이 우리를 '우리'로 만들어 주는지에 대한 이해, 그리고 그리스도의 몸으로 모인 이들을 바라보는 방식에 대한 이해에 엄청난 영향을 미친다는 것을 알게 되었을 것입니다. 몸에 관한 바울의 견해를 받아들인다면, 아니 제가 해석한 바울의 견해를 받아들인다면 이 쟁점과 연관된 모든 영역은 물론, 이제 우리가 어떻게 대답해야 할지를 치열하게 고민해볼 필요가 있습니다. 이러한 맥락에서 저에게 특히 중요한 두 가지 주제를 탐구해 보겠습니다.

다시 생각해 본 영성

첫째는 '영성'(spirituality)이라는 단어입니다. 「들어가는 말」에서 살펴봤듯이, 일반적으로 '영성'이라는 말은 비물질적이거나 비육체적인 것, 즉 우리 몸과는 아무런 상관이 없는 것을 가리키는 말로 사용되었습니다. 만일 우리가 '영적'(spiritual)이라는 것은 곧 하나님의 영(the Spirit)에 속함을 말하는 것이라는 바울의 견해를 받아들인다면, 그 견해에는 우리의 몸도 포함됩니다. 왜냐하면 하나님의 영이 우리 몸에 생명을 주시기 때문입니다. 이것은 우리가 무엇을 '영성'이라고 부르는지에 대해 재고해 볼 것을 요구합니다. 또한 이것은 영성이라는 표제 아래 육체적인(physical) 안녕도 포함시켜야 함을 암시합니다. 우리가 시간을 들여서 우리의 몸을 돌보는 일 역시 영적인 훈련이며, 영성에 관한 우리의 생각에서 기도 및 예배와 나란히 놓여야 하는 일입니다. 잠, 운동, 온천에서 휴식 취하기, 잘 요리된 음식을 친구들과 함께 나누기 등이 모두 영성의 한 부분이며, 우리는 이런 활동들을 꾸준히 할 수 있도록 신경을 써야 합니다. 이런 활동들은 도락(道樂)이 아니며, 우리에게 생기를 주는 활동들입니다.

또한 이는 우리의 영적 안녕의 상태가 어떠한지 알기 위해서는 우리 몸이 하는 말에 귀를 기울여야 한다는 뜻도 됩니다. 극도로 피곤하거나 자꾸 몸이 아픈 것은 우리의 영적 안녕과 상관이 없을 수도 있지만, 반대로 상관이 있을 수도 있습니다. 시간을 들여 몸이 하는 말을 듣고, 겉핥기식이 아니라 정말로 몸이 어떤 상태인지 느껴 보면 영(Spirit) 안에서 하나님과 함께 하는 우리 삶에 관해 무언가 중요한 것을 알게 될지도 모릅니다.

몸을 진지하게 여기는 영성이라면 우리가 기도할 때 몸을 가지고 하는 행동에 대해서도 깊이 생각해 볼 필요가 있습니다. 기도할 때의 자세는 하나님 안에서 사는 삶에 관해 알아야 할 무언가를 말해 주지 않습니까? 그 자세가 달라지면 무엇이 달라질까요? 전통적으로 그리스도인이 기도하는 자세는 무릎을 꿇는 자세인데요, 이는 성경 안에서도 발견됩니다. 이를테면, 겟세마네 이야기에서 예수님은 무릎을 꿇고 간구하십니다. 하지만 많은 회중들이 예배 때 무릎 꿇는 관습을 버렸는데요, 이는 대개 예배당 구조 때문입니다. 실제로 어떤 회중석의 경우 무릎을 꿇고 앉으면 만성적 요통이 생길 수도 있는 구조입니다. 흥미로운 점은 무릎 꿇기가 성경에서 볼 수 있는 유일한 기도 자세는 아니라는 것입니다. 성경을 보면 완전히 엎드린 자세로 기도할 때도 있고, 두 팔을 치켜들고 서서 기도할 때도 있습니다. 이처럼 우리가 예배 때 사용하는 '몸'을 더욱 진지하게 여긴다면, 몸을 가지고 하는 행동과 우리가 참여하는 예배 사이의 상관관계에 대해 더 깊이 고민해 볼 필요가 있습니다. 물론 이 문제에 정답은 없지만 그럼에도 일단 대화를 시도해보는 것이 중요합니다.

우리네 교회 공동체들에게 한 시간 넘게 꼿꼿이 앉아 예배를 드린다는 개념은 마치 수명을 단축시키는 것과 같은 무시무시한 악몽처럼 느껴지기도 합니다. 이미 오래 전부터 그러한 예배를 포기하고 교회 출석마저 중단한 이들도 있을지 모르겠네요, 그러나 몸으로 구현되는 영성은 우리가 함께 예배드리는 방식을 다시 한 번 깊이 생각해 볼 것을 요구합니다. 우리가 몸을 지닌 존재임을 기뻐하는 예배라면 그 예배에는 무엇이 있어야 하겠습니까? 우리 몸을 하나님께서 기뻐하시는 거룩한 산 제물로 바치라는 부르심에 화답하고자 할 때(롬 12:1), 우리가 가진 몸으로 할 수 있는 일은 무엇일까요?

일단 찬양은 몸으로 드리는 예배의 아름다운 표현이라는 점을 알 필요가 있습니다. 찬양은 몸과 감정, 두뇌가 놀라운 화학작용을 일으키는 예배입니다. 몸을 중요하게 여기는 예배라면 찬양을 비롯해 몸으로 구현되는 체험들이 마땅히 예배 의례, 기도 생활, 그리고 하나님과 함께 하는 그 외 시간 속으로 깊이 직조되어 들어갈 수 있도록 해야 합니다. 몸으로 구현된 영성은 함께 드리는 예배와 홀로 드리는 예배 때, 그리고 함께 기도할 때와 홀로 기도할 때 몸을 사용하는 방식에 관해 다시 생각해 볼 것을 요구합니다. 우리가 영성을 표현하는 방식이 영(spirit)이나 지성만이 아니라, 몸에도 충분히 맞춰져 있는지 고민해야 합니다.

몸으로 구현된 영성은 또한 행동을 요구합니다. 앞에서 살펴본 것처럼 생각은 행동과 분리될 수 없습니다. 그리스도의 마음을 갖는다면 그리스도께서 생각하신 것을 생각할 뿐만 아니라 그리스도께서 행하신 것을 행해야 합니다. 이 사실이 우리에게 내미는 흥미로운 도전은 기도와 행동을, 그리고 예배와 행위를 어떻게 통합할 것이냐 하는 문제입니다. 몸으로 구현된 영성은 우리에게 언제나 이렇게 묻습니다. "그래서 무엇을 행할 것인가?" 이 행동은 여러 형태들을 취할 수 있지만 어쨌든 하나의 형태를 취해야 합니다.

다시 생각해 본 몸

사실 저는 대중매체의 몸 인식이 얼마나 빈약한지, 그리고 내 몸은 날씬하지 않고 젊지 않고 아름답지 않다는 생각에 빠지기가 얼마나 쉬운지에 대한 탄식과 함께 이 책의 내용을 시작했습니다. 그저 만족을 하지 못하는 거예요. 이 해로운 영향은 남성보다는 주로 여성을 따라다니며 괴롭히지만, 어찌되었든 여전히 많은 사람들의 삶에 큰 부담감을 안겨줍니다. 저의 탄식은 기독교 전통 속에서 몸에 관하여 무언가 의미 있게 말할 만한 것을 찾아보기 어렵다는 사실에서 비롯되었습니다.

그러나 적어도 바울의 글 안에는 말할 만한 내용이 많습니다. 바울의 신학은 아름다운 몸의 신학을 직조해 나갈 수 있는 실마리를 충분히 제공해 줍니다. 우리 자신이나 다른 누군가가 염원하는 몸이 아니라 있는 그대로의 우리 몸을 칭송하고 기리는 신학, 우리 몸은 우리가 어떤 존재인가에 대한 이해에 크게 기여한다고 선언하는 신학, 우리 존재의 모든 측면이 통합되는 것을 참된 아름다움의 근원으로 보는 신학, 관계의 중요성은 물론 그 관계 속에서 자아 인식에 기여하는 우리 몸의 역할을 인정하는 신학 말입니다. 그런 신학은 우리가 몸을 가졌다는 사실을 기리고, 영화로운 몸, 생기가 넘치는 몸, 생명을 일으키는 몸을 입고 맞게 될 영원한 세계를 기대합니다. 바울의 신학은, 필멸성과 인간적 약함과 한계가 밀어닥쳐 우리 삶을 장악할 수 있지만, 그럼에도 영(Spirit)의 일들에 우리의 생각을 고정시키고 하나님께서 주신 몸으로 앞서 언급한 내용들을 깊이 생각해야 한다고 이야기합니다. 우리의 몸이 우리를 두렵게 해서는 안 됩니다. 영(Spirit)의 생명 안에서 사는 몸을 우리는 기념하고 향유하고 기뻐해야 합니다.

저는 몸에 대한 신학과 대화가 보다 일상적인 일이 되기를 바랍니다. 하루하루 축 처지고 늙어가지만 곧 변화될 영광스러운 몸을 기념하는 데 우리 모두가 익숙해져서 확신 가운데 참된 아름다움의 본이 되기를 소망합니다. 그 아름다움은 온전한 관계에서 발견되는데요, 다시 말해, 그 아름다움은 개인으로서, 또 공동체로서 우리가 어떤 존재들인지가 깊이 있게 통합되는 과정에서 발견되는 아름다움이며, 나이 드는 것을 두려워하지 않고 담대하게 삶의 고통을 마주할 수 있는 아름다움입니다. 또한 하나님께서 긍휼히 여기심에 뿌리를 두고 우리 세상의 어둡디 어두운 균열에 영광의 빛을 비추는 아름다움이며, 그리스도께서 빚으신, 믿음과 소망과 사랑으로 표현되는 아름다움입니다.

Althaus-Reid, Marcella. *Controversies in Body Theology*. Controversies in Contextual Theology. London: SCM Press, 2008.

Avery-Peck, Alan J. and Jacob Neusner. *Judaism in Late Antiquity*, vol. 4, *Death, Life-after-Death, Resurrection and the World-to-Come*. Leiden: Brill, 2000.

Barr, James. *The Semantics of Biblical Language*. Oxford: Oxford University Press, 1961.

Bauckham, Richard. 'Life, Death and the Afterlife in Second Temple Judaism'. In Richard N. Longenecker (ed.), *Life in the Face of Death: Resurrection Message of the New Testament*, 80 - 95. Grand Rapids, MI: Eerdmans, 1998.

Bauer, Walter, Frederick W. Danker, William F. Arndt and F. W. Gingrich. *A Greek–English Lexicon of the New Testament and Other Early Christian Literature*. 3rd edn. Chicago and London: University of Chicago Press, 2000.

Bloch-Smith, Elizabeth. *Judahite Burial Practices and Beliefs about the Dead*. Sheffield: Sheffield Academic Press, 1992.

Block, Daniel I. *The Book of Ezekiel: Chapters 25—48*. New International Commentary on the Old Testament. Grand Rapids, MI: Eerdmans, 1998.

Brown, F., S. Driver and C. Briggs (eds). *The Brown-Driver-Briggs Hebrew and English Lexicon*. Reprinted edn. Peabody, MA: Hendrickson, 1991.

Bruce, F. F. *Paul: Apostle of the Free Spirit*. Grand Rapids, MI: Eerdmans, 1977.

Bultmann, Rudolf. *Theology of the New Testament*. New edn. 2 vols. London: SCM Press, 1951.

Bynum, Caroline Walker. *Resurrection of the Body in Western Christianity, 200 –1336*. New York: Columbia University Press, 1995.

Cavallin, Hans Clemens Caesarius. *Life after Death: Paul's Argument for the Resurrection of the Dead in I Cor. 15*. Lund: Gleerup, 1974.

Clarke, A. D. *Secular and Christian Leadership in Corinth: A Socio-Historical and Exegetical Study of 1 Corinthians 1—6*. Leiden: Brill, 1993.

Coakley, Sarah. *Religion and the Body*. Cambridge: Cambridge University Press, 2000.

Collins, Raymond. *First Corinthians*. Sacra Pagina 7. Collegeville, MN: Michael Glazier, 1999.

Conzelmann, Hans. *1 Corinthians: A Commentary on the First Epistle to the Corinthians*. Ed. Georg W. MacRae. Trans. James W. Leitch. Hermeneia. Philadelphia: Fortress Press, 1975.

Cooper, John W. *Body, Soul, and Life Everlasting: Biblical Anthropology and the Monism–Dualism Debate*. New edn. Grand Rapids, MI: Eerdmans, 2000.

Crick, Francis. *The Astonishing Hypothesis: The Scientific Search for the Soul*. Reprinted edn. New York: Simon & Schuster, 1995.

Davies, W. D. and Dale C. Allison. *Matthew 8 –18: A Commentary*. International Critical Commentary. Edinburgh: T. & T. Clark, 1991.

Dillon, John Myles. 'Philo of Alexandria and Platonist Psychology'. In Maha Elkaisy-Friemuth and John Myles Dillon, *The Afterlife of the Platonic Soul: Reflections of Platonic Psychology in the Monotheistic Religions*, 17-24. Leiden: Brill, 2009.

Dunn, James D. G. *Baptism in the Holy Spirit: A Re-Examination of the New Testament Teaching on the Gift of the Spirit in Relation to Pentecostalism Today*. 2nd edn. London: SCM Press, 1984.

Dunn, James D. G. *Jesus and the Spirit*. 2nd edn. London: Trinity Press International, 1975.

Dunn, James D. G. *Theology of Paul the Apostle*. Edinburgh: T. & T. Clark, 1998.

Edmonds, Radcliffe G. 'Afterlife'. In *The Homer Encyclopaedia*. Oxford: Blackwell, 2012. http://onlinelibrary.wiley.com/doi/10.1002/9781444350302. wbhe0021/abstract.

Eisland, Nancy L. *The Disabled God: Toward a Liberatory Theology of Disability*. Nashville, TN: Abingdon Press, 1994.

Elliot, Dyan. *Spiritual Marriage: Sexual Abstinence in Medieval Wedlock*. New edn. Princeton, NJ: Princeton University Press, 1995.

Fee, Gordon D. *The First Epistle to the Corinthians*. New International Commentary on the New Testament. 2nd edn. Grand Rapids, MI: Eerdmans, 2014.

Fee, Gordon D. *God's Empowering Presence: The Holy Spirit in the Letters of Paul*. Reprinted edn. Peabody, MA: Baker Academic, 1994.

Furnish, Victor P. *II Corinthians*. Anchor Bible Commentary 32a. New York: Doubleday, 1984.

Gallagher, Timothy M. *The Examen Prayer: Ignatian Wisdom for our Lives Today*. New York: Crossroad, 2006.

Goetz, Stewart and Charles Taliaferro. *A Brief History of the Soul*. Malden, MA: Wiley-Blackwell, 2011.

Gooder, Paula. *Heaven*. London: SPCK, 2011.

Green, Joel B. *Body, Soul, and Human Life: The Nature of Humanity in the Bible*. Grand Rapids, MI: Baker Academic, 2008.

Gundry, Robert H. *Sōma in Biblical Theology: With Emphasis on Pauline Anthropology*. Cambridge: Cambridge University Press, 1976.

Gunkel, Hermann. *The Influence of the Holy Spirit: The Popular View of the Apostolic Age and the Teaching of the Apostle Paul*. Minneapolis, MN: Augsburg Fortress Press, 1979.

Harris, Murray J. *Raised Immortal: Resurrection and Immortality in the New Testament*. Grand Rapids, MI: Eerdmans, 1985.

Hayter, Daniel W. 'How Are the Dead Raised? The Bodily Nature of Resurrection in Second Temple Jewish Texts'. In Joan E. Taylor (ed.), *The Body in Biblical, Christian and Jewish Texts*, 123 – 43. London: Bloomsbury, 2014.

Héring, Jean. *The First Epistle of Saint Paul to the Corinthians*. London: Epworth Press, 1973.

Hick, John. *Death and Eternal Life*. San Francisco: Harper and Row, 1976.

Jacob, Edmond. 'The Anthropology of the Old Testament'. In G. Kittel and Gerhard Friedrich, *Theological Dictionary of the New Testament*. Grand Rapids, MI: Eerdmans, 1964.

Jewett, Robert. *Paul's Anthropological Terms: A Study of their Use in Conflict Settings*. Leiden: Brill, 1971.

Jewett, Robert. *Romans: A Commentary*. Hermeneia. Minneapolis: Augsburg

Fortress Press, 2006.

Kittel, G. and Gerhard Friedrich (eds). *Theological Dictionary of the New Testament.* Grand Rapids, MI: Eerdmans, 1964.

Kuck, David W. *Judgement and Community Conflict: Paul's Use of Apocalyptic Judgement Language in 1 Corinthians 3.5—4.5.* Leiden: Brill, 1992.

Kummel, G. W. *Man in the New Testament.* London: Epworth Press, 1963.

Levison, John R. 'Did the Spirit Withdraw from Israel? An Evaluation of the Earliest Jewish Data'. *New Testament Studies* 43/1 (January 1997), 35 -57.

Linn, Dennis, Sheila Fabricant Linn and Matthew Linn. *Sleeping with Bread: Holding what Gives You Life.* Mahwah, NJ: Paulist Press, 1995.

Lorenz, Hendrik. 'Ancient Theories of Soul'. *The Stanford Encyclopedia of Philosophy,* Summer edn. 2009. http://plato.stanford.edu/archives/sum2009/entries/ancient-soul/.

McInerny, Ralph. *Aquinas.* Cambridge, UK and Malden, MA: Polity Press, 2003.

Madigan, K. J. Resurrection: *The Power of God for Christians and Jews.* New Haven, CT: Yale University Press, 2009.

Martin, Dale. *The Corinthian Body.* New edn. New Haven, CT: Yale University Press, 1999.

Martin, Ralph P. *2 Corinthians.* Word Biblical Commentary 49. Carlisle: Paternoster Press. 1986.

Martyn, J. Louis. *Theological Issues in the Letters of Paul.* New edn. London and New York: Bloomsbury, 2005.

Middleton, J. Richard. *A New Heaven and a New Earth: Reclaiming Biblical Eschatology.* Grand Rapids, MI: Baker Academic, 2014.

Moltmann-Wendel, Elisabeth. *I Am My Body: A Theology of Embodiment.* New York: Continuum, 1995.

Murphy, Nancey. *Bodies and Souls, or Spirited Bodies?* Cambridge: Cambridge University Press, 2006.

Murphy, Nancey. 'Human Nature: Historical, Scientific and Religious Issues'. In Warren Shelburne Brown, Nancey Murphy and H. Newton Malony (eds), *Whatever Happened to the Soul?: Scientific and Theological Portraits of Human Nature,* 1-29. Minneapolis, MN: Augsburg Fortress Press, 1998.

Murphy-O'Connor, Jerome. 'Corinthian Slogans in 1 Cor. 6:12-20'. *Catholic Biblical Quarterly* 40 (1978), 391- 6.

Murphy-O'Connor, Jerome. *St. Paul's Corinth: Texts and Archaeology*. 3rd edn. Collegeville, MN: Michael Glazier, 2002.

Nee, Watchman. *Spiritual Man*. Underlining/Highlighting edn. New York: Christian Fellowship Publishers Inc., 1968.

Nelson, James B. *Body Theology*. Louisville, KY: Westminster John Knox Press, 1992.

Nolland, John. *The Gospel of Matthew: A Commentary on the Greek Text*. Grand Rapids, MI and Bletchley: Eerdmans and Paternoster Press, 2005.

Owens, Tara M. *Embracing the Body: Finding God in Our Flesh and Bone*. Downers Grove, IL: InterVarsity Press, 2015.

Panikulam, George. *Koinōnia in the New Testament: A Dynamic Expression of Christian Life*. Rome: Biblical Institute, 1979.

Payne, Philip B. *Man and Woman: One in Christ*. Grand Rapids, MI: Zondervan, 2009.

Philip, Finny. *The Origins of Pauline Pneumatology: The Eschatological Bestowal of the Spirit Upon Gentiles in Judaism and in the Early Development of Paul's Theology*. Untersuchungen zum Neuen Testament 2.Reihe 194. Tübingen: Mohr Siebeck, 2005.

Powell, Samuel M. *What about the Soul?: Neuroscience and Christian Anthropology*. Ed. Joel B. Green. Nashville, TN: Abingdon Press, 2004.

Remes, Pauliina. *Neoplatonism*. Stocksfield: Routledge, 2008.

Richard, Earl J. *First and Second Thessalonians*. Sacra Pagina. Collegeville, MN: Michael Glazier, 2007.

Richardson, Neil. *Paul for Today: New Perspectives on a Controversial Apostle*. London: SCM Press, 2012.

Robinson, John A. T. *The Body: A Study in Pauline Theology*. London: SCM Press, 1952.

Sampley, J. Paul. *Pauline Partnership in Christ: Christian Community and Commitment in Light of Roman Law*. Minneapolis, MN: Fortress Press, 1980.

Schweitzer, Albert. *The Mysticism of Paul the Apostle . . . Translated*. Trans. William

Montgomery. London: A&C Black, 1931.

Schweizer, Eduard. 'Sarx'. In G. Kittel and Gerhard Friedrich (eds), *Theological Dictionary of the New Testament*. Reprinted 2006 edn. VII, 98 -151. Grand Rapids, MI: Eerdmans, 1964.

Segal, Alan F. *Life after Death: A History of the Afterlife in Western Religion*. New York: Doubleday, 2004.

Seland, Torrey. *Reading Philo: A Handbook to Philo of Alexandria*. Grand Rapids, MI: Eerdmans, 2014.

Silva, Moises. *Biblical Words and their Meaning: An Introduction to Lexical Semantics*. 2nd rev. edn. Grand Rapids, MI: Zondervan, 1983.

Steiner, Gary. 'Descartes, Christianity and Contemporary Speciesism'. In Paul Waldau and Kimberley Christine Patton (eds), *A Communion of Subjects: Animals in Religion, Science, and Ethics*, 117-31. Columbia: Columbia University Press, 2013.

Stuart, Elizabeth and Lisa Isherwood. *Introducing Body Theology*. Sheffield: Continuum, 1998.

Swinton, John. *Dementia: Living in the Memories of God*. London: SCM Press, 2012.

Theissen, Gerd. *Social Setting of Pauline Christianity*. Trans. J. H. Schutz. Edinburgh: T. & T. Clark, 1982.

Thiselton, Anthony C. *1 Corinthians: A Shorter Exegetical and Pastoral Commentary*. Grand Rapids, MI: Eerdmans, 2006.

Thiselton, Anthony C. *The First Epistle to the Corinthians*. Carlisle: Paternoster Press, 2001.

Thornton, Lionel Spencer. *The Common Life in the Body of Christ*. London: Dacre Press, 1946.

Thrall, Margaret E. *2 Corinthians 1—7*. London: T. & T. Clark, 1994.

Turner, Max. *The Holy Spirit and Spiritual Gifts: In the New Testament Church and Today*. Reprinted edn. Carlisle: Paternoster Press, 1996.

Volf, Judith M. Gundry. *Paul and Perseverance: Staying in and Falling Away*. Tübingen: J. C. B. Mohr, 1990.

Wheeler Robinson, H. *The People and the Book*. Oxford: Clarendon Press, 1952.

Willard, Dallas. 'Spiritual Disciplines, Spiritual Formation and the Restoration of the Soul'. *Journal of Psychology and Theology* 26 (1998), 101–9.

Wire, Antoinette C. *The Corinthian Women Prophets: A Reconstruction through Paul's Rhetoric*. Eugene, OR: Wipf & Stock, 2003.

Witherington, Ben. *Conflict and Community in Corinth: A Socio-Rhetorical Commentary on 1 and 2 Corinthians*. Grand Rapids, MI: Eerdmans, 1996.

Wright, N. T. 'Mind, Spirit, Soul and Body: All for One and One for All. Reflections on Paul's Anthropology in his Complex Contexts.' Unpublished, 2011.

Wright, N. T. *Paul and the Faithfulness of God*. London: SPCK, 2013.

Wright, N. T. *The Resurrection of the Son of God*. London: SPCK, 2003.

Xenophanes. *Xenophanes of Colophon: Fragments: A Text and Translation with a Commentary*. Toronto: University of Toronto Press, 2001.

Yong, Amos. *The Bible, Disability, and the Church: A New Vision of the People of God*. Grand Rapids, MI: Eerdmans, 2011.

구약성경

Philip, Finny 163
Powell, Samuel M. 36

R

Remes, Pauliina 60
Richard, Earl J. 199
Richardson, Neil 147
Robinson, John A. T. 29, 84
Robinson, Wheeler 83

S

Sampley, J. Paul 256
Schweitzer, Albert 211
Schweizer, Eduard 145
Segal, Alan F. 105
Seland, Torrey 59
Silva, Moises 32
Steiner, Gary 87
Stuart, Elizabeth 23
Swinton, John 180

T

Taliaferro, Charles 36
Theissen, Gerd 258
Thiselton, Anthony C. 113, 118,
    135, 234, 244, 259

Thornton, Lionel Spencer 256
Thrall, Margaret E. 203
Turner, Max 163

V

Victor P. Furnish 203
Volf, Judith M. Gundry 238

W

Willard, Dallas 67
Wire, Antoinette C. 243
Witherington, Ben 258
Wright, N. T. 105, 108, 119, 138,
    189, 203

Y

Yong, Amos 23

마침내 드러난 몸

초판1쇄	2023. 10. 07
저자	폴라 구더
번역	오현미
편집	박선영 박이삭 이학영
디자인	이학영
발행처	도서출판 학영
이메일	hypublisher@gmail.com
총판처	기독교출판유통
ISBN	9791198268471 (93230)
정 가	17,000원